여러분의 합격을 응원하는
해커스공무~~~~~별 혜택

KB148281

FREE 공무원 국어 **특강**

해커스공무원(gosi.Hackers.com) 접속 후 로그인 ▶ 상단의 [무료강좌] 클릭 ▶ [교재 무료특강] 클릭하여 이용

 해커스공무원 온라인 단과강의 **20% 할인쿠폰**

6DF4D59E7829ADXG

해커스공무원(gosi.Hackers.com) 접속 후 로그인 ▶ 상단의 [나의 강의실] 클릭 ▶
좌측의 [쿠폰등록] 클릭 ▶ 위 쿠폰번호 입력 후 이용

* 등록 후 7일간 사용 가능(ID당 1회에 한해 등록 가능)

 해커스 회독증강 콘텐츠 **5만원 할인쿠폰**

F4E3C52F23E999BT

해커스공무원(gosi.Hackers.com) 접속 후 로그인 ▶ 상단의 [나의 강의실] 클릭 ▶
좌측의 [쿠폰등록] 클릭 ▶ 위 쿠폰번호 입력 후 이용

* 등록 후 7일간 사용 가능(ID당 1회에 한해 등록 가능)
* 특별 할인상품 적용 불가
* 월간 학습지 회독증강 행정학/행정법총론 개별상품은 할인쿠폰 할인대상에서 제외

합격예측 **모의고사 응시권 + 해설강의 수강권**

D3B3D4B232A2FCXL

해커스공무원(gosi.Hackers.com) 접속 후 로그인 ▶ 상단의 [나의 강의실] 클릭 ▶
좌측의 [쿠폰등록] 클릭 ▶ 위 쿠폰번호 입력 후 이용

* ID당 1회에 한해 등록 가능

해커스 매일국어 **어플 이용권**

XGDC20CL16D682ZK

구글 플레이스토어/애플 앱스토어에서 [해커스 매일국어] 검색 ▶
어플 다운로드 ▶ 어플 이용 시 노출되는 쿠폰 입력란 클릭 ▶ 위 쿠폰번호 입력 후 이용

▲ 매일국어 어플 바로가기

* 등록 후 30일간 사용 가능
* 해당 자료는 [해커스공무원 국어 기본서] 교재 내용으로 제공되는 자료로, 공무원 시험 대비에 도움이 되는 유용한 자료입니다.

쿠폰 이용 관련 문의 **1588-4055**

단기 합격을 위한
해커스 커리큘럼

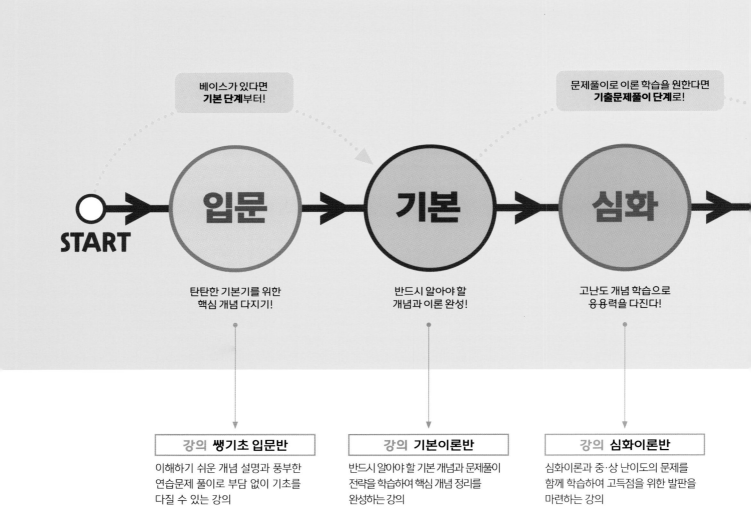

베이스가 있다면
기본 단계부터!

문제풀이로 이론 학습을 원한다면
기출문제풀이 단계로!

START

입문

기본

심화

탄탄한 기본기를 위한
핵심 개념 다지기!

반드시 알아야 할
개념과 이론 완성!

고난도 개념 학습으로
응용력을 다진다!

강의 **쌩기초 입문반**

이해하기 쉬운 개념 설명과 풍부한
연습문제 풀이로 부담 없이 기초를
다질 수 있는 강의

강의 **기본이론반**

반드시 알아야 할 기본 개념과 문제풀이
전략을 학습하여 핵심 개념 정리를
완성하는 강의

강의 **심화이론반**

심화이론과 중·상 난이도의 문제를
함께 학습하여 고득점을 위한 발판을
마련하는 강의

* 커리큘럼은 과목별·선생님별로 상이할 수 있으며, 자세한 내용은 해커스공무원 사이트에서 확인하세요.

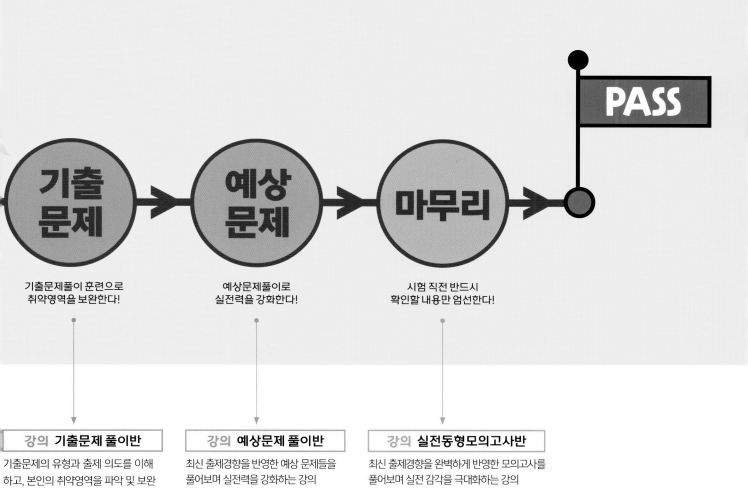

기출
문제

예상
문제

마무리

PASS

기출문제풀이 훈련으로
취약영역을 보완한다!

예상문제풀이로
실전력을 강화한다!

시험 직전 반드시
확인할 내용만 엄선한다!

강의 **기출문제 풀이반**

기출문제의 유형과 출제 의도를 이해
하고, 본인의 취약영역을 파악 및 보완
하는 강의

강의 **예상문제 풀이반**

최신 출제경향을 반영한 예상 문제들을
풀어보며 실전력을 강화하는 강의

강의 **실전동형모의고사반**

최신 출제경향을 완벽하게 반영한 모의고사를
풀어보며 실전 감각을 극대화하는 강의

강의 **봉투모의고사반**

시험 직전에 실제 시험과 동일한 형태의
모의고사를 풀어보며 실력을 완성하는 강의

해커스공무원

혜원국어
신유형 독해 마스터

해커스공무원

공무원 시험 전문 해커스공무원

gosi.Hackers.com

'변화'는 '위험'과 동시에 '기회'이다.

기존의 것을 흔드는 '변화'는, 당연히 원래의 것만을 고수하고 싶은 이에게는 '위험'이라고 느껴질 것이다.
그러나 단언컨대 새로운 흐름은 예상치 않은 또 다른 '기회'를 동반하고 있다고 확신한다.

인사혁신처는 2025년부터 새로운 패러다임의 시험으로 국가직과 지방직 9급 '국어' 과목의 '변화'를 예고했다.
그러나 '혜원국어'는 이미 공무원 국가직 7급 시험에 7급만을 위한 피셋(PSAT) 시험이 도입되기 전부터 감지하고,
누차 강조해 온 바이고 또 실제 시험을 통해 입증한 바 있다.
그리고 인사혁신처의 발표는 이러한 흐름에 지극히 당연한 내용을 확인해 준 것에 불과하다고 생각한다.
공무원이 되기를 희망하는 세대가 뉴미디어에 완전히 익숙한 세대인 만큼,
기존의 공무원 세계의 분들과 또 민원인과 원활한 커뮤니케이션을 위해서는
'제대로 읽을 줄 알아야 하고', '제대로 소통할 줄 알아야 하고', '제대로 논리적으로 생각할 수 있어야 한다.'
이번에 바뀌는 '국어' 과목의 흐름은 이러한 부분을 미리 준비할 것을 요구하는 셈이다.

새로운 패러다임이 우리에게 요구하는 '형식'은 크게 3가지이다.
1. 단순한 암기의 지양, 이해와 적용의 극대화
2. 문법, 문학, 어휘는 독해와 융합된 형태로 정복할 것
3. 내용 추론과 형식 추론 모두를 정복할 것

그러나 이것은 시험 '형식'의 변화일 뿐, 국어 과목 '내용' 자체의 변화는 아니므로 이렇게 학습하라.
1. 기존의 수험생은
   – 공부하던 방식에 새로운 '형식'을 익숙하게 훈련하는 것이 필요하다.
2. 새로 시험을 준비하고자 하는 수험생은
   – 새롭게 시험이 요구하는 '형식'과 '내용'을 정확히 파악하고, 이를 동시에 훈련하는 것이 중요하다.

『해커스공무원 혜원국어 신유형 독해 마스터』는 이러한 시대적 요구에 부응하여 탄생하였다.
『해커스공무원 혜원국어 신유형 독해 마스터』가 공무원 국어를 정복하고자 하는 모든 수험생에게 '정답'이라고 확신한다.

2024년 02월
노량진 연구실에서
고혜원

목차

PART 1   화법과 작문

PART 2   독해

실전모의고사 정답 · 해설

신유형 대비 이 책의 활용법

1 단 12개의 유형으로 출제 기조 변화 신유형 완벽 마스터!

· 2025년부터 독해 문제로만 출제되는 공무원 9급 출제 기조 변화에 대비할 수 있도록, 독해 유형을 12개로 명쾌하게 정리하였습니다. 각 유형별로 알차게 수록된 유형 공략법과 다양한 문제를 통해 낯선 유형들이 저절로 체화될 수 있습니다.

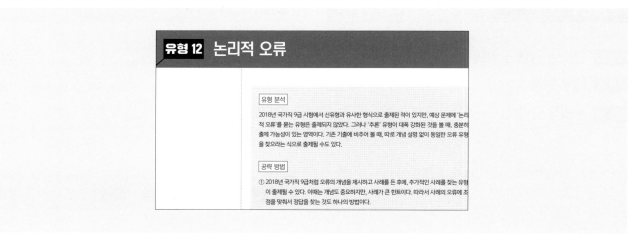

2 선생님만의 유형 분석과 공략 방법으로 낯선 유형을 단번에 정복!

1) 유형 분석: 신유형에 대하여 어떤 방식으로 문제가 출제되는지에 대한 분석 내용을 수록하였습니다.
2) 공략 방법: 정답을 빠르게 찾을 수 있는 선생님만의 공략 방법을 수록하여 낯선 신유형도 쉽게 문제를 풀 수 있습니다.
3) 관련 지식: 각 유형별 핵심 기본 이론을 수록하여 유형 파악뿐만 아니라 이론 학습까지 철저하게 학습할 수 있습니다.

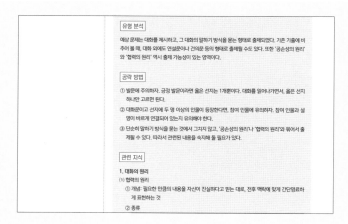

3 3단계 문제풀이로 완성하는 체계적인 독해 학습!

1) 신유형 미리보기: 인사혁신처에서 발표한 출제 기조 변화 예시 문제 중 각 유형별로 해당하는 문제를 수록하였습니다.
2) 신유형 맞춤 기출 변형 문제: 각 유형에 해당되는 기출 변형 문제를 풀어보며 출제 포인트를 파악할 수 있습니다.
3) 적중 실전 문제: 출제 가능성이 높은 문제로 구성한 실전 문제를 통해 학습한 유형을 문제에 바로 적용해 볼 수 있습니다.

4 출제 기조 변화가 그대로 반영된 **모의고사 3회분**으로 **실전 대비까지!**

· 변화되는 출제 기조를 그대로 반영하여, 실제 시험과 동일하게 구성된 실전모의고사를 3회분 수록하였습니다. 상세한 해설과 함께 모의고사를 풀어보면서 실전 감각까지 끌어올릴 수 있어 변화된 시험에 철저하게 대비할 수 있습니다.

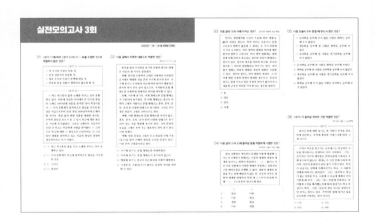

출제 기조 변화 **완벽 마스터**

📘 출제 기조 변화 분석

· 인사혁신처가 출제하는 9급 공무원 시험의 국어와 영어 과목의 출제 기조를 2025년 시험부터 전면 전환하기로 하였다. 지금까지의 9급 공무원 시험이 지식 암기 위주였다면, 2025년부터 치러질 시험은 직무수행에 필요한 역량을 평가하면서 민간 채용시험과의 호환성을 강화하는 문제로 치러질 예정이다.

· 전환된 시험에서 국어 과목은 기본적인 국어 능력뿐만 아니라 이해·추론·비판력과 같은 사고력을, 영어 과목은 실제 업무 수행에 필요한 실용적인 영어 능력을 검증한다.

· 출제 기조 전환에 따라 출제 영역과 문제 유형에도 변화가 있다. 이는 새로운 출제 기조로 출제한 예시 문제를 통해 확인할 수 있다. 예시 문제를 유형별로 분류한 내용은 다음과 같다.

유형	세부 유형	유형 설명
화법과 작문	· 말하기 · 고쳐쓰기 · 개요 작성	기존의 화법과 작문 영역에서 큰 변화 없이 출제되는 유형이다. 주로 대화문이나 실용문이 지문으로 출제되므로 관련 지식을 학습해 두면 문제 풀이에 도움이 된다.
독해	· 글의 배열 · 빈칸 추론 · 내용 일치	기존의 비문학 독해 영역에서 큰 변화 없이 출제되는 영역이다. 비문학 지문에 대하여 내용 일치, 빈칸 추론, 순서 배열 형태와 동일하게 출제된다.
독해	· 독해와 문법의 융합 · 독해와 문학의 융합 · 독해와 어휘의 융합	문법, 문학, 어휘 영역이 단독으로 출제되지 않고 비문학 독해 영역과 융합되어 출제되는 유형이다. 각 영역의 내용이 담긴 비문학 지문을 읽고 이해한 내용을 바탕으로 문제를 풀도록 출제된다.
추론	· 견해의 강화와 약화	지문에서 나타난 주장을 강화 또는 약화하는 내용인지를 판단하는 유형으로, 기존 비문학 독해 문제와 유사하지만 주장의 강화/약화 여부를 구체적으로 판단해야 한다는 점에서 출제 포인트가 비교적 명확한 유형이다.
추론	· 대우 활용 · 논리적 오류	기존 비문학 독해 영역에서 가끔식 출제되었던 추론 문제가 본격적으로 유형화되어 출제된다.

▮ 출제 기조 변화 특징

1. 단순 암기보다는 이해 및 적용을 중요시한다.

- 국어 과목의 출제 영역이 크게 화법과 작문, 비문학 독해, 문학, 문법, 어휘로 분류되는 것은 기존과 동일하다. 다만, 화법과 작문 일부와 비문학 독해를 제외한 나머지 영역은 어느 정도의 암기를 요하던 문제가 출제되어 수험생으로 하여금 학습에 부담이 되었던 기존 시험과 달리, 예시 문제에는 단순 암기를 요하는 문제는 찾아볼 수 없다. 특히 문법과 어휘는 암기가 어느 정도 필요했던 영역이었으나 예시 문제에서는 이 두 영역에서조차 단순 암기보다는 지문에 대한 이해를 통해 충분히 풀 수 있게 제시되었다.

- 한편, 비문학 독해는 큰 변화가 없는 영역이다. 이전에도 빈출되었던 내용 일치 및 추론, 빈칸 추론, 순서 추론 형태로 제시되었다.

2. 문법, 문학, 어휘는 독해와 융합된 형태로 출제된다.

- 기존 시험에서 비문학 독해와 어휘 영역은 융합된 형태로 출제된 적이 있지만, 문학, 문법과 어법 영역은 단독으로 출제되는 것이 일반적이었다. 그러나 예시 문제에는 이 두 영역 모두 지문을 제시하고 그 지문에 대한 이해와 적용을 묻는 형식으로 출제되었다.

- 특히 문학 영역의 경우, 문학 작품을 직접 제시하지 않은 것이 특징이다. 문학 작품의 지문이 아닌 문학 작품에 대한 감상을 담은 지문을 제시하고, 그 지문에 대한 이해 및 적용을 묻고 있다.

- 문법과 어법 영역의 경우, 기존에는 암기해야 했던 내용을 지문으로 제시하여, 지식에 대한 암기보다는 지문에 대한 이해와 적용을 묻는 형태로 출제되었다.

- 한편, 어휘 영역은 기존과 큰 변화는 없다. 이전에도 빈출되었던 문맥적 의미가 유사한 선지 고르기, 고유어와 한자어가 대응하는 선지 고르기 형태로 출제되었다.

3. 추론 문제가 본격적으로 등장한다.

최근 치러진 국회직 8급, 지방직 9급 등에서 '대우'를 활용한 선지가 등장한 적이 있기는 하나, 기존 국가직 9급 시험에서는 주로 '내용 추론' 유형이 출제되었다. 그러나 예시 문제에 주로 국가직 5급에서 출제되었던, 대우를 활용한 추론 문제와 논지의 강화와 약화를 묻는 문제가 본격적으로 등장하였다.

PART 1

화법과 작문

유형 분석

예상 문제는 대화를 제시하고, 그 대화의 말하기 방식을 묻는 형태로 출제되었다. 기존 기출에 비추어 볼 때, 대화 외에도 연설문이나 건의문 등의 형태로 출제될 수도 있다. 또한 '공손성의 원리'와 '협력의 원리' 역시 출제 가능성이 있는 영역이다.

공략 방법

① 발문에 주의하자. 긍정 발문이라면 옳은 선지는 1개뿐이다. 대화를 읽어나가면서, 옳은 선지 하나만 고르면 된다.

② 대화문이고 선지에 두 명 이상의 인물이 등장한다면, 참여 인물에 유의하자. 참여 인물과 설명이 바르게 연결되어 있는지 유의해야 한다.

③ 단순히 말하기 방식을 묻는 것에서 그치지 않고, '공손성의 원리'나 '협력의 원리'와 묶어서 출제될 수 있다. 따라서 관련된 내용을 숙지해 둘 필요가 있다.

관련 지식

1. 대화의 원리
(1) 협력의 원리
　① 개념: 필요한 양만큼의 내용을 자신이 진실하다고 믿는 대로, 전후 맥락에 맞게 간단명료하게 표현하는 것
　② 종류

양의 격률	필요한 양만큼의 정보를 제공하라. 예 A: 어디에서 근무하세요? 　　B: 언니는 해커스에서, 저는 혜원국어에서 일해요.(×)
질의 격률	타당한 근거를 들어 진실을 말하라. ㉠ 상위 격률: 진실한 정보만을 제공하라. ㉡ 하위 격률: 거짓이라고 생각되는 말은 하지 마라. 예 A: 국어 시험 범위 좀 가르쳐 주라. 　　B: (알고 있으면서) 글쎄, 나도 잘 모르겠는데.(×)
관련성의 격률	대화의 목적이나 주제와 관련된 말을 하라. 예 A: 내일 영화 보러 갈래? 　　B: 이따 점심은 뭘 먹을까?(×)

태도의 격률	모호한 표현이나 중의적인 표현을 피하고 간결하고 조리 있게 말하라.
	㉠ 상위 격률: 명료하게 말하라.
	㉡ 하위 격률: 모호한 표현을 피하라. 간결하게, 조리 있게 말하라.
	예 A: 우리 점심 뭐 먹을까?
	B: 피자가 좋을까, 아니 중식이 좋나, 아니다 일식이…(×)

③ 대화상의 함축: 대화에 직접 나타나지는 않지만 대화 속에 숨어 있는 의도. 말해진 것과는 구별되는 것으로 사람들이 어떤 의도를 암시하거나 함의할 때 전달되는 지식이다. 하위 격률 중 어떤 격률을 본의 아니게 위반하거나 의도적으로 따르지 않겠다고 결정할 때 발생한다.

⑵ 공손성의 원리

① 개념: 상대방에게 공손하지 않은 표현은 최소화하고, 공손한 표현은 최대화하여 표현하는 것

요령의 격률	상대방에게 부담이 되는 표현은 최소화하고 상대방에게 이익이 되는 표현을 극대화하라.
	예 A: 이 짐 좀 옮겨라.(×)
	→ 미안하지만 손 좀 잠깐 빌려줄 수 있을까?(○)
관용의 격률	화자 자신에게 혜택을 주는 표현은 최소화하고 자신에게 부담을 주는 표현을 최대화하라.
	예 A: (수업을 들으며) 선생님, 좀 크게 말하세요. 하나도 안 들려요.(×)
	→ 죄송하지만 제가 귀가 안 좋아서 그런데, 조금만 더 크게 말씀해 주시겠어요?(○)
찬동(칭찬)의 격률	다른 사람에 대한 비방은 최소화하고 칭찬을 극대화하라.
	예 A: 어쩜 이렇게 깔끔하게 정리해 놓으셨어요? 대단하시네요.(○)
	B: 뭘요, 그렇게 말씀해 주시니 고맙습니다.
겸양의 격률	자신에 대한 칭찬은 최소화하고 비방을 극대화하라.
	예 A: 이번 시험에 합격했다며? 대단하다!
	B: 아니야, 난 머리가 별로 안 좋아서, 남들보다 훨씬 노력해야만 했는걸.(○)
동의의 격률	① 반대 의견을 제시하는 경우에는 상대와 의견이 일치하는 부분을 먼저 제시하고, ② 궁극적으로는 자신의 의견과 다른 사람의 의견 사이의 다른 점은 최소화하고 일치점을 극대화하라.
	예 A: 점심 먹고 영화나 보러 갈까?
	B: 영화? 좋지. 그런데 오늘 날씨가 너무 좋은데, 우리 사육신공원까지 산책하는 건 어때?(○)
	A: 맞아, 오늘 날씨가 정말 좋네. 오랜만에 산책하는 것도 좋겠다.

다음 대화를 분석한 내용으로 가장 적절한 것은?

> 갑: 전염병이 창궐했을 때 마스크를 착용하는 것은 당연한 일인데, 그것을 거부하는 사람이 있다니 도대체 이해가 안 돼.
>
> 을: 마스크 착용을 거부하는 사람들을 무조건 비난하지 말고 먼저 왜 그러는지 정확하게 이유를 파악하는 것이 필요해.
>
> 병: 그 사람들은 개인의 자유가 가장 존중받아야 하는 기본권이라고 생각하기 때문일 거야.
>
> 갑: 개인의 자유로운 선택이 타인의 생명을 위협한다면 기본권이라 하더라도 제한하는 것이 보편적 상식 아닐까?
>
> 병: 맞아. 개인이 모여 공동체를 이루는데 나의 자유만을 고집하면 결국 사회는 극단적 이기주의에 빠져 붕괴하고 말 거야.
>
> 을: 마스크를 쓰지 않는 행위를 윤리적 차원에서만 접근하지 말고, 문화적 차원에서도 고려할 필요가 있어. 어떤 사회에서는 얼굴을 가리는 것이 범죄자의 징표로 인식되기도 해.

① 화제에 대해 남들과 다른 측면에서 탐색하는 사람이 있다.

② 자신의 의견이 반박되자 질문을 던져 화제를 전환하는 사람이 있다.

③ 대화가 진행되면서 논점에 대한 찬반 입장이 바뀌는 사람이 있다.

④ 사례의 공통점을 종합하여 자신의 주장을 강화하는 사람이 있다.

신유형 맞춤 기출 변형 문제

01 다음 대화에 나타난 말하기 방식을 설명한 것으로 적절하지 않은 것은? 2023년 국가직 9급

> 백 팀장: 이번 워크숍 장면을 사내 게시판에 올리는 게 좋겠어요. 워크숍 내용을 공유하면 좋을 것 같아서요.
>
> 고 대리: 전 반대합니다. 사내 게시판에 영상을 공개하는 것은 부담스러워요. 타 부서와 비교될 것 같기도 하고요.
>
> 임 대리: 저도 팀장님 말씀대로 정보를 공유한다는 취지는 좋다고 생각해요. 다만 다른 팀원들의 동의도 구해야 할 것 같고, 여러 면에서 우려되긴 하네요. 팀원들 의견을 먼저 들어 보고, 잘된 것만 시범적으로 한두 개 올리는 것이 어떨까요?

① 백 팀장은 팀원들에 대한 유대감을 드러내는 표현을 사용하며 자신의 바람을 전달하고 있다.

② 고 대리는 백 팀장의 제안에 반대하는 이유를 명시적으로 밝히며 백 팀장의 요청을 거절하고 있다.

③ 임 대리는 발언 초반에 백 팀장 발언의 취지에 공감하여 백 팀장의 체면을 세워 주고 있다.

④ 임 대리는 대화 참여자의 의견을 묻는 의문문을 사용하여 자신의 의견을 간접적으로 드러내고 있다.

02 다음 대화에서 나타난 '지민'의 의사소통 방식으로 가장 적절한 것은? 2022년 국가직 9급

> 정수: 지난번에 너랑 같이 들었던 면접 전략 강의가 정말 유익했어.
>
> 지민: 그랬어? 나도 그랬는데.
>
> 정수: 특히 아이스크림 회사의 면접 내용이 도움이 많이 됐어.
>
> 지민: 맞아. 그중에서도 두괄식으로 답변하라는 첫 번째 내용이 정말 인상적이더라. 핵심 내용을 먼저 말하는 전략이 면접에서 그렇게 효과적일 줄 몰랐어.
>
> 정수: 어! 그래? 나는 두 번째 내용이 훨씬 인상적이었는데.
>
> 지민: 그랬구나. 하긴 아이스크림 매출 증가에 관한 통계 자료를 인용해서 답변한 전략도 설득력이 있었어. 하지만 초두 효과의 효용성도 크지 않을까 해.
>
> 정수: 그렇긴 해.

① 자신의 면접 경험을 예로 들어 상대방을 설득하고 있다.

② 상대방의 약점을 공략하며 상대방의 이견을 반박하고 있다.

③ 상대방의 견해를 존중하면서 자신의 의견을 제시하고 있다.

④ 상대방과의 갈등 해소를 위해 자신의 감정을 표현하고 있다.

01

백 팀장이 사내 게시판에 워크숍 영상을 공개하고 싶은 자신의 바람을 전달하고 있는 것은 맞으나 팀원들에 대한 유대감을 드러내는 표현을 사용하고 있지는 않다.

오답 정리

② "사내 게시판에 영상을 공개하는 것은 부담스러워요. 타 부서와 비교될 것 같기도 하고요."라며 제안에 반대하는 이유를 명시적으로 밝히면서, '전 반대합니다.'라고 백 팀장의 요청을 거절하고 있다.

③ 임 대리는 "저도 팀장님 말씀대로 정보를 공유한다는 취지는 좋다고 생각해요."로 발언을 시작하면서, 백 팀장 발언의 취지에 공감하며 백 팀장의 체면을 세워 주고 있다.

④ 임 대리는 "팀원들 의견을 먼저 들어 보고, 잘된 것만 시범적으로 한두 개 올리는 것이 어떨까요?"라면서 의문문을 사용하여, 자신의 의견을 간접적으로 드러내고 있다.

정답 ①

02

'지민'과 '정수'는 면접 전략 강의가 유익했다고 말하면서, 각자 어떤 부분이 인상적이었는지 말하고 있다. '지민'은 두괄식으로 답변하라는 첫 번째 내용이 인상적이었다고 했지만, '정수'는 통계 자료를 인용해서 답변하는 두 번째 내용이 인상적이었다고 했다. 이에 '지민'은 '정수'의 견해를 존중하면서, "초두 효과의 효용성도 크지 않을까 해."라고 하면서 자신의 의견을 제시하고 있다. 따라서 '지민'의 의사소통 방식으로 가장 적절한 것은 ③이다.

오답 정리

① '지민'은 자신의 면접 경험을 예로 들어 말하지 않았다.

② 지민의 "하지만 초두 효과의 효용성도 크지 않을까 해."라는 발화를 볼 때, 약하기는 하지만 상대방의 이견을 반박하고 있다고 볼 수도 있다. 그러나 '지민'은 '정수'의 약점을 공략하지는 않았다.

④ 뚜렷한 갈등이 나타나지는 않지만, 각자 유익하게 생각한 내용이 다른 상황이기 때문에 '갈등 상황'으로 볼 여지는 있다. 그렇지만 '지민'이 '좋다'나 '싫다', '기쁘다'나 '슬프다' 같은 감정을 직접적으로 표현하고 있지는 않다.

정답 ③

사회자는 발표자 간의 이견을 조정하고 있지도 않고, 의사결정을 유도하고 있지도 않다.

오답 정리
① '통일 시대의 남북한 언어가 나아갈 길'이라는 학술적인 주제에 대해, '최 교수'와 '정 박사'의 발표 형식으로 토의가 진행되고 있다.
③ 발표자 '최 교수'는 "앞으로도 남북한 언어 차이에 대한 연구가 지속되어야 합니다."라는 견해를, '정 박사'는 "앞으로 통일을 대비해 남북한 언어의 다른 점을 줄여 나가는 노력이 필요합니다."라는 견해를 밝히며 청중에게 남북한 언어에 대한 정보를 제공하고 있다.
④ "남북한 언어의 차이와 이를 극복하는 방안을 말씀하셨는데요. 그렇다면 통일 시대에 대비한 언어 정책에는 무엇이 있을까요?"라는 '청중 A'의 말을 볼 때, 청중 A가 발표자의 발표 내용을 확인하고 주제와 관련된 질문을 하고 있음을 알 수 있다.

정답 ②

03 다음 토의에 대한 설명으로 적절하지 않은 것은?

2021년 국가직 9급

> 사회자: 오늘의 토의 주제는 '통일 시대의 남북한 언어가 나아갈 길'입니다. 먼저 최○○ 교수님께서 '남북한 언어 차이와 의사소통'이라는 제목으로 발표해 주시겠습니다.
>
> 최 교수: 남한과 북한의 말은 비슷하지만 다른 점이 있습니다. 남한과 북한의 어휘 차이가 대표적입니다. 남한과 북한의 어휘 차이를 분석한 결과, …(중략)… 앞으로도 남북한 언어 차이에 대한 연구가 지속되어야 합니다.
>
> 사회자: 이로써 최 교수님의 발표를 마치겠습니다. 다음은 정○○ 박사님의 '남북한 언어의 동질성 회복 방안'에 대한 발표가 있겠습니다.
>
> 정 박사: 앞으로 통일을 대비해 남북한 언어의 다른 점을 줄여 나가는 노력이 필요합니다. 실제로도 남한과 북한의 학자들로 구성된 '겨레말큰사전 편찬위원회'에서는 남북한 공통의 사전인 『겨레말큰사전』을 만들며 서로의 차이를 이해하고 받아들이기 위한 노력을 하고 있습니다. …(중략)…
>
> 사회자: 그러면 질의응답이 있겠습니다. 시간상 간략하게 질문해 주시기 바랍니다.
>
> 청중 A: 두 분의 말씀 잘 들었습니다. 남북한 언어의 차이와 이를 극복하는 방안을 말씀하셨는데요. 그렇다면 통일 시대에 대비한 언어 정책에는 무엇이 있을까요?

① 학술적인 주제에 대해 발표 형식으로 진행되고 있다.
② 사회자는 발표자 간의 이견을 조정하여 의사결정을 유도하고 있다.
③ 발표자는 주제에 대한 자신의 견해를 밝혀 청중에게 정보를 제공하고 있다.
④ 청중 A는 발표자의 발표 내용을 확인하고 주제와 관련된 질문을 하고 있다.

정민의 세 번째 말에서 자신의 경험을 들어, 상수에게 짝꿍과 솔직하게 이야기를 해 보라는 조언을 하고 있다.

오답 정리
① '용서'와 관련된 내용은 제시된 대화에서 찾아볼 수 없다.
③ 정민은 상대방의 약점을 비판하지도 않았고, 자신의 장점을 부각하지도 않았다.
④ '상수'의 말을 듣고 자신의 경험을 들어 해결책을 말해 주고 있다는 점에서 상대방의 말을 경청한 것은 맞다. 그러나 상대방 말의 타당성을 평가(너의 말이 적절하다, 적절하지 않다)하고 있지는 않다.

정답 ②

04 다음 대화에서 '정민'의 의사소통 방식으로 가장 적절한 것은?

2020년 국가직 9급

> 상수: 요즘 짝꿍이랑 사이가 별로야.
>
> 정민: 왜? 무슨 일이 있었어?
>
> 상수: 그 애가 내 일에 자꾸 끼어들어. 사물함 정리부터 내 걸음걸이까지 하나하나 지적하잖아.
>
> 정민: 그런 일이 있었구나. 짝꿍한테 그런 말을 해 보지 그랬어.
>
> 상수: 해 봤지. 하지만 그때뿐이야. 아마 나를 자기 동생처럼 여기나 봐.
>
> 정민: 나도 그런 적이 있어. 작년의 내 짝꿍도 나한테 무척이나 심했거든. 자꾸 끼어들어서 너무 힘들었어. 네 얘기를 들으니 그때가 다시 생각난다. 그런데 생각을 바꿔 보니 그게 관심이다 싶더라고. 그랬더니 마음이 좀 편해졌어. 그리고 짝꿍과 솔직하게 얘기를 해 봤더니, 그 애도 자신의 잘못된 점을 고치더라고.
>
> 상수: 너도 그랬구나. 나도 생각을 바꾸려고 노력해 보고, 짝꿍하고 진솔한 대화를 나눠 봐야겠어.

① 상대방의 입장을 고려해 용서함으로써 갈등을 해결하고 있다.
② 자신의 경험을 들어 상대방이 해결점을 찾을 수 있도록 돕고 있다.
③ 상대방의 약점을 비판하면서 자신의 장점을 최대한 부각하고 있다.
④ 상대방이 말하는 내용을 경청하면서 그 타당성을 평가하고 있다.

A: 여러분, 안녕하세요? 한 지방 자치 단체가 의료 취약 계층을 위한 의약품 공급 정보 망 구축 사업을 진행해 오고 있는데요. 오늘은 그 관계자 한 분을 모시고 말씀을 들 어 보기로 하겠습니다. 과장님, 안녕하세요?

B: 네, 안녕하세요.

A: 의약품 공급 정보망이라는 말이 다소 생소한데 이게 무슨 말인가요?

B: 네, 약국이나 제약 회사가 의약품을 저희에게 기탁하면, 이 약품을 필요한 사회 복 지 시설이나 국내외 의료 봉사 단체에 무상으로 줄 수 있도록 연결하는 사이버상의 네트워크입니다.

A: 그렇군요. 그동안 이 사업에 성과가 있었다면 그럴 만한 이유가 있을 텐데요, 이에 대해 말씀해 주세요.

B: 그렇습니다. 약국이나 제약 회사에서는 판매되지 않은 의약품을 기탁하고 세금 혜 택을 받습니다. 그리고 복지 시설이나 봉사 단체에서는 필요한 의약품을 무상으로 지원받을 수 있습니다.

A: 그렇군요. 혹시 이 사업에 걸림돌은 없나요?

B: 의약품을 의사의 처방에 따라서 주는 것이 아니라 수요자가 요구하면 주는 방식이 어서 전문 의약품을 제공하는 과정에 어려움이 있습니다. 처방전 발급을 부탁할 수 도 없고……

A: 그러니까 앞으로 이런 문제를 해결하기 위한 제도 정비나 의료 전문가의 지원이 좀 더 필요하다는 말씀인 것 같군요. 끝으로 이 사업에 참여하려면 어떻게 해야 하나요?

B: 그건 생각보다 쉽습니다. 저희 홈페이지에 접속하셔서 회원으로 가입하시면 기부하 실 때나 받으실 때나 모두 쉽게 참여하실 수 있습니다.

A: 네, 간편해서 좋군요. 모쪼록 이 의약품 공급 정보망 사업이 확대되어 국내외 의료 취약 계층에 많은 도움이 되기를 바랍니다. 감사합니다.

① 상대방의 말을 들었다는 반응을 보인다.

② 상대방의 대답에서 모순점을 찾아 논리적으로 대응한다.

③ 대화의 화제가 된 일을 홍보할 수 있는 대답을 유도한다.

④ 상대방의 말을 대화의 흐름에 맞게 해석하여 상대방의 말을 보충한다.

05

진행자 A가 상대방 B의 대답에서 모순점을 찾아 논리적으로 대응한 부분은 찾아볼 수 없다.

오답 정리

① A의 세 번째와 네 번째 말 "그렇군요.", A의 마지막 말 "네, 간편해서 좋군요." 등은 상대방의 말을 들었다는 반응에 해당한다.

③ A의 다섯 번째 말 "끝으로 이 사업에 참여하려면 어떻게 해야 하나요?"를 통해, 대화의 화제가 된 '의약품 공급 정보망 구축 사업'을 홍보할 수 있는 대답을 유도하고 있다.

④ A의 다섯 번째 말 "그러니까 앞으로 이런 문제를 해결하기 위한 제도 정비나 의료 전문가의 지원이 좀 더 필요하다는 말씀인 것 같군요." 부분에서 상대방의 말을 대화의 흐름에 맞게 해석하여 상대방의 말을 보충하고 있다.

정답 ②

오답 정리

① '양의 격률'과 관련이 있다. 대화 (1)에서
'체중'을 물었을 때, "키에 비해 가벼운
편이다."라고 답하고 있다. 또 대화 (3)에
서 '나이'를 묻는 질문에, 자신뿐만 아니
라 '형'의 나이도 함께 말했다. 즉 '필요'
이상의 정보를 상대에게 제공하고 있기
때문에, '양의 격률'을 어긴 것이다.

② '질의 격률'과 관련이 있다. 대화 (2)에서
'비행기보다 빠른 사람을 봤다'고 했는
데, 비행기보다 빠른 사람은 존재할 수
없다. 즉 '진실'이 아닌 정보를 상대에게
제공하고 있기 때문에 '질의 격률'을 어
긴 것이다.

③ '태도의 격률'과 관련이 있다. 대화 (4)에
서 '무엇을 먹을 것이냐'는 상대의 질문
에, '내키는 대로'와 같이 모호하게 대답
을 하고 있다. 따라서 이는 '태도의 격률'
을 어긴 것이다.

정답 ④

06 다음 글을 근거로 할 때, 〈보기〉의 대화를 분석한 내용으로 가장 적절하지 않은 것은?

2016년 국가직 9급 변형

그라이스(Grice)는 원활한 대화 진행을 위한 요건으로 네 가지의 '협력의 원리'를 제
시한 바 있다. 첫째, 주고받는 대화의 목적에 필요한 만큼만 정보를 제공하고 필요 이
상의 정보를 제공하지 말라는 양의 격률이다. 둘째, 진실한 정보만을 제공하도록 노력
하고 증거가 불충한 것은 말하지 말라는 질의 격률이다. 셋째, 해당 대화 맥락과 관련
되는 말을 하라는 관련성의 격률이다. 넷째, 모호하거나 중의적인 표현을 피하고 간결
하고 조리 있게 말하라는 태도의 격률이다. 그러나 모종의 효과를 위해 이 네 가지의
격률을 위배하는 일은 일상 대화에서 빈번하게 이루어지는데, 일반적으로 언중들은 그
것을 자연스럽게 받아들일 뿐 아니라 때에 따라서는 협력의 원리를 지키는 것이 예의
에 어긋난 경우도 많다.

〈보기〉

대화 (1) ㉠: 체중이 얼마나 되니?
㉡: 55kg인데 키에 비해 가벼운 편입니다.
대화 (2) ㉠: 얼마 전 시민 운동회가 있었다며?
㉡: 응. 백 미터 달리기에서 비행기보다 빠른 사람을 봤어.
대화 (3) ㉠: 너 몇 살이니?
㉡: 형이 열일곱 살이고, 저는 열다섯 살이지요.
대화 (4) ㉠: 점심은 뭐 먹을래?
㉡: 생각해 보고 마음 내키는 대로요.

① 필요 이상의 정보를 제공한 사람이 있다.
② 진실하지 않은 정보를 제공한 사람이 있다.
③ 모호하거나 중의적으로 대답을 한 사람이 있다.
④ 대화 맥락과 관련되지 않은 말을 한 사람이 있다.

07 ○의 사례로 가장 적절한 것은?

2017년 국가직 7급 변형

'공손성의 원리'는 대화 참여자들 사이에서 공손하고 예의 바르게 말을 주고받는 태도를 중시하는 이론이다. 이 원리는 '요령', '관용', '찬동', '겸양', '동의'의 격률로 구성되어 있다. '요령의 격률'은 상대방의 처지를 고려하여 상대방이 부담을 갖지 않도록 말해야 한다는 것이고, '관용의 격률'은 상대방이 관용을 베풀 수 있도록 문제를 자신의 탓으로 돌려 말해야 한다는 것이다. '찬동의 격률'은 상대방에 대한 비방을 최소화하고 칭찬을 최대화해야 한다는 것이고, '겸양의 격률'은 자신을 상대방에게 낮추어 겸손하게 말해야 한다는 것이다. 마지막으로 '동의의 격률'은 상대방의 의견에서 동의하는 부분을 찾아 인정해 준 다음에 자신의 의견을 말해야 한다는 것이다. 이 중 우리 선조들은, ○ 상대방의 칭찬을 그대로 받아들이기보다는 자신을 낮추어 말하는 것을 미덕으로 여긴 '겸양의 격률'을 중요하게 생각했다.

① 가: 집이 참 좋네요. 구석구석 어쩌면 이렇게 정돈이 잘 되어 있는지…. 사모님 살림 솜씨가 대단하신데요.

　　나: 그렇게 말씀해 주시니 고맙습니다.

② 가: 정윤아, 날씨도 좋은데 우리 놀이공원이나 갈래?

　　나: 놀이공원? 좋지. 그런데 나는 오늘 뮤지컬 표를 예매해 둬서 어려울 것 같아.

③ 가: 제가 귀가 안 좋아서 그러는데 죄송하지만 조금만 더 크게 말씀해 주시겠어요?

　　나: 제 목소리가 너무 작았군요. 죄송합니다.

④ 가: 유진아, 너는 노래도 잘하고 운동도 잘하고 못하는 게 없구나.

　　나: 아니에요. 특별히 잘하는 것도 없는데요. 아직 많이 부족합니다.

07

제시된 글에 따르면, '겸양의 격률'은 상대방의 칭찬을 그대로 받아들이기보다는 자신을 낮추어 말하는 것이다. 이를 사용한 대화문은 ④이다. 노래와 운동을 잘한다는 '가'의 칭찬을 '나'가 그대로 받아들이기보다는 자신을 낮춰 말하고 있기 때문이다.

오답 정리

① 칭찬에 대해 자신을 낮춰 말하기보다는 그대로 받아들이고 있기 때문에 '겸양의 격률'을 지키지 않았다. 한편 상대에 대한 비방을 최소화하고, 칭찬을 극대화했다는 점에서 '칭찬(찬동)의 격률'을 사용한 대화문으로 볼 수 있다.

② 상대방을 칭찬한 내용이 없기 때문에, '겸양의 격률'과는 관련이 없다. 한편 최종적으로는 의견 일치에 이르러야 하지만, 상대의 의견에 '맞장구'를 쳐 주어도 '동의의 격률'이 사용되었다고 볼 수 있으므로 이는 '동의의 격률'을 사용한 대화문이다.

③ 상대방을 칭찬한 내용이 아니므로, '겸양의 격률'과 관련이 없다. 한편 자신에게 부담이 되는 표현을 최대화했다는 점에서, '관용의 격률'을 사용한 대화문으로 볼 수 있다.

정답 ④

01

제시된 글에서 B는 자신이 선정한 발표 제
재가 선생님께서 내 주신 수업 과제에 부합
하는 것인지에 대해 A의 생각을 묻고 있다.
이로 보아 발표 준비 과정에서는 발표 제재
가 수업 과제의 성격에 부합하는 것인지를
고려하고 있다고 할 수 있다.

오답 정리
① 발표 제재가 청중에게 익숙한 것인지 여
 부는 고려하고 있지 않다.

②. ④ A와 B가 '설명하는 말하기'라는 말하
 기 방법에 대해 언급하고는 있지만, 그
 것이 청중의 수준에 적합한 것인지 여부
 나 청중의 관심과 흥미를 이끌어낼 수
 있는 것인지 여부를 고려하고 있는 것
 은 아니다.

정답 ③

01 다음 대화를 분석한 내용으로 가장 적절한 것은?

> A: 다음 주 국어 시간에 발표지? 준비는 다 했니?
> B: 응. 선생님께서 다음 시간 발표는 설명하는 말하기에 부합하는 제재를 선정하라고
> 하셨잖아. 그래서 나는 우리가 음식물을 통해 매일 먹는 소금에 대해 친구들이 잘 알
> 지 못하는 부분을 중심으로 설명하는 발표를 하려고 해. 어때?
> A: 그래. 설명하는 말하기로 적절할 것 같아. 사실 소금이 주변에서 흔하게 볼 수 있
> 는 것이긴 한데, 나도 소금에 대해 짠맛이 난다는 것 말고는 제대로 아는 게 없어.
> B: 응. 아마 발표를 듣고 나면 다들 소금에 대해 좀 더 잘 알 수 있을 거야.
> A: 그래, 발표 기대할게.

① 발표 제재가 청중에게 익숙한 것인지를 고려하는 사람이 있다.

② 발표 방법이 청중의 수준에 적합한 것인지를 고려하는 사람이 있다.

③ 발표 제재가 수업 과제의 성격에 부합하는 것인지를 고려하는 사람이 있다.

④ 발표 방법이 청중의 관심을 이끌어 낼 수 있는 것인지를 고려하는 사람이 있다.

02 '사회자'의 말하기 방식을 분석한 내용으로 적절하지 않은 것은?

> 사회자: 지금부터 ○○고등학교 홍보부의 학생 소식지 작성을 위한 토의를 시작하겠습니다. '우리 학교의 역사와 문화'라는 주제에 적합한 제재부터 이야기해 보겠습니다.
>
> 학생 A: 저는 학교 연혁관을 소개하고 싶습니다. 지난번 학생 설문 결과에서 나타났듯이 오랜 전통을 지닌 우리 학교의 발자취를 확인할 수 있는 연혁관을 방문한 학생이 매우 적다는 것에 놀랍기도 하고 아쉽기도 했어요.
>
> 학생 B: 물론 연혁관은 학생들의 관심이 필요한 곳이라는 점에서 좋은 제재라고 생각해요. 그런데 지난번 여름 소식지에 '우리 학교 시설물 안내'라는 내용으로 연혁관을 소개한 적이 있어요. 제재가 중복되어 식상하지 않을까요? 저는 우리 학교 본관에 대한 소식을 알렸으면 좋겠어요.
>
> 사회자: 우리 학교 본관에 대한 소식이라면 무엇을 말하는 것이죠? 조금 더 설명을 부탁합니다.
>
> 학생 B: 학교 앞 사거리 현수막에서 우리 학교 본관이 등록문화재로 지정되었다는 소식을 보았어요. 등록문화재는 현재 사용 가능하며 문화적, 역사적인 가치를 인정받은 근대 건축물이나 물건 중에서 지정된다고 합니다. 저는 이런 내용을 자세히 알렸으면 합니다.
>
> 학생 A: 우리 학교 건물이 문화적, 역사적인 가치를 인정받아 등록문화재로 지정되었다는 소식을 전하고 싶다는 것이군요?
>
> 학생 B: 맞아요. 사실 저도 그 현수막을 보고 등록문화재의 정의를 찾아보며 우리 학교의 역사도 생각해 보았어요. 이런 내용을 학생들과 나눌 수 있도록 소식지의 제재로 정하면 좋겠습니다.
>
> 사회자: 우리 학교 연혁관에 대한 의견과 학교 본관에 대한 의견들이 있었는데요, 최종적으로 본관의 등록문화재 지정과 관련한 내용으로 학생 소식지를 작성하도록 하겠습니다. 그러면 윤서는 관련 자료를 찾고 이를 바탕으로 준원이가 초고를 작성하기로 하죠. 그리고 다음 토의에서 글을 함께 수정하도록 하겠습니다.

① 토의 문제를 명확하게 하기 위해 처음 발언 시 토의 주제를 제시한다.

② 참여자의 의견을 구체적으로 확인하기 위해 추가 설명을 요구한다.

③ 토의를 효율적으로 진행하기 위해 토의 참여자의 발언 순서를 정한다.

④ 토의를 마무리하기 위해 토의의 내용을 정리하여 제시한다.

02

사회자는 토의를 효율적으로 진행하기 위해 토의 참여자의 발언 순서를 정하기도 한다. 그런데 제시된 토의의 사회자는 따로 참여자의 발언 순서를 정하고 있지 않다.

오답 정리
① 사회자는 첫 번째 발언에서 주제를 제시하고 있다.
② 사회자의 두 번째 발언에서 본관에 대한 소식의 추가 설명을 요구하고 있다.
④ 사회자의 마지막 발언에서 토의에서 나온 의견들을 정리하여 토의를 마무리하고 있다.

정답 ③

03

면접은 '학생 선발을 위한 것'이다. 또 '면접
관 2'의 첫 번째 말을 볼 때, ⓒ은 '기본 사
고 문항'으로 면접 대상자의 기본적 지식과
견해를 물어 보는 질문이다. 따라서 면접 대
상자에게 자신의 논리에 한계를 느낄 수 있
도록 하기 위한 비판적 질문이라는 설명은
적절하지 않다.

오답 정리

① ⓐ은 면접에 앞서 긴장을 하고 있을지
　모르는 면접 대상자의 긴장을 풀어 주기
　위한 친교적인 대화라고 할 수 있다.

② ⓑ은 두 문항 중 선택 문항이 무엇인지
　확인하여 이에 맞는 면접을 진행하기 위
　한 사전 조사라 할 수 있다.

④ "다수를 위해 ~ 옳지 않다고 생각합니
　다."라고 질문에 대한 결론을 먼저 제시
　하고 그에 대한 근거를 나중에 제시하고
　있다.

정답 ③

03 다음은 '학생 선발'을 위한 면접의 일부이다. ㉠ ~ ㉣을 분석한 내용으로 적절하지 않은
것은?

> 면접 대상자: 수험번호 17번 ○○○입니다.
> 면접관　　1: ㉠ 안녕하세요. 오래 기다리느라 많이 지루하셨죠?
> 면접 대상자: 문제에 대한 답변을 생각하느라 시간 가는 줄 모르고 있었습니다.
> 면접관　　2: 다행이네요. ㉡ 기본 사고 문항 중 몇 번 문항을 선택했나요?
> 면접 대상자: 저는 두 번째 문항을 선택했습니다.
> 면접관　　1: 그렇군요. ㉢ 다수를 위해 소수의 의견을 무시해야 하는지 아니면 존중해
> 　　　　　　야 하는지에 대해 말하고, 그 이유를 제시해 보세요.
> 면접 대상자: ㉣ 저는 다수를 위해 소수의 의견을 무시하는 것은 옳지 않다고 생각합니
> 　　　　　　다. 다수의 의사가 언제나 옳은 것은 아니며, 소수의 주장이 더욱 올바르
> 　　　　　　고 정당할 수도 있기 때문입니다. 그러므로 다수결 원리가 적용되는 사회
> 　　　　　　에서도 소수의 의견을 존중하는 자세가 필요하다고 생각합니다.

① ㉠: 친교적인 대화를 통하여 면접 대상자가 편안한 마음으로 진술할 수 있도록 유도하
　고 있다.

② ㉡: 면접의 목적과 맥락에 맞는 질문을 하기 위한 사전 조사의 성격을 지닌다.

③ ㉢: 면접 대상자의 논리적 한계를 평가하기 위한 비판적 질문이다.

④ ㉣: 면접관의 질문에 대해 결론을 먼저 제시하고, 근거를 나중에 말하고 있다.

04

'정현'은 처음에 청자인 '나영'에 대한 칭찬
을 먼저 말해서 자신의 말에 진실성을 높이
고 청자를 배려하고 있다. 따라서 처음과 끝
에 충고의 내용을 반복하여 밝히고 있다는
내용은 적절하지 않다.

정답 ②

04 다음 대화에서 '정현'의 말하기 방식을 분석한 내용으로 적절하지 않은 것은?

> 정현: 얘, 나영아! 어제 네가 입었던 옷 말야. 정말 색깔도 좋고 디자인도 깔끔해서 나
> 　　　도 하나 갖고 싶었어.
> 나영: (기분 좋은 표정으로) 그래? 고마워.
> 정현: (조심스럽게) 그런데 말이야…… 옷이 너무 끼는 것 같던데, 불편하지 않아? 자
> 　　　칫하면 가벼워 보일 수도 있고…….
> 나영: (신경이 쓰이는 듯) 나도 그 옷 입기 전엔 그런 생각을 했었는데 요즘 살이 쪄 버
> 　　　려서 그래. 어쩌지? 살을 좀 빼서 입든가 다른 사람을 주든가 해야겠어.
> 정현: 아냐 그러지 마. 나는 네 가까운 친구라서 유심히 살펴 본 거야. 충분히 잘 어울
> 　　　리는데 혹시 네가 그 옷 입고 다닐 때 나같이 생각하는 사람이 있을 수 있지 않을
> 　　　까 싶어 말한 거야. (편안한 미소를 보이며) 너무 심각하게 생각하진 말아줘. (살
> 　　　짝 친구의 어깨를 감싸며) 난 널 정말 아끼잖아.

① 구체적인 요소를 제시함으로써 칭찬의 내용에 대한 신뢰감을 높이고 있다.

② 충고의 내용을 처음과 끝에 반복하여 밝힘으로써 의도를 명확하게 하고 있다.

③ 청자와의 관계의 특수성을 제시해 의사 전달상의 오해의 여지를 해소하고 있다.

④ 비언어적 표현을 통해 청자의 마음을 배려하는 의도를 효과적으로 전달하고 있다.

05 다음 건의문을 분석한 내용으로 적절하지 않은 것은?

> 존경하는 교장 선생님께,
>
> 안녕하세요. 저는 1학년 ○반 회장 ○○○입니다.
>
> 늘 학생들의 작은 소리까지 귀 기울여 주시는 교장 선생님께 감사드립니다. 오늘 제가 이렇게 글을 쓰게 된 것은 샤워실 설치를 건의 드리기 위해서입니다.
>
> 며칠 전 점심시간을 이용해 저희 반과 6반 학생들은 축구 시합을 했습니다. 공부도 중요하지만 틈틈이 건강도 관리해야 한다는 생각에서 저희는 종종 축구를 합니다. 그런데 날씨가 더워 땀이 많이 흘렀고 5교시부터 땀에 절은 상태로 수업을 받아야 했습니다. 기분 전환을 하고 수업을 받으려 했는데 종례 시간까지 끈적거리는 상태로 있다 보니 오히려 집중력이 떨어졌습니다.
>
> 샤워실이 꼭 설치되었으면 합니다. 운동을 한 후나 더운 날씨일 때 샤워를 하면 첫째, 다음 시간의 수업에 더욱 집중할 수 있게 됩니다. 둘째, 청결한 생활 습관을 통해 건강을 유지할 수 있습니다. 셋째, 주변 학생들에게 불쾌감을 주지 않고 쾌적한 수업 환경을 조성할 수 있습니다.
>
> 존경하는 교장 선생님, 2학기 때는 꼭 깨끗한 물로 샤워를 하고 싶습니다. 제가 인근 학교들을 대상으로 조사한 바에 따르면, 총 6개의 학교 중 4개의 학교가 샤워실을 갖추고 있었습니다. 만약 샤워실 설치 후에 시설 관리가 문제가 된다면 학생회 차원의 논의를 통해 샤워실 관리 방안을 마련해 보도록 하겠습니다. 저희들은 하루 중 학교에서 보내는 시간이 가장 많습니다. 따라서 샤워실과 같은 편의 시설이 있어야 한다고 생각합니다. 만약 이번 건의가 받아들여진다면 많은 학생들이 즐겁게 학교생활을 할 수 있을 것입니다.
>
> 끝까지 읽어 주셔서 감사합니다.

① 예상되는 문제에 대한 대응 방안을 제시한다.

② 예상 독자를 고려하여 경어체로 건의를 제시한다.

③ 구체적인 사례를 들어 건의 내용의 필요성을 부각한다.

④ 전문 기관의 자료를 제시하여 건의 내용의 신뢰성을 높인다.

05

제시된 글에 총 6개의 학교 중 4개의 학교가 샤워실을 갖추고 있다는 글쓴이의 조사 내용이 나타나 있기는 하지만, 이는 전문 기관의 자료가 아니다.

오답 정리

① 샤워실 설치 후 시설 관리와 관련된 문제점이 제시되어 있으며, 이와 관련하여 학생회 차원의 논의를 통해 샤워실 관리 방안을 마련하겠다는 대응 방안이 제시된 것을 확인할 수 있다.

② 제시된 글은 교장 선생님을 예상 독자로 작성한 건의문으로, 이를 고려하여 경어체를 사용하고 있음을 확인할 수 있다.

③ 며칠 전 점심시간에 다른 반과 축구 시합을 한 후 겪은 불편함을 구체적으로 제시해 샤워실 설치의 필요성을 부각하고 있다.

정답 ④

유형 분석

예상 문제는 <작성 원칙>을 근거로 수정하는 유형과 글에서 어색한 부분을 찾아 고르는 유형으로 출제되었다. 이전 기출에 비추어 볼 때, <작성 원칙>이 제시되지 않거나 수정 방안이 타당한지를 묻는 유형으로 출제될 수도 있다.

공략 방법

① <원칙>이 4개, 선지가 4개이다. 이는 곧 각 원칙이 하나의 선지와 대응된다는 의미이다. 따라서 <원칙>과 선지의 오류를 짝짓기만 해도 문제는 쉽게 풀릴 것이다.

② 문장 성분의 호응, 빠진 문장 성분 찾기, 중복된 표현 등은 기존 기출에서 수없이 반복된 유형이다. 기존 기출의 자료를 적극 활용하자.

③ 어색한 부분을 찾아 수정하는 유형은 앞뒤 문맥을 파악하는 것이 중요하다. 선지의 수정된 내용을 해당 부분에 넣어서 읽다가 어색한 것이 있다면, 그것이 정답이다.

④ <공문서>만의 특징이 있다. 대체로 <원칙>이 조건으로 주어지겠지만, 공문서 작성과 관련된 기본적인 지식은 사전에 숙지해 두자.

관련 지식

1. 공문서

(1) 개념

행정 기관 내부 또는 상호 간이나 대외적으로 공무상 작성 또는 시행되는 문서(도면, 사진, 디스크, 테이프, 필름, 슬라이드, 전자 문서 등의 특수 매체 기록을 포함) 및 행정 기관이 접수한 모든 문서

(2) 작성 원칙

① 정확성: 육하원칙에 의하여 정확하게 작성하며, 애매모호하거나 과장된 표현은 피한다.

② 신속성: 문장은 짧게 끊어서 쓰고, 복잡한 내용은 결론을 먼저 내고 이유는 뒤에 설명한다.

③ 용이성: 읽기 쉽고 알기 쉬운 말을 사용한다. 문서 1건의 내용은 1매에 끝나는 것이 좋다.

④ 경제성: 문서 용지의 크기나 종이의 질, 문서의 양식을 통일한다.

(3) 표기법

날짜	날짜의 표기는 숫자로 하되, 연, 월, 일의 글자는 생략하고 그 자리에 온점(.)을 찍어 표기하되 마지막에 반드시 온점을 찍는다. 예 2023년 12월 11일 → 2023. 12. 11.

시각	시·분의 표기는 24시각제에 따라 숫자로 하되, '시', '분'의 글자는 생략하고 쌍점(:)을 찍어 구분한다. 예 오후 2시 25분 → 14:25
금액	아라비아 숫자로 표기하고, 변조의 위험을 막기 위해서 괄호 안에 한글로 기재한다. 예 금 1,234,123원(금 일백이십삼만 사천일백이십삼 원)

2. 자연스러운 문장

(1) 문장 성분의 호응

① 2022년 국가직 9급

잘못된 문장	바른 문장
오빠는 생김새가 나하고는 많이 틀려.	오빠는 생김새가 나하고는 많이 달라.
좋은 결실을 맺었으면 하는 바램입니다.	좋은 결실이 맺어졌으면 하는 바람입니다.
내가 오직 바라는 것은 네가 잘됐으면 좋겠어.	내가 오직 바라는 것은 네가 잘됐으면 좋겠다는 거야.
신은 인간을 사랑하기도 하지만 시련을 주기도 한다.	신은 인간을 사랑하기도 하지만 인간에게 시련을 주기도 한다.

② 2020년 국가직 9급

잘못된 문장	바른 문장
내가 강조하고 싶은 점은 우리가 고유 언어를 가졌다.	내가 강조하고 싶은 점은 우리가 고유 언어를 가졌다는 것이다.
좋은 사람과 대화하며 함께한 일은 즐거운 시간이었다.	좋은 사람과 대화하며 함께한 일은 즐거운 경험이었다.
내 생각은 집을 사서 이사하는 것이 좋겠다고 결정했다.	내 생각은 집을 사서 이사하는 것이 좋겠다는 것이다.
그는 내 생각이 옳지 않다라고 여러 사람 앞에서 말을 하였다.	그는 내 생각이 옳지 않다고 여러 사람 앞에서 말을 하였다.

③ 2018년 국가직 7급

잘못된 문장	바른 문장
세종이 한글을 만든 것은 모든 한자 사용을 없애고자 한 의도였다.	세종이 한글을 만든 것은 모든 한자 사용을 없애기 위해서였다.
우리는 균형 있는 식단 마련과 쾌적한 실내 분위기를 조성하는 노력을 꾸준히 해 왔다.	우리는 균형 있는 식단을 마련하고 쾌적한 실내 분위기를 조성하는 노력을 꾸준히 해 왔다.
우리 팀에서는 가능한 많은 관중이 동월될 수 있도록 모든 홍보 방안을 고려해 왔다.	우리 팀에서는 가능한 한 많은 관중이 동원될 수 있도록 모든 홍보 방안을 고려해 왔다.
아래에 제시된 두 가지 통계 자료를 살펴보면, 2000년대 이후 복지 정책에 상당히 큰 변화가 일어나고 있다.	아래에 제시된 두 가지 통계 자료를 살펴보면, 2000년대 이후 복지 정책에 상당히 큰 변화가 일어나고 있음을 알 수 있다.

3. 내용 조직 원리

통일성	하나의 글(문단) 안에서 다루어지는 내용(중심 생각)은 하나여야 한다는 것
완결성	중심 내용과 함께 뒷받침 내용이 충분히 제시되어야 한다는 것
일관성	하나의 글(문단)을 이루는 각각의 문단(문장)들이 서로 긴밀하게 결합되어 일관된 질서와 논리에 맞아야 한다는 것

<공공언어 바로 쓰기 원칙>에 따라 <공문서>의 ㉠ ~ ㉣을 수정한 것으로 적절하지 않은 것은?

<공공언어 바로 쓰기 원칙>

○ 중복되는 표현을 삼갈 것.
○ 대등한 것끼리 접속할 때는 구조가 같은 표현을 사용할 것.
○ 주어와 서술어를 호응시킬 것.
○ 필요한 문장 성분이 생략되지 않도록 할 것.

<공문서>
한국의약품정보원

수신 국립국어원

(경유)

제목 의약품 용어 표준화를 위한 자문회의 참석 ㉠ 안내 알림

1. ㉡ 표준적인 언어생활의 확립과 일상적인 국어 생활을 향상하기 위해 일하시는 귀원의 노고에 감사드립니다.
2. 본원은 국내 유일의 의약품 관련 비영리 재단법인으로서 의약품에 관한 ㉢ 표준 정보가 제공되고 있습니다.
3. 의약품의 표준 용어 체계를 구축하고 ㉣ 일반 국민도 알기 쉬운 표현으로 개선하여 안전한 의약품 사용 환경을 마련하기 위해 자문회의를 개최하니 귀원의 연구원이 참석해 주시기를 바랍니다.

① ㉠: 안내
② ㉡: 표준적인 언어생활을 확립하고 일상적인 국어 생활의 향상을 위해
③ ㉢: 표준 정보를 제공하고 있습니다.
④ ㉣: 의약품 용어를 일반 국민도 알기 쉬운 표현으로 개선하여

해설
㉡은 'A와 B'를 위해라는 구조를 가지고 있는 것을 볼 때, 두 번째 원칙인 '대등한 것끼리 접속할 때는 구조가 같은 표현을 사용할 것.'을 고려하여 수정해야 한다. 따라서 명사로 끝나는 앞부분의 '확립'에 맞춰 뒷부분을 '향상'으로 수정하든지, '향상하기'라는 명사형으로 끝나는 뒷부분에 맞춰 앞부분을 '확립하기'로 수정해야 한다. 그런데 ②의 수정 방안은 앞뒤 문장의 구조가 같지 않다는 점에서 수정이 바르지 않다고 할 수 있다.

오답 정리
① '안내'와 '알림' 모두 '알게 한다'는 의미를 가지고 있다. 따라서 '안내'와 '알림'을 함께 사용하는 것을 첫 번째 원칙 '중복되는 표현을 삼갈 것.'을 고려하여, '안내'로 수정한 것은 적절하다.
③ ㉢의 주어는 '본원은'이다. 세 번째 원칙 '주어와 서술어를 호응시킬 것.'을 고려할 때, 주어 '본원은'에 맞춰 서술어를 '표준 정보를 제공하고 있습니다.'로 수정한 것은 적절하다.
④ ㉣에는 개선의 대상인 '무엇을'이 빠져 있다. 따라서 네 번째 원칙 '필요한 문장 성분이 생략되지 않도록 할 것.'을 고려할 때, 목적어 '의약품 용어를'을 추가한 것은 적절하다.

정답 ②

다음 글의 ㉠ ~ ㉣ 중 어색한 곳을 찾아 가장 적절하게 수정한 것은?

> 　수명을 늘릴 수 있는 여러 방법 중 가장 좋은 방법은 노화 문제를 해결하는 것이다. 이 방법은 인간이 젊고 건강한 상태로 수명을 연장할 수 있다는 점에서 ㉠ <u>늙고 병든 상태에서 단순히 죽음의 시간을 지연시킨다</u>는 기존 발상과 근본적으로 다르다. ㉡ <u>노화가 진행된 상태를 진행되기 전의 상태로 되돌린다</u>거나 노화가 시작되기 전에 노화를 막는 장치가 개발된다면, 젊음을 유지한 채 수명을 늘리는 것은 충분히 가능하다.
>
> 　그러나 노화 문제와 관련된 현재까지의 연구는 초라하다. 이는 대부분 연구가 신약 개발의 방식으로만 진행되어 왔기 때문이다. 현재 기준에서는 질병 치료를 목적으로 개발한 신약만 승인받을 수 있는데, 식품의약국이 노화를 ㉢ <u>질병으로 본 탓에 노화를 멈추는 약은 승인받을 수 없었다</u>. 노화를 질병으로 보더라도 해당 약들이 상용화되기까지는 아주 오랜 시간이 필요하다.
>
> 　그런데 노화 문제는 발전을 거듭하고 있는 인공지능 덕분에 신약 개발과는 다른 방식으로 극복될 수 있을지 모른다. 일반 사람들에 비해 ㉣ <u>노화가 더디게 진행되는 사람들의 유전자 자료를 데이터화하면 그들에게서 노화를 지연시키는 생리적 특징을 추출할 수 있는데</u>, 이를 통해 유전자를 조작하는 방식으로 노화를 막을 수 있다.

① ㉠: 늙고 병든 상태에서 담담히 죽음의 시간을 기다린다

② ㉡: 노화가 진행되기 전의 신체를 노화가 진행된 신체

③ ㉢: 질병으로 보지 않은 탓에 노화를 멈추는 약은 승인받을 수 없었다

④ ㉣: 노화가 더디게 진행되는 사람들의 유전자 자료를 데이터화하면 그들에게서 노화를 촉진

01

〈공문서 작성 규정〉에 '중복되는 표현을 삼갈 것'이라고 하였다. '주민(住民: 살 주, 백성 민)'이라는 말 속에는 '살다'라는 의미가 포함되어 있기 때문에, ⓒ은 의미가 중복된 표현이다. 그런데 수정한 표현에도 '살다'의 의미를 갖고 있는 '거주하다'가 쓰였다. 따라서 적절하지 않은 수정 방안이다.

오답 정리
① '필요한 문장 성분이 생략되지 않도록 할 것'이라고 하였다. '개최하다'는 '무엇을'에 해당하는 목적어가 있어야 완벽한 문장이 되는 타동사이다. 따라서 '무엇을'에 해당하는 목적어인 '자전거 행진 행사를'을 추가한 수정 방안은 적절하다.
③ '순화한 말이 있으면 순화어로 대체할 것'이라고 하였다. 따라서 '캠페인'의 순화어 '홍보'로의 수정 방안은 적절하다.
④ '빠진 내용이 없을 것'이라고 하였다. '일시(日時)'는 '날짜와 시간'이란 뜻이다. 그런데 제시된 공문에는 '날짜'만 있고, '시간'은 없다. 따라서 시간을 추가한 것은 적절하다. 더불어 시간을 24시각제로 표기한 것도 적절하다.

정답 ②

---

01 〈공문서 작성 규정〉에 따라 〈공문서〉의 ⊙ ~ ㉣을 수정한 것으로 적절하지 않은 것은?

2011년 국가직 9급 변형

〈공문서 작성 규정〉

○ 빠진 내용이 없을 것.
○ 중복되는 표현을 삼갈 것.
○ 순화한 말이 있으면 순화어로 대체할 것.
○ 필요한 문장 성분이 생략되지 않도록 할 것.

〈공문서〉

수신자 ○○구청장
제　목 자전거 행진 행사 개최

2011년 봄을 맞이하여 ⊙ 아래와 같이 개최하고자 하오니, ⓒ 지역에 살고 있는 주민들이 참석할 수 있도록 적극적으로 홍보해 주시기 바랍니다.

－ 아래 －

1. 행사 목적
　가. 주민의 건강 증진
　나. 에너지 절약 ⓒ 캠페인
2. 행사 일시 및 장소
　가. 일시: ㉣ 2011. 4. 9.
　나. 장소: 세종로(충무공 이순신 장군 동상 앞)
3. 행사 주요 내용
　가. 격려사
　나. 자전거 타기 선언문 낭독
붙임　행사 세부 계획서 1부. 끝.

① ⊙: 아래와 같이 자전거 행진 행사를 개최하고자 하오니

② ⓒ: 지역에 거주하고 있는 주민들

③ ⓒ: 홍보

④ ㉣: 2011. 4. 9. 13:30~15:30

02 다음은 어느 부처 공문의 일부이다. <보기>에 따라 ㉠ ~ ㉣을 수정한 것으로 적절하지 않은 것은?

2013년 국가직 9급 변형

제목: 위탁 교육 운영 계약 체결 의뢰

㉠ 우리부 직원들의 정보화 및 사무자동화 능력 향상을 통해 업무 효율화에 ㉡ 기여하고저 '2009년 하반기 부내 정보화 교육'을 추진할 ㉢ 계획인 바, 이 교육의 위탁 운영을 위한 계약 체결을 아래 ㉣ 밝힌바와 같이 의뢰하오니 조치하여 주시기 바랍니다.

〈보기〉

○ 어미의 사용이 올바를 것.
○ 띄어쓰기 규정을 준수할 것.

---

① ㉠: 우리 부

② ㉡: 기여하고저

③ ㉢: 계획인바

④ ㉣: 밝힌 바

02

기여하고저 → 기여하고자: <보기>에 '어미의 사용이 올바를 것'이라고 하였다. 그런데 '기여하고저'에서 어미 '–고저'는 '–고자'의 옛 형태이다. 따라서 '–고저'가 아니라 '–고자'로 고쳐야 한다.

오답 정리

① 우리∨부: '우리'는 대명사이고, '부'는 명사이다. 각각의 단어이므로 띄어 써야 한다.

③ 계획인바[계획(명사)+이다(서술격 조사) → 계획이+ㄴ바] : '–ㄴ바'는 어미이므로, 앞말에 붙여 써야 한다.

④ 밝힌∨바: '바'가 '것'을 의미하는 의존 명사이므로 띄어 써야 한다.

정답 ②

---

03 다음 글의 ㉠ ~ ㉣ 중 어색한 곳을 찾아 가장 적절하게 수정한 것은?

2023년 국가직 9급 변형

　난독(難讀)을 해결하려면 정독을 해야 한다. 여기서 말하는 정독은 '뜻을 새겨 가며 자세히 읽음', 즉 '정교한 독서'라는 뜻으로 한자로는 '精讀'이다. '精讀'은 '바른 독서'를 의미하는 '正讀'과 ㉠ 소리는 같지만 뜻이 다르다. 무엇이 정교한 것일까? 모든 단어에 눈을 마주치면서 제대로 인식하는 것이다. 이와 같은 ㉡ 정독(精讀)의 결과로 생기는 어문 실력이 문해력이다. 문해력이 발달하면 결국 독서 속도가 빨라져, '빨리 읽기'인 속독(速讀)이 가능해진다. 빨리 읽기는 정독을 전제로 할 때 빛을 발한다. 짧은 시간에 같은 책을 제대로 여러 번 읽을 수 있기 때문이다. 그래서 문해력의 증가는 '정교하고 빠르게 읽기', 즉 ㉢ 정속독(正速讀)에서 일어나게 되어 있다. 정독이 생활화되면 자기도 모르게 정속독의 경지에 오르게 된다. 그런 경지에 오른 사람들은 뭐든지 확실히 읽고 빨리 이해한다. 자연스레 집중하고 여러 번 읽어도 빠르게 읽으므로 시간이 여유롭다. ㉣ 정독이 빠진 속독은 곧 빼먹고 읽는 습관, 즉 난독의 일종임을 잊지 말아야 한다.

---

① ㉠: 다르게 읽지만 뜻이 같다.

② ㉡: 정독(正讀)

③ ㉢: 정속독(精速讀)

④ ㉣: 속독이 빠진 정독

03

'즉'은 '다시 말하여'라는 의미를 가진 접속 부사로, 바로 앞의 말을 다시 말할 때 쓴다. '즉' 바로 앞에 '정교하고 빠르게 읽기'가 있기 때문에 ㉢을 '정속독(精速讀: 자세할 정, 빠를 속, 읽을 독)'으로 수정한 것은 적절하다.

오답 정리

① '정독(精讀)'과 '정독(正讀)'은 동음이의어이다. 즉 소리는 같지만 뜻이 다른 말이므로, 그대로 써야 한다.

② "무엇이 정교한 것일까? ~ 이와 같은 정독의 결과"라는 문맥을 볼 때, ㉡의 '정독'은 그대로 '정독(精讀: 자세할 정, 읽을 독)'을 써야 한다.

④ '곧'은 '바꾸어 말하면', '다름 아닌 바로'라는 의미를 가진 접속 부사이다. '곧' 뒤에 '빼먹고 읽는 습관'을 볼 때, 정교하게 읽지 않았다는 의미이다. 따라서 그대로 '정독(精讀)이 빠진 속독'을 써야 한다.

정답 ③

04

"사랑과 이해에 기반한 순종과 순응을 결혼 이주 여성이 갖추어야 할 덕목으로 묘사한 것이다."라는 이어지는 내용을 고려할 때, ⓒ을 "남편의 의견을 따르는 여성 주인공의 모습"으로 고치는 수정 방안은 적절하다.

정답 ③

04 다음 글의 ㉠ ~ ㉣ 중 어색한 곳을 찾아 가장 적절하게 수정한 것은?

2022년 지방직 7급 변형

농촌의 모습을 주된 소재로 삼는 A 드라마에 결혼 이주 여성이 등장한다는 것은 그녀들이 직면한 여러 문제들을 다룰 기회가 마련되었다는 점에서 일단은 긍정적이다. 하지만 ㉠ 그녀들이 농촌에 정착하는 과정에서 경험하게 되는 다양한 문제들을 단순화할 수 있는 위험성도 내포하고 있다.

이 드라마에는 모문화와 이문화 사이의 차이로 인해 힘겨워하는 여성, 민족적 정체성에 혼란을 겪는 여성, 아이의 출산과 양육 문제로 갈등을 겪는 여성 등이 등장한다. 문제는 이 드라마에서 이러한 갈등의 원인을 제대로 규명하는 것보다는 ㉡ 부부간의 사랑이나 가족애를 통해 극복하는 낭만적인 해결 방식을 주로 선택한다는 데에 있다.

예를 들어, ○○화에서는 여성 주인공이 아이의 태교 문제로 내적 갈등을 겪다가 결국 자신의 생각을 포기함으로써 그 갈등이 해소된 것처럼 마무리된다. 태교에 대한 문화적 차이가 주된 원인이었지만, 이 드라마에서는 그것에 주목하기보다 ㉢ 남편과 갈등을 일으키는 여성 주인공의 모습을 부각하여 사랑과 이해에 기반한 순종과 순응을 결혼 이주 여성이 갖추어야 할 덕목으로 묘사한 것이다.

이 드라마에서 ㉣ 이러한 강요된 선택과 해소되지 않은 심적 갈등이 사실대로 재현되지 않음으로써 실질적인 원인은 은폐되고 여성의 일방적인 양보와 희생을 통해 해당 문제들이 성급히 봉합된다. 이는 어디까지나 한국인의 시선으로만 결혼 이주 여성과 다문화 가정을 바라보고 있기 때문이다.

① ㉠: 그녀들이 농촌에 정착하는 과정에서 경험하게 되는 다양한 문제들을 탐색할 수 있는 가능성도
② ㉡: 시댁 식구를 비롯한 한국인들과의 온정적인 소통을 통해 극복하는 구체적인 해결 방식
③ ㉢: 남편의 의견을 따르는 여성 주인공의 모습
④ ㉣: 이러한 억압적 상황과 해소되지 않은 외적 갈등이 여과 없이 노출됨으로써

05 다음 글의 ⊙ ~ ② 중 어색한 곳을 찾아 수정한 것으로 적절하지 않은 것은?

2022년 지방직 9급 변형

파놉티콘(panopticon)은 원형 평면의 중심에 감시탑을 설치해 놓고, 주변으로 빙 둘러서 죄수들의 방이 배치된 감시 시스템이다. 감시탑의 내부는 어둡게 되어 있는 반면 죄수들의 방은 밝아 교도관은 죄수를 볼 수 있지만, 죄수는 교도관을 바라볼 수 없다. 죄수가 잘못했을 때 교도관은 잘 보이는 곳에서 처벌을 가한다. 그렇게 수차례의 처벌이 있게 되면 죄수들은 실제로 교도관이 자리에 ⊙ 있을 때조차도 언제 처벌을 받을지 모르는 공포감에 의해서 스스로를 감시하게 된다. 이렇게 권력자에 의한 정보 독점 아래 ⓒ 다수가 통제된다는 점에서 파놉티콘의 디자인은 과거 사회 구조와 본질적으로 같았다.

현대 사회는 다수가 소수의 권력자를 동시에 감시할 수 있는 시놉티콘(synopticon)의 시대가 되었다. 시놉티콘에 가장 크게 기여한 것은 인터넷의 ⓒ 동시성이다. 권력자에 대한 비판을 신변 노출 없이 자유롭게 표현할 수 있게 되었기 때문이다. 정보화 시대가 오면서 언론과 통신이 발달했고, ② 특정인이 정보를 수용하고 생산하게 되었다. 그로 인해 사회에서 일어나는 일에 대한 비판적 인식 교류와 부정적 현실 고발 등 네티즌의 활동으로 권력자들을 감시하는 전환이 일어났다.

① ⊙: 없을

② ⓒ: 소수

③ ⓒ: 익명성

④ ②: 누구나가

05

2문단의 "현대 사회는 다수가 소수의 권력자를 동시에 감시" 부분을 볼 때, ⓒ은 고쳐쓰기 전과 같이 '다수'가 쓰이는 것이 자연스럽다.

오답 정리

① 1문단의 "감시탑의 내부는 어둡게 되어 있는 반면 죄수들의 방은 밝아 교도관은 죄수를 볼 수 있지만, 죄수는 교도관을 바라볼 수 없다."를 볼 때, ⊙을 '없을'로 고쳐 쓴 것은 적절하다.

③ ⓒ 바로 다음 문장 "권력자에 대한 비판을 신변 노출 없이 자유롭게 표현할 수 있게 되었기 때문이다."를 볼 때, ⓒ을 '익명성'으로 고쳐 쓴 것은 적절하다.

④ 언론과 통신의 발달에 따라 자유롭게 정보를 수용하고 생산하게 되었다는 내용을 고려할 때, ②을 '누구나가'로 고쳐 쓴 것은 적절하다.

정답 ②

01

'펼쳐지게 될'은 피동의 '-지게'와 '될'이 결합된 이중 피동 표현이다. 이를 자연스럽게 고친다면 '펼쳐질' 정도로 고치는 것이 적절하다. '펼칠'은 주어인 '새로운 삶이'와도 호응하지 않는다.

오답 정리

① 주어인 '디지털 디톡스는'과 '치유하는 일이다'는 호응하지 않기 때문에 서술어를 '치유하는 일을 가리킨다'로 수정한 것은 바르다.

② 주어가 '디지털 디톡스가'이므로 능동사 '확산하고' 대신 피동사 '확산되고'로 수정한 것은 바르다.

③ 간접 인용으로 표현되어 있으므로 '-라고'를 쓸 수 없다. 따라서 간접 인용격 조사 '고'로 수정한 것은 바르다.

정답 ④

---

01 <보기 1>에 따라 <보기 2>의 ㉠ ~ ㉣을 수정한 것으로 적절하지 않은 것은?

─── 〈보기 1〉 ───

○ 주어와 서술어가 호응할 것.

○ 인용격 조사를 바르게 사용할 것.

○ 불필요한 이중 피동 표현을 삼갈 것.

○ 능동사와 피동사를 문맥에 맞게 구별하여 사용할 것.

─── 〈보기 2〉 ───

'디지털 디톡스(digital detox)'는 '디지털(digital)'에 '독을 해소한다'는 뜻의 '디톡스(detox)'가 결합된 말로, 디지털 홍수에서 벗어나 심신을 ㉠ 치유하는 일이다. 단식으로 몸에 축적된 독소나 노폐물을 해독하듯 디지털 기기 사용을 잠시 중단함으로써 몸과 정신의 회복을 취한다는 것이다.

국내외에서 디지털 디톡스가 ㉡ 확산하고 있는 이유는 디지털 기기 중독이 심각한 수준에 이르렀기 때문이다. 방송통신위원회의 '스마트폰 이용 실태 조사 결과'에 따르면 한국 스마트폰 이용자의 4명 중 3명(77.4%)은 ㉢ '특별한 이유 없이 스마트폰을 자주 확인한다'라고 답했다. 특히 청소년의 스마트폰 중독률은 35.5%로, 인터넷 중독률(10.7%)보다 3배 이상 높고, 성인(8.9%)의 약 4배 이상에 이르렀다.

구글의 에릭 슈미트 회장은 "인생은 모니터와 화면 속에서 이루어질 수 없다. 하루 한 시간만이라도 휴대폰과 컴퓨터를 끄고 자신의 심신을 돌보라. 새로운 삶이 ㉣ 펼쳐지게 될 것이고 삶의 여유를 누릴 것이다."라고 강조했다. △△ 대학의 김 교수도 "네트워크로 연결된 현대 사회는 디지털 위험 사회이다. 이러한 디지털 위험을 해소하기 위해서 개인과 사회가 능동적으로 참여하는 디지털 디톡스 운동이 필요하다."라고 말했다.

① ㉠: 치유하는 일을 가리킨다

② ㉡: 확산되고 있는 이유는

③ ㉢: 특별한 이유 없이 스마트폰을 자주 확인한다고 답했다

④ ㉣: 펼칠 것이고

02 〈보기 1〉에 따라 〈보기 2〉의 ㉠ ~ ㉣을 수정한 것으로 적절하지 않은 것은?

──── 〈보기 1〉 ────

○ 조사의 사용이 바를 것.

○ 적절한 어미를 사용할 것.

○ 문맥에 어울리는 접속어를 사용할 것.

○ 형태가 비슷한 단어를 의미에 맞게 구별해서 사용할 것.

──── 〈보기 2〉 ────

　미세먼지는 지름이 10㎛(마이크로미터, 1㎛=1000분의 1㎜) 이하의 먼지로 머리카락의 굵기보다 ㉠ 훨씬 적다. 미세먼지는 자동차 배기가스나 공장 굴뚝 등을 통해 주로 배출되며 중국의 황사나 심한 스모그 때 날아오는, 크기가 작은 먼지를 말한다. 미세먼지 중에 입자의 크기가 특히 작은 미세먼지를 초미세먼지라 부르며 지름 2.5㎛ 이하의 먼지로서 ㉡ 미세먼지에 1/4 크기이다. 주로 자동차 배출가스 등을 통해 직접 배출된다.

　세계 보건 기구(WHO)는 미세먼지 중 디젤에서 배출되는 BC(black carbon)를 1급 발암 물질로 지정했다. 또한, ㉢ 장기간 미세먼지에 노출되면 면역력이 급격히 저하되어 호흡기 질환은 물론 각종 질병에 걸렸다.

　㉣ 이에 미세먼지 대처법을 소개해 본다. 첫째, 미세먼지 경보가 발령됐을 때는 미세먼지 행동 요령에 따라 행동하는 것이 좋다. 약간 나쁨 단계부터는 노약자나 심혈관 질환자, 호흡기 질환자들이 직접 영향을 받는다. 야외 활동을 자제하는 것이 좋다고 하지만 가장 좋은 방법은 외출하지 않는 것이다. 둘째, 외출할 때는 황사 방지용 마스크를 착용해야 한다. 아울러 긴 소매와 장갑, 목도리 등을 꼭 착용하는 것이 좋다. 셋째, 미세먼지가 많은 경우 콘텍트 렌즈를 사용하는 사람은 주의를 해야 한다. 렌즈로 인해 눈이 보다 건조해지면서 충혈, 가려움증 등의 부작용이 발생할 수 있으므로 8시간 이상의 장시간 착용을 피해야 한다. (중략) 다섯째, 물은 자주 마셔 주는 것이 매우 좋다.

① ㉠: 훨씬 작다

② ㉡: 미세먼지의

③ ㉢: 장기간 미세먼지에 노출되면 면역력이 급격히 저하되어 호흡기 질환은 물론 각종 질병에 걸릴 수 있다

④ ㉣: 그리고

02

2문단에서는 미세먼지의 유해성에 대해 설명하였고, 3문단에서 그에 대한 대처 방안을 제시하고 있다. 둘은 인과 관계이기 때문에 '이에'의 쓰임은 적절하다. 오히려 '그리고'로 바꾸면 문맥에 어울리지 않는다.

오답 정리

① '작다'와 '적다'는 형태는 비슷하지만, 그 의미에는 차이가 있다. '작다'는 '크다'의 반의어로 '길이, 넓이, 부피'에 쓰이고, '적다'는 '많다'의 반의어로 '수효나 분량'에 쓰인다. '머리카락의 굵기보다'를 볼 때, '적다'가 아닌 '작다'를 써야 한다. 따라서 '작다'로 수정한 것은 바르다.

② 문맥상 관형격 조사가 어울린다. 관형격 조사 '의'는 [의]로 발음하는 것이 원칙이지만, [에]로 발음할 수 있다. 그러나 표기는 언제나 '의'만 가능하다. 따라서 '미세먼지의'로 수정한 것은 바르다.

③ '걸렸다'는 '걸리었다'로, 과거 시제 선어말 어미 '-었-'이 쓰인 것으로, '걸리다'의 과거형이다. 그런데 ㉢은 '노출되면'이라고 하였다. 가정을 하고 있기 때문에 과거 시제 선어말 어미를 사용한 '걸렸다'의 쓰임은 적절하지 않다. '걸릴 것이다' 또는 '걸릴 수 있다'처럼 미래 시제를 써야 한다.

정답 ④

03

1문단에서는 다양성이 줄어드는 현상을 바람직하게 보고 있지 않다. 이는 2문단에서 언급한 '조류 독감'의 사례에서도 알 수 있듯이, 우리 생존과 밀접하게 관련이 있기 때문이다. 따라서 ⓒ에서 언급한 것처럼 다양성 확보가 사회 집단의 생존과 무관하다는 것은 글의 흐름상 어색하다. 이를 '무관하지 않다'고 수정한 것은 바르다.

정답 ③

04

⊙ 바로 뒤에서 법을 '기피와 증오의 대상이 되기'도 한다고 하였다. 이를 볼 때, 법이 달가운 존재라는 것은 글의 흐름상 어색하다. 또한 2문단에서 '법'을 '울타리'에 빗대고 있는데, 마지막 문장에서 "법은 이런 울타리처럼 달갑지 않은 면이 있으면서도 우리 사회에 없어서는 안 되는 필요성을 지닌 것이다."라고 하였다. 이를 볼 때, ⊙을 '달가운 존재가 아니며'라고 수정한 것은 바르다.

정답 ①

03 다음 글의 ㉠ ~ ㉣ 중 어색한 곳을 찾아 가장 적절하게 수정한 것은?

언젠가부터 우리 바닷속에 해파리나 불가사리와 같이 특정한 종들만이 크게 번창하고 있다는 우려의 말이 들린다. ㉠ 한마디로 다양성이 크게 줄었다는 이야기다. 척박한 환경에서는 몇몇 특별한 종들만이 득세한다는 점에서 자연 생태계와 우리 사회는 닮은 것 같다. 어떤 특정 집단이나 개인들에게 앞으로 어려워질 경제 상황은 새로운 기회가 될지도 모른다. ㉡ 하지만 이는 사회 전체로 볼 때 그다지 바람직한 현상이 아니다. 왜냐하면 자원과 에너지 측면에서 보더라도 이들 몇몇 집단들만 존재하는 세계에서는 이들이 쓰다 남은 물자와 이용하지 못한 에너지는 고스란히 버려질 수밖에 없고 따라서 효율성이 극히 낮기 때문이다.

㉢ 다양성 확보는 사회 집단의 생존과도 무관하다. 조류 독감이 발생할 때마다 해당 양계장은 물론 그 주변 양계장의 닭까지 모조리 폐사시켜야 하는 참혹한 현실을 본다. 단 한 마리 닭이 걸려도 그렇게 많은 닭들을 죽여야 하는 이유는 인공적인 교배로 인해 이들 모두가 똑같은 유전자를 가졌기 때문이다. ㉣ 따라서 다양한 유전 형질을 확보하는 길만이 재앙의 확산을 막고 피해를 줄이는 길이다.

① ㉠: 한마디로 다양성이 크게 늘었다는 이야기다

② ㉡: 하지만 이는 사회 전체로 볼 때 매우 바람직한 현상이다

③ ㉢: 다양성 확보는 사회 집단의 생존과도 무관하지 않다

④ ㉣: 따라서 단일 유전 형질을 확보하는 길만이

04 다음 글의 ㉠ ~ ㉣ 중 어색한 곳을 찾아 가장 적절하게 수정한 것은?

법은 필요악이다. 법은 우리의 자유를 막고 때로는 신체적 구속을 하는 식으로 강제력을 행사하는 일이 많다. ㉠ 이런 점에서 법은 달가운 존재이며 기피와 증오의 대상이 되기도 한다. 그러나 법이 없으면 안전한 생활을 할 수 없게 되는 것이 우리의 사회 현실이고 보면 ㉡ 법은 없어서는 안 될 존재이다. 이와 같이 법의 양면성은 울타리와 비교될 수 있다.

울타리는 우리의 시야를 가리고 때로는 바깥출입의 자유를 방해하는 점에서 ㉢ 답답한 존재다. 그러나 부질없는 낯선 사람의 눈총을 막아 주고 악의에 찬 침입자를 막아서 가정의 안전하고 포근한 삶을 보장하는 점에서 울타리는 ㉣ 고마운 존재이다. 법은 이런 울타리처럼 달갑지 않은 면이 있으면서도 우리 사회에 없어서는 안 되는 필요성을 지닌 것이다.

① ㉠: 이런 점에서 법은 달가운 존재가 아니며

② ㉡: 법은 없어져야 할 존재이다

③ ㉢: 고마운 존재이다

④ ㉣: 답답한 존재이다

05 다음 글의 ㉠ ~ ㉢ 중 어색한 곳을 찾아 가장 적절하게 수정한 것은?

한국 한자음이 어느 시대의 중국 한자음에 기반을 두고 있는지에 대해서는 ㉠ 학자들에 따라 이견이 있다. 어느 한 시대의 한자음에 기반을 두고 있을 수도 있고, 개별 한자들이 수입된 시차에 따라서 여러 시대의 중국 한자음에 기반을 두고 있을 수도 있다. 그러나 확실한 것은 한국 한자음은 중국 한자음과도 다르고 일본 한자음과도 다르고 베트남 옛 한자음과도 다르다는 것이다. ㉡ 물론 그것이 그 기원이 된 중국 한자음과 아무런 대응 관계가 없다. 그러나 그것은 한국어 음운 체계의 영향으로 독특한 모습을 띠는 경우가 많다. 그래서 한국 한자음을 영어로는 'Sino-Korean'이라고 한다. ㉢ 이것은 우리말 어휘의 반 이상을 차지하고 있는 한자어가, 중국어도 아니고 일본어도 아닌 한국어라는 것을 뜻한다. 우리가 '학꾜'라고 발음할 때, 중국인도 일본인도 따로 한국어를 공부하지 않는 한 그것이 'xuéxiào'나 'がっこう'인 줄을 ㉣ 알아차리기는 힘들다.

① ㉠: 학자들에 따라 이견이 없다
② ㉡: 물론 그것이 그 기원이 된 중국 한자음과 아무런 대응 관계도 없는 것은 아니다
③ ㉢: 이것은 우리말 어휘의 반 이상을 차지하고 있는 한자어가 중국어라는 것을 뜻한다
④ ㉣: 알아차리기가 쉽다

한자음만 나라별로 다를 뿐, 그 기원은 같다는 내용이다. 이는 마지막 문장 ㉣을 통해서도 확인할 수 있다. 이를 볼 때, 기원이 된 중국 한자음과 아무런 대응이 없다는 것은 글의 흐름상 적절하지 않다. 따라서 대응 관계가 있다고 수정한 것은 적절하다.

정답 ②

예상 문제는 <지침>에 따라 '개요'의 빈칸에 알맞은 말을 넣는 유형으로 출제되었다. 기존 기출에 비추어 볼 때, 빈칸 유형 외에 개요가 글의 주제에 맞게 잘 작성되었는지, 개요를 적절하게 수정·보완했는지 묻는 유형으로 출제될 수도 있다.

공략 방법

① <지침>이나 <보기>가 제시되었다면, 그것은 '힌트'이다. 발문만큼 중요하기 때문에 꼭 주의 깊게 읽어야 한다.

② 주제를 고려하여 '서론 – 본론 – 결론'이 논리적인지, 상위 항목과 하위 항목 간의 관계가 유기적인지 확인해야 한다.

③ '문제 – 해결'의 구조를 가진 개요라면, '문제 1'과 '해결 방안 1', '문제 2'와 '해결 방안 2'가 각각 대응해야 한다.

관련 지식

1. 개요

(1) 개념

    ① 실제 집필을 하기 전에 구상한 내용을 간결하게 추려 낸 것

    ② 주제와 목적에 맞게 글감을 효과적으로 배치하는 글의 설계도와 같은 것

(2) 작성 시 유의점

    ① 논리적 질서를 고려하면서 작성해야 한다.

    ② 서론 – 본론 – 결론은 유기적으로 연관성을 가져야 한다.

    ③ 종적 관계(상하관계)와 횡적 관계(대등관계)를 명확히 구분해야 한다.

2. 내용 조직 방법

열거 관계	서로 대등한 자격으로 나열하는 방법
상하 관계	상·하위 개념으로 나누어 조직하는 방법
원인 – 결과 관계	원인과 결과로 구분하여 필연성 있게 조직하는 방법
문제 – 해결 관계	문제 상황과 그에 대한 해결 방안으로 조직하는 방법

<지침>에 따라 <개요>를 작성할 때 ㉠ ~ ㉣에 들어갈 내용으로 적절하지 않은 것은?

〈지침〉

○ 서론은 중심 소재의 개념 정의와 문제 제기를 1개의 장으로 작성할 것.

○ 본론은 제목에서 밝힌 내용을 2개의 장으로 구성하되 각 장의 하위 항목끼리 대응되도록 작성할 것.

○ 결론은 기대 효과와 향후 과제를 1개의 장으로 작성할 것.

〈개요〉

○ 제목: 복지 사각지대의 발생 원인과 해소 방안

Ⅰ. 서론
  1. 복지 사각지대의 정의
  2. _____㉠_____
Ⅱ. 복지 사각지대의 발생 원인
  1. _____㉡_____
  2. 사회복지 담당 공무원의 인력 부족
Ⅲ. 복지 사각지대의 해소 방안
  1. 사회적 변화를 반영하여 기존 복지 제도의 미비점 보완
  2. _____㉢_____
Ⅳ. 결론
  1. _____㉣_____
  2. 복지 사각지대의 근본적이고 지속가능한 해소 방안 마련

① ㉠: 복지 사각지대의 발생에 따른 사회 문제의 증가

② ㉡: 사회적 변화를 반영하지 못한 기존 복지 제도의 한계

③ ㉢: 사회복지 업무 경감을 통한 공무원 직무 만족도 증대

④ ㉣: 복지 혜택의 범위 확장을 통한 사회 안전망 강화

해설

〈지침〉에서 '각 장의 하위 항목끼리 대응되도록 작성할 것.'이라고 하였다. 따라서 ㉢에는 Ⅱ. 발생원인 중 '2. 사회복지 담당 공무원의 인력 부족'에 대응하는 '해소 방안'이 들어가야 한다. 그런데 ③의 내용은 '복지 사각지대의 해소 방안'도 아니고, 두 번째 발생 원인과 대응되는 내용도 아니다. 따라서 ㉢에 들어갈 내용으로 적절하지 않다.

오답 정리

① 〈지침〉에서 '서론은 중심 소재의 개념 정의와 문제 제기를 1개의 장으로 작성할 것.'이라고 하였다. '서론 1.'에서 개념을 정의하고 있기 때문에, ㉠에는 '문제 제기'가 들어가는 것이 적절하다. 따라서 ㉠에 '복지 사각지대의 발생에 따른 사회 문제의 증가'가 들어가는 것은 적절하다.

② 〈지침〉에서 '각 장의 하위 항목끼리 대응되도록 작성할 것.'이라고 하였다. 해소 방안 '1. 사회적 변화를 반영하여 기존 복지 제도의 미비점 보완'에 맞춰, ㉡에 그 원인인 '사회적 변화를 반영하지 못한 기존 복지 제도의 한계'가 들어가는 것은 적절하다.

④ 〈지침〉에 '결론은 기대 효과와 향후 과제를 1개의 장으로 작성할 것.'이라고 하였다. '2.'에 향후 과제는 제시하고 있기 때문에 ㉣에는 '기대 효과'가 들어가야 한다. 따라서 ㉣에 '복지 혜택의 범위 확장을 통한 사회 안전망 강화'가 들어가는 것은 적절하다.

정답 ③

01

〈지침〉에서 '두 번째 장과 세 번째 장은 각 장의 하위 항목끼리 대응되도록 작성할 것'이라고 하였다. 즉 앞의 '2.' 항목에 해당하는 내용과 관련한 내용이 '3.' 항목의 '가, 나, 다'에 제시되어야 한다는 뜻이다. '3. 다.'에는 '사용 시간 제한'이 아니라 '디지털 콘텐츠의 무분별한 유통'과 관련한 해결 방안이 제시되어야 한다.

정답 ③

01 〈지침〉에 따라 〈개요〉를 작성할 때 ㉠ ~ ㉣에 들어갈 내용으로 적절하지 않은 것은?

2014년 국가직 9급 변형

〈지침〉

○ 서론은 문제 제기를 1개의 장으로 작성할 것.

○ 본론은 3개의 장으로 구성하되, 두 번째 장과 세 번째 장은 각 장의 하위 항목끼리 대응되도록 작성할 것.

○ 결론은 주제인 '청소년의 디지털 중독의 폐해와 해결 방안'을 고려하여 작성할 것.

〈개요〉

Ⅰ. 서론: 청소년 디지털 중독의 심각성

Ⅱ. 본론

  1. 청소년 디지털 중독의 폐해

    가. 타인과의 관계를 원활하게 하지 못하는 사회 부적응 야기

    나. 우울증이나 정서 불안 등의 심리적 질환 초래

    다. 뇌의 기억 능력을 심각하게 퇴화시키는 디지털 치매의 심화

  2. 청소년 디지털 중독에 영향을 미치는 요인

    가. 디지털 중독의 심각성에 대한 개인적, 사회적 인식 부족

    나. _____㉠_____

    다. 자극적이고 중독적인 디지털 콘텐츠의 무분별한 유통

  3. _____㉡_____

    가. 디지털 중독의 심각성에 대한 교육과 홍보를 위한 전문 기관 확대

    나. 학교, 지역 사회 차원에서 신체 활동을 위한 시간 및 프로그램의 확대

    다. _____㉢_____

Ⅲ. 결론: _____㉣_____

① ㉠: 신체 활동을 동반한 건전한 놀이를 위한 시간 및 프로그램의 부족

② ㉡: 청소년 디지털 중독을 해결하기 위한 방안

③ ㉢: 청소년을 대상으로 디지털 기기의 사용 시간을 제한

④ ㉣: 청소년 디지털 중독을 줄이기 위한 개인적, 사회적 노력의 촉구

02 글쓰기 계획을 작성할 때, ㉠ ~ ㉣에 들어갈 세부 내용으로 적절하지 않은 것은?

2009년 법원직 9급 변형

주제: [㉠]

가. 문제 인식: 출산율이 해가 갈수록 급감하고 있다.

나. 예상 독자 설정: [㉡]

다. 논지 전개 방향: 실례와 통계 자료를 바탕으로 문제 제기
　　→ 이러한 문제가 가정과 사회에 미치는 영향을 분석하여 개선 노력 촉구

라. 원인 분석
　• 취업 여성의 경우 직장생활과 육아를 병행하기 어렵다.
　• 육아 지원 서비스를 위한 사회 기반 시설이 취약하다.

마. 자료 조사
　• [㉢]
　• 직장 여성들을 인터뷰해서 실상을 듣는다.

바. 해결 방안 제시
　• 육아는 사회의 공동 책임이라는 인식을 고취한다.
　• [㉣]

① ㉠: 출산율 증가를 위하여 정부와 관련 단체는 적극적인 노력을 기울여야 한다.

② ㉡: 출산을 앞둔 산모와 직장 여성

③ ㉢: 최근 30여 년 간의 유·초·중등학교의 취학 학생 수의 변화를 조사한다.

④ ㉣: 직장 내 보육 시설 설치를 법제화하여 직장 여성들이 충분한 육아 지원 서비스를 받을 수 있도록 한다.

02

출산율 급감에 대한 개선 노력을 촉구하는 내용으로 논지 전개 방향을 잡은 글이고, 주제에서도 정부와 관련 단체의 적극적인 노력을 언급하고 있다. 그 구체적 해결 방법에 직장 내 보육 시설 법제화가 있으므로 이들을 실현할 수 있는 '정부와 관련 단체'가 예상 독자가 되어야 한다. 즉 글 전체의 논지는 출산율 증가를 위하여 정부와 관련 단체가 나서야 한다는 것이다.

정답 ②

03

조사하고 분석한 내용을 바탕으로 서술 방향을 결정해야 한다. 조사 결과 직원들은 기부에 대한 인식이 높지만 참여 방법에 대한 정보의 부족으로 인해 참여가 낮았음을 알 수 있다. 따라서 문제의 해결책에 대한 서술 방향은 '정보 제공'에 초점을 맞추어 전개되어야 한다. 따라서 ③이 정답이다.

오답 정리

① 참여도가 낮은 이유는 기부 유형에 대한 개인적 선호가 아닌 정보 부족 때문이다. 따라서 서술 방향이 적절하지 않다.

② 조사 결과 기부에 대해 직원들은 무관심하지 않았다. 따라서 적절하지 않다.

④ 해결 방안으로 '의식과 실천의 합일'은 너무 추상적이다. 또한 '정보 부족'이라는 명확한 문제가 제시되어 있기 때문에 정보 부족을 해결하는 방향으로 글을 전개하는 게 적절하다.

정답 ③

03 다음은 '직원들의 기부 참여도, 어떻게 높일 것인가?'라는 제목으로 글을 쓰기 위한 계획이다. ㉠에 들어갈 내용으로 가장 옳은 것은? 2015년 서울시 7급

〈글쓰기 계획〉

• **현상**: 우리 회사 직원들의 기부 참여도가 낮음.
• **문제의식**: 관심이 없어서일까? 방법을 몰라서일까?
• **조사 내용**: 기부에 대한 직원들의 인식, 직원들의 기부 참여 유형
• **조사 결과**: 기부 활동의 필요성과 당위성에 대한 직원들의 인식은 높으나 직원들이 참여하는 기부 유형은 두세 가지로 한정되어 있음.
• **결과 분석**: 인식과 참여의 괴리는 기부 유형에 대한 직원들의 정보 부족 때문임.
• **서술 방향**: [㉠]

---

① 직원들의 실제 기부 참여도가 낮은 것을 지적하고, 그 이유로 특정 기부 유형에 대한 개인적 선호를 제시한다.

② 기부에 대한 직원들의 무관심을 지적하고, 기부가 개인과 사회에 미치는 긍정적 영향을 환기한다.

③ 기부 참여도가 낮았던 이유는 직원들이 다양한 기부 유형을 알지 못하기 때문임을 밝히고, 구체적인 참여 프로그램을 소개한다.

④ 직원들이 생각은 있지만 기부에 적극적으로 참여하지 않는 현실을 지적하고, 의식과 실천의 합일을 촉구한다.

적중 실전 문제

01 <지침>에 따라 <개요>를 작성할 때 ㉠ ~ ㉣에 들어갈 내용으로 적절하지 않은 것은?

〈지침〉
○ 서론은 문제 제기와 필요성을 각각의 장으로 작성할 것.
○ 본론은 2개의 장으로 구성하되 각 장의 하위 항목끼리 대응되도록 작성할 것.
○ 결론은 주제와 글의 흐름을 고려하여 작성할 것.

〈개요〉
○ 주제: 장애인 편의 시설을 확충하자.

Ⅰ. 서론
  1. 문제 제기
  2. 필요성
    가. 기존 편의 시설의 노후화
    나. 편의시설의 부족
    다.   ㉠
Ⅱ. 본론
  1. 문제점
    가.   ㉡
    나. 편의 시설을 설치할 공간 부족
    다. 편의 시설 설치에 대한 해당 지역 주민의 거부감
  2. 해결 방안
    가. 편의 시설 확충을 위한 예산 확보
    나.   ㉢
    다. 편의 시설 설치에 대한 해당 지역 주민의 인식 전환
Ⅲ. 결론: ㉣

① ㉠: 장애인 복지 증진에 대한 사회적 요구
② ㉡: 편의 시설 확충에 필요한 예산 부족
③ ㉢: 편의 시설 설치를 위한 제도 정비
④ ㉣: 장애인 편의 시설의 확충 촉구

01
'본론은 2개의 장으로 구성하되 각 장의 하위 항목끼리 대응되도록 작성할 것.'이라는 〈지침〉을 고려할 때, 'Ⅱ-2-나'에는 'Ⅱ-1-나'의 '편의시설을 설치할 공간 부족'과 대응하는 해결 방안을 제시하여야 한다. 따라서 ㉢에 '편의 시설 설치를 위한 제도 정비'는 적절하지 않다.

정답 ③

02

〈지침〉에서 '결론은 주제와 글의 흐름을 고려하여 작성할 것.'이라고 하였다. 〈개요〉에서는 '지역 먹거리'의 개념을 제시하고, 장점과 문제점 그리고 그에 대한 개선 방안을 제시하고 있다. 이를 볼 때, 결론으로는 '지역 먹거리의 의의와 유기농법의 강화'가 아닌 '지역 먹거리의 문제점 개선을 위한 노력 촉구'가 적절하다.

정답 ④

02 〈지침〉에 따라 〈개요〉를 작성할 때 ㉠ ~ ㉣에 들어갈 내용으로 적절하지 않은 것은?

〈지침〉

○ 상위 항목과 하위 항목의 내용이 대응되도록 작성할 것.
○ 하위 항목의 내용을 고려하여 상위 항목의 명칭을 작성할 것.
○ 결론은 주제와 글의 흐름을 고려하여 작성할 것.

〈개요〉

I. '지역 먹거리'의 개념
　　– 특정 지역에서 소비하기 위해 가까운 지역에서 생산하여 유통되는 농산물
II. ㉠
　　1. 소비자와 생산자의 신뢰 구축 및 안전한 먹거리 확보
　　2. 농촌 경제의 활성화 및 적정 가격의 식재료 확보
III. 지역 먹거리와 관련된 문제점
　　1. 유통 측면
　　　　가. 비효율적인 배송 및 관리 시스템
　　　　나. 규격화한 포장재 부재와 검수 체제의 허술함
　　2. 재료 측면
　　　　가. 소비자의 수요를 충족하기 위한 다양한 식재료 부족
　　　　나. ㉡
IV. 개선 방안
　　1. 유통 측면
　　　　가. 효율적인 배송 및 관리 체계의 확립
　　　　나. 표준화한 포장재 사용과 검수 체제의 강화
　　2. 재료 측면
　　　　가. ㉢
　　　　나. 품질 관리 강화로 소비자의 만족도 증대
V. 결론: ㉣

① ㉠: 지역 먹거리의 장점

② ㉡: 불량 농산물로 인한 소비자의 불만 고조

③ ㉢: 소비자의 요구에 부응하는 다양한 식재료 제공

④ ㉣: 지역 먹거리의 의의와 유기농법의 강화

03 <지침>에 따라 <개요>를 작성할 때 ㉠ ~ ㉣에 들어갈 내용으로 적절하지 않은 것은?

〈지침〉

○ 주제문은 전체 내용을 포괄할 수 있도록 작성할 것.
○ 상위 항목은 하위 항목의 내용에 부합하도록 작성할 것.
○ 결론은 본론의 내용과 어울리도록 작성할 것.

〈개요〉

○ 주제: [㉠   ]

Ⅰ. 서론: 최근의 생태계 파괴 실태
Ⅱ. 본론
　　1. [㉡   ]
　　　　가. 먹이 사슬의 붕괴로 인한 환경적 혼란 초래
　　　　나. 멸종 동물과 기형 동물의 증가
　　2. 생태계 파괴의 원인
　　　　가. 생태계의 중요성에 대한 인식 부족
　　　　나. 개발로 인한 자연 훼손과 오염
　　　　다. 무분별한 외래종의 도입
　　3. 문제 해결 방안
　　　　가. [㉢   ]
　　　　나. 철저한 환경 평가 실시 후 공사 시공
　　　　다. 외래종 도입에 대한 감독 철저
Ⅲ. 결론: [㉣   ]

① ㉠: 생태계 파괴의 문제점과 그 해결 방안

② ㉡: 생태계 파괴의 윤리적 의미

③ ㉢: 생태계의 중요성에 대한 인식 제고

④ ㉣: 생태계의 보존을 위한 국민과 정책 당국의 노력 촉구

03

〈지침〉에서 '상위 항목은 하위 항목의 내용에 부합하도록 작성할 것.'이라고 하였다. 'Ⅱ-1'에서는 '윤리적'이라는 말이 하위 항목의 내용에 부합하지 않으므로 ㉡에는 '생태계 파괴의 문제점'이 들어가는 것이 자연스럽다.

정답 ②

PART 1

학문과 직업 해커스공무원 혜원국어 신유형 독해 마스터

04 <지침>에 따라 <개요>를 작성할 때 ㉠ ~ ㉣에 들어갈 내용으로 적절하지 않은 것은?

〈지침〉

○ 서론에는 '실태'를, 본론에 '원인−문제점−해결책'을, 결론에 '전망'을 작성할 것.

○ 각 장의 하위 항목끼리 대응되도록 작성할 것.

○ 결론은 주제와 글의 흐름을 고려하여 작성할 것.

〈개요〉

Ⅰ. 서론: 최근 역사 드라마 열풍과 역사 드라마 양산의 실태

Ⅱ. 본론

  1. 역사 드라마가 각광 받는 원인

    가. ㉠

    나. 현실의 문제를 벗어나려는 현대인의 심리

    다. 허구적 요소[fiction]가 결합된 흥미로운 이야기 제공

  2. 최근 역사 드라마의 문제점

    가. ㉡

    나. 역사적 사실을 왜곡하는 풍토 조성

    다. 영웅적 패권주의와 호전적 성향 미화

  3. 바람직한 해결 방안

    가. 올바른 역사의식 제고 방안 마련

    나. ㉢

    다. 새로운 시대에 걸맞은 공존적 가치의 중요성 인식

Ⅲ. 결론: ㉣

① ㉠: 완성도가 낮은 역사 드라마 제작

② ㉡: 지나친 민족의식을 조장

③ ㉢: 역사 교육에 이바지할 수 있는 역사 드라마 제작

④ ㉣: 역사 드라마의 질적 변화와 시청자의 태도 변화 기대

05 <지침>에 따라 <개요>를 작성할 때 ⊙ ~ ㉣에 들어갈 내용으로 적절하지 않은 것은?

〈지침〉
○ 상위 항목은 하위 항목의 내용에 부합하도록 작성할 것.
○ 본론은 주제와 관련하여 구체적으로 작성할 것.
○ 결론은 글 전체의 흐름을 고려하여 작성할 것.

〈개요〉
○ 제목: 독거노인 문제와 해결 방안 모색

Ⅰ. 독거노인의 개념
Ⅱ. [　　　　　⊙　　　　　]
　　1. 독거노인의 발생 원인
　　　가. [　　　　㉡　　　　]
　　　나. 핵가족화 경향
　　　다. 노인 경시 풍조
　　2. 독거노인의 문제점
　　　가. 수입원이 없는데 따른 경제적 빈곤
　　　나. 질병 노출과 건강 관리 미비
　　　다. [　　　　㉢　　　　]
Ⅲ. 독거노인 문제 해결을 위한 대책
　　　가. 독거노인에 대한 경제적 지원
　　　나. 독거노인들의 정기적인 건강 검진 추진
　　　다. 노인 공경의 사회적 풍토 마련과 훈화 교육 강화
Ⅳ. 결론: [　　　　㉣　　　　]

① ⊙: 독거노인의 발생 원인과 문제점
② ㉡: 인구의 고령화 경향
③ ㉢: 소외에 따른 고독과 상실감
④ ㉣: 독거노인 문제에 대한 국민들의 의식 전환

05
〈지침〉에서 '결론은 글 전체의 흐름을 고려
하여 작성할 것.'이라고 하였다. 독거노인의
문제 해결은 다양한 형태로 지원되어야 하
므로 ㉣을 '독거노인 문제 해결을 위한 다방
면의 노력 촉구'로 바꿔야 한다.

정답 ④

해커스공무원 혜원국어 **신유형 독해 마스터**

PART 2

독해

유형 분석

예상 문제는 맥락에 맞게 글을 배열하는 유형으로 출제되었다. 기존에도 자주 출제되었던, 익숙한 유형이다. 기존 기출에 비추어 볼 때, 첫 단락과 마지막 단락을 제외한 가운데 단락들의 배열을 묻는 유형, 또는 어떤 기준을 제시하고 그 기준에 맞춰 배열하는 유형으로 출제될 수도 있다.

관련이 있는 유형으로는 <보기>를 알맞은 위치에 넣기가 있다. 예상 문제로는 나오지 않았지만, 출제 가능성이 있는 유형이다.

공략 방법

1. 글의 배열(순서)

① 선지를 통해 맨 앞에 오는 단락을 유추할 수 있다. 보통 두 개 정도의 단락이 가장 앞에 오는 단락으로 선지에 제시된다. 이를 통해 첫 번째 단락을 짐작할 수 있기 때문에, 선지를 적극 활용하자.

② 접속어나 지시어가 가장 큰 힌트가 될 수 있다. 접속어나 지시어를 통해 관련이 있는 단락을 찾아보자.

③ 접속어나 지시어가 없는 경우라면, 각 단락의 첫 문장이나 핵심어를 통해 단락의 순서를 유추하면 된다.

④ 확실한 단락의 흐름을 발견했다면, 선지에서 적합하지 않은 것을 삭제한다. 그 후 나머지 단락들의 연결이 자연스러운지 확인하면 된다.

2. 들어갈 위치

① 지문과 <보기> 중 먼저 읽어야 할 것은 <보기>이다. 전체 지문을 읽기 전에 <보기>를 먼저 확인하자.

② 주어진 <보기>를 분석하여 적절한 위치를 유추해 보자. 예를 들어, 서론에 어울리는 문장인지, 결론에 어울리는 문장인지. 또 본문 내용 중 예문이나 반론에 해당하는지.

③ <보기>를 적절한 위치에 넣고, 앞뒤 문장 또는 문단과의 연결이 자연스러운지 확인하면 된다.

(가) ~ (라)를 맥락에 맞추어 가장 적절하게 나열한 것은?

(가) 다음으로 시청자의 마음을 사로잡을 수 있는 참신한 인물을 창조해야 한다. 특히 주인공은 장애를 만나 새로운 목표를 만들고, 그것을 이루는 과정에서 최종적으로 영웅이 된다. 시청자는 주인공이 목표를 이루는 데 적합한 인물로 변화를 거듭할 때 그에게 매료된다.

(나) 스토리텔링 전략에서 제일 먼저 해야 할 일이 로그라인을 만드는 것이다. 로그라인은 '장애, 목표, 변화, 영웅'이라는 네 가지 요소를 담아야 하며, 3분 이내로 압축적이어야 한다. 이를 통해 스토리의 목적과 방향이 마련된다.

(다) 이 같은 인물 창조의 과정에서 스토리의 주제가 만들어진다. '사랑과 소속감, 안전과 안정, 자유와 자발성, 권력과 책임, 즐거움과 재미, 인식과 이해'는 수천 년 동안 성별, 나이, 문화를 초월하여 두루 통용된 주제이다.

(라) 시청자가 드라마나 영화에 대해 시청 여부를 결정하는 데 걸리는 시간은 8초에 불과하다. 제작자는 이 짧은 시간 안에 시청자를 사로잡을 수 있는 스토리텔링 전략이 필요하다.

① (나) - (가) - (라) - (다)

② (나) - (다) - (가) - (라)

③ (라) - (나) - (가) - (다)

④ (라) - (나) - (다) - (가)

해설

1단계	선지를 통해 시작하는 문단이 (나) 또는 (라)임을 알 수 있다. (나)와 (라) 모두 '스토리텔링 전략'에 대해 언급하고 있는데, (나)에서는 '스토리텔링 전략'에서 가장 먼저 해야 하는 일을, (라)에서는 짧은 시간 안에 시청자를 사로잡기 위해서는 '스토리텔링 전략'이 필요하다는 내용을 제시하고 있다. 문맥의 흐름상 구체적인 전략의 내용을 다룬 (나)가 나중에 오는 것이 자연스럽다. 따라서 가장 앞에 와야 하는 문단은 (라)이고, 그 뒤에 (나)가 이어지는 것이 자연스럽다.
2단계	(나)는 '제일 먼저 해야 할 일'을 다루고 있기 때문에, 그 뒤에는 다음 전략이 제시되어야 한다. 따라서 '다음으로'로 시작하고 있는 (가)가 그 뒤에 이어지는 것이 자연스럽다.
3단계	(가)에서 다룬 '인물 창조'를 다루고 있기 때문에, 그 뒤에는 '이 같은 인물 창조의 과정에서'로 시작하는 (다)가 이어지는 것이 자연스럽다.

따라서 제시된 글을 맥락에 맞추어 '(라) - (나) - (가) - (다)'로 나열해야 한다.

정답 ③

01

01

1단계	(다)의 '기업들의 그런 노력'은 (가)에서 제시한 '기업들이 많은 돈을 투자한 마케팅 조사'에 해당한다. 따라서 (가) 뒤에 (다)가 이어지는 것이 자연스럽다.
2단계	(나)의 '그런 상황'은 (다)에서 제시한 '아쉬운 부분'에 해당한다. 따라서 (다) 뒤에 (나)가 이어지는 것이 자연스럽다. 더구나 (나)의 끝 '기업들은 궁금증과 답답함을 해결할 수 있었다.'는 마지막 단락의 내용과도 자연스럽게 연결된다.

따라서 제시된 글은 '(가) – (다) – (나)'로 배열해야 한다.

정답 ②

01 다음 글에서 (가) ~ (다)의 순서를 자연스럽게 배열한 것은?   2023년 국가직 9급

빅데이터가 부각된다는 것은 기업들이 빅데이터의 가치를 받아들이기 시작했다는 뜻이다. 여기에는 기업들이 데이터를 바라보는 시각이 변한 측면도 있다.

> (가) 기업들은 고객이 판촉 활동에 어떻게 반응하고 평소에 어떻게 행동하며 사물에 대해 어떤 태도를 보이는지 알기 위해 많은 돈을 투자해 마케팅 조사를 해 왔다.
>
> (나) 그런 상황에서 기업들은 SNS나 스마트폰 등 새로운 데이터 소스로부터 그러한 궁금증과 답답함을 해결할 수 있다는 것을 알게 되었다. 페이스북에 올리는 광고에 친구가 '좋아요'를 한 것에서 기업들은 궁금증과 답답함을 해결할 수 있다.
>
> (다) 그런데 기업들의 그런 노력이 효과가 있는 경우도 있었으나 아쉬운 점도 많았다. 쉬운 예로, 기업들은 많은 광고비를 쓰지만 그 돈이 구체적으로 어느 부분에서 효과를 내는지는 알지 못했다.

결국 데이터가 있는 곳에서 기업들은 점점 더 고객의 취향에 집중할 수 있게 되었으며, 이에 따라 기업들은 소셜 미디어의 빅데이터를 중요한 경영 수단으로 수용하기 시작한 것이다.

① (가) – (나) – (다)

② (가) – (다) – (나)

③ (나) – (가) – (다)

④ (다) – (나) – (가)

02 다음 글의 전개 순서로 가장 자연스러운 것은?

> (가) 이 기관을 잘 수리하여 정련하면 그 작동도 원활하게 될 것이요, 수리하지 아니하여 노둔해지면 그 작동도 막혀 버릴 것이니 이런 기관을 다스리지 아니하고야 어찌 그 사회를 고취하여 발달케 하리오.
>
> (나) 이러므로 말과 글은 한 사회가 조직되는 근본이요, 사회 경영의 목표와 지향을 발표하여 그 인민을 통합시키고 작동하게 하는 기관과 같다.
>
> (다) 말과 글이 없으면 어찌 그 뜻을 서로 통할 수 있으며, 그 뜻을 서로 통하지 못하면 어찌 그 인민들이 서로 이어져 번듯한 사회의 모습을 갖출 수 있으리오.
>
> (라) 그뿐 아니라 그 기관은 점점 녹슬고 상하여 필경은 쓸 수 없는 지경에 이를 것이니 그 사회가 어찌 유지될 수 있으리오. 반드시 패망을 면하지 못할지라.
>
> (마) 사회는 여러 사람이 그 뜻을 서로 통하고 그 힘을 서로 이어서 개인의 생활을 경영하고 보존하는 데에 서로 의지하는 인연의 한 단체라.
>
> — 주시경, 〈대한국어문법 발문〉

① (마) - (가) - (다) - (나) - (라)

② (마) - (가) - (라) - (다) - (나)

③ (마) - (다) - (가) - (라) - (나)

④ (마) - (다) - (나) - (가) - (라)

02

1단계	(가)는 '이 기관을'로 시작하고 있다. 따라서 (가) 앞에는 이 기관에 대한 설명이 와야 한다. (나)에서 '말과 글'을 기관이 빗대고 있다. 따라서 '기관'을 다루고 있는 '(가)와 (라)'는 (나) 뒤에 와야 한다. 더구나 (라)는 '그뿐 아니라'로 시작하고 있는 것을 볼 때, '(나) - (가) - (라)'의 순서가 자연스럽다.
2단계	(나)와 (다)는 모두 '말과 글'을 다루고 있다. (다)에서 '말과 글'을 사회의 필수 구성 요소로 보고 있다. 이를 볼 때, (다)는 '이러므로'로 시작하고 있는 (나)와 인과 관계를 이루고 있음을 알 수 있다. 따라서 '(다) - (나)'의 순서가 자연스럽다.

따라서 제시된 글은 '(마) - (다) - (나) - (가) - (라)'의 순서로 배열하는 것이 가장 자연스럽다.

정답 ④

---

03 ㉠ ~ ㉤의 전개 순서로 가장 자연스러운 것은?

> 폭설, 즉 대설이란 많은 눈이 시간적, 공간적으로 집중되어 내리는 현상을 말한다.
>
> ㉠ 그런데 눈은 한 시간 안에 5cm 이상 쌓일 수 있어 순식간에 도심 교통을 마비시키는 위력을 가지고 있다.
>
> ㉡ 또한, 경보는 24시간 신적설이 20cm 이상 예상될 때이다.
>
> ㉢ 다만, 산지는 24시간 신적설이 30cm 이상 예상될 때 발령된다.
>
> ㉣ 이때 대설의 기준으로 주의보는 24시간 새로 쌓인 눈이 5cm 이상이 예상될 때이다.
>
> ㉤ 이뿐만 아니라 운송, 유통, 관광, 보험을 비롯한 서비스 업종과 사회 전반에 영향을 미친다.

① ㉠ - ㉤ - ㉡ - ㉢ - ㉣

② ㉠ - ㉣ - ㉤ - ㉢ - ㉡

③ ㉣ - ㉡ - ㉢ - ㉠ - ㉤

④ ㉣ - ㉠ - ㉤ - ㉢ - ㉡

03

1단계	선지를 통해 ㉠ 또는 ㉣이 가장 앞에 온다는 것을 확인할 수 있다. 첫 번째 문장에서 "대설이란 ~ 현상을 말한다."라고 하면서, '대설'의 개념을 정의했다. ㉠과 ㉣ 중 '대설'과 관련된 내용이 있는 것은 ㉣이다. 따라서 ㉣이 가장 앞에 온다.
2단계	㉣에서는 '대설 주의보'를 ㉡과 ㉢에서는 '대설 경보'에 대한 내용을 다루고 있다. 한편, ㉠과 ㉤에서는 '눈의 위력(부정적인 영향)'에 대해 다루고 있다. ㉣에서 '대설 주의보'를 다루고 있기 때문에, ㉣ 뒤에는 '대설 경보'를 다루고 있는 ㉡과 ㉢이 이어지는 게 자연스럽다.

따라서 첫 번째 문장에 이어지는 문장을 자연스럽게 배열한 것은 '㉣ - ㉡ - ㉢ - ㉠ - ㉤'이다.

정답 ③

1단계	(다)에서 학생들이 욕을 한 이유가 "자신들은 규범을 깨뜨릴 것이며 이제 기성세대에, 국가 권력에 따르지 않겠다는 성명이었다."라는 것을 볼 때, 이는 첫 문단의 "어른 세계에 대한 반항"과 관련이 있다. 따라서 첫 문단 뒤에는 (다)가 오는 것이 자연스럽다.
2단계	(가)의 맨 처음에 나온 '그들'은 (다)의 '학생들'이다. 따라서 '(다)-(가)'의 연결이 자연스럽다.
3단계	(나)가 '그러나 욕은 특수 용어가 아니다.'로 시작하기 때문에, 앞에 '특수 용어'에 대한 설명이 와야 한다. 따라서 '특수 용어'에 대해 설명을 하고 있는 (라)가 (나) 앞에 와야 한다.

따라서 '(다) - (가) - (라) - (나)' 순으로 전개되는 것이 문맥의 흐름에 자연스럽다.

정답 ②

---

04 다음 글을 문맥에 맞게 배열한 것은?

욕은 공격성의 표현이자, 말로 하는 폭력이다. 아이가 욕을 배워 친구 앞에서 욕을 하는 것은 어른 세계에 대한 반항이자 거기서 벗어나고 싶다는 표현이다.

(가) 그들이 집회에서 내뱉는 폭언은 자신들과 기성세대의 차이를 분명하게 구분 짓는 행동 양식이었다. 기성세대와는 다른 그들만의 독자성을 가진 집단을 만들어 내기 위한 방법이었다.

(나) 그러나 욕은 특수 용어가 아니다. 특수 용어는 개념을 더 정확하게 나타내고 미묘한 뉘앙스 차이를 분명하게 한다. 언어 그 자체를 약화시키는 것이 아니라 오히려 이해에 도움을 주는 것이다. 하지만 욕과 같은 추한 말은 언어를 저하시키고 못 쓰게 만든다.

(다) 1968년 이탈리아에서 학생 운동이 시작되었을 당시, 학생들이 귀에 담기에 힘든 폭언을 내뱉은 것도 같은 이유에서였다. 자신들은 규범을 깨뜨릴 것이며 이제 기성세대에, 국가 권력에 따르지 않겠다는 성명이었다. 학생 집회에 참가했던 사람들은 놀라서 그 자리에 못이 박히고 말았다. 입만 열면 욕설이 난무하는 집단 속에서는 말을 할 수가 없었다. 바보나 멍청이로밖에 보이지 않을 것이기 때문이다. 그렇다고 해서 학생들 흉내를 내며 학생들 편에 설 수도 없었다.

(라) 어떤 집단이나 직업에도 특수한 말이 있다. 의사, 변호사, 공증인 등 이들이 외부 사람들이 알아듣기 어려운 전문 용어를 쓰는 것은 동료 간의 의사소통에 편리할 뿐만 아니라 타 분야와 확실히 구별을 짓고 싶기 때문이다. 그래서 화자가 특수 용어를 쓰지 않고 일반적인 말을 쓰면 그 분야 사람들은 화를 낸다. 배신당한 기분이 들기 때문이다.

① (다) - (가) - (나) - (라)
② (다) - (가) - (라) - (나)
③ (라) - (나) - (가) - (다)
④ (라) - (나) - (다) - (가)

05 다음 글의 동기화 단계 조직에 따라 (가) ~ (마)를 배열한 것으로 가장 적절한 것은?

2022년 국가직 9급

설득하는 말하기의 메시지를 조직하는 방법으로 '동기화 단계 조직'이 있다. 이 방법의 세부 단계는 다음과 같다.

1단계: 주제에 대한 청자의 주의나 관심을 환기한다.
2단계: 특정 문제를 청자와 관련지어 설명함으로써 청자의 요구나 기대를 자극한다.
3단계: 해결 방안을 제시하여 청자의 이해와 만족을 유도한다.
4단계: 해결 방안이 청자에게 어떤 도움이 되는지 구체화한다.
5단계: 구체적인 행동의 내용과 방법을 제시하여 특정 행동을 요구한다.

(가) 지난주 제 친구는 일을 마친 후 자전거를 타고 집으로 돌아오다가 사고를 당해 머리를 다쳤습니다.
(나) 여러분이 자전거를 탈 때 헬멧을 착용하면 머리를 보호할 수 있습니다.
(다) 아마 여러분도 가끔 자전거를 타는 경우가 있을 것입니다. 그런데 매년 2천여 명이 자전거를 타다가 머리를 다쳐 고생한다고 합니다.
(라) 만약 자전거를 타는 모든 사람이 헬멧을 착용한다면 자전거 사고를 당해도 뇌손상을 비롯한 신체 피해를 75% 줄일 수 있습니다. 또 자전거 타기가 주는 즐거움과 편리함을 안전하게 누릴 수 있습니다.
(마) 자전거를 탈 때는 안전을 위해서 반드시 헬멧을 착용하시기 바랍니다.

① (가) − (나) − (다) − (라) − (마)
② (가) − (다) − (나) − (라) − (마)
③ (가) − (다) − (라) − (나) − (마)
④ (가) − (라) − (다) − (나) − (마)

1단계	주제에 대한 청자의 주의나 관심을 환기한다. → (가): '친구'가 사고를 당해 머리를 다친 사건을 이야기하면서, '자전거를 탈 때 헬멧을 반드시 착용하라.'는 주제에 대한 청자의 주의나 관심을 환기하고 있다.
2단계	특정 문제를 청자와 관련지어 설명함으로써 청자의 요구나 기대를 자극한다. → (다): 청자도 가끔은 자전거를 타는 경우가 있을 것이라면서, 청자와 관련지어 설명하고 있다.
3단계	해결 방안을 제시하여 청자의 이해와 만족을 유도한다. → (나): 2단계에서 언급한 문제(자전거를 타다가 머리를 다쳐 고생함)에 대한 해결 방안으로 '헬멧 착용'을 제시하여, 청자의 이해와 만족을 유도하고 있다.
4단계	해결 방안이 청자에게 어떤 도움이 되는지 구체화한다. → (라): 3단계에서 언급한 해결 방안을 '사고를 당해도 신체 피해는 75% 줄일 수 있다.', '자전거 타기가 주는 즐거움과 편리함을 안전하게 누릴 수 있다.'로 구체화('수치화'는 구체화의 좋은 방법)하고 있다.
5단계	구체적인 행동의 내용과 방법을 제시하여 특정 행동을 요구 한다. → (마): '헬멧 착용'이라는 특정 행동을 요구하고 있다.

정답 ②

06

'신분'에 따라 문체를 고착화하는 것을 인정
하지 않았다는 내용을 볼 때, 제시된 문장은
'신분'에 따라 문체를 고착화한 전통 시학을
거부했다는 내용 바로 뒤, 즉 ㉣ 자리에 들어
가는 것이 가장 적절하다.

정답 ④

06 다음 문장이 들어가기에 가장 적절한 곳을 ㉠ ~ ㉣에서 고르면?

> 신분에 따라 문체를 고착화하는 것을 인정하지 않았던 것이다.

유럽이 교회로부터 정신적으로 해방된 것은 그리스와 로마의 고대 작가들에 대한 재발견을 통해서였다. ㉠ 그 이후 고대 작가들의 문체는 귀족 중심의 유럽 문화에서 모범으로 여겨졌다. ㉡ 이러한 상황은 대략 1770년대에 시작되는 낭만주의에서부터 변화하기 시작했다. ㉢ 이 낭만주의 시기에 평등과 민주주의를 꿈꿨던 신흥 시민계급은 문학에서 운문과 영웅적 운명을 귀족에게만 전속시키고 하층민에게는 산문과 우스꽝스러운 상황을 배정하는 전통 시학을 거부했다. ㉣ 고전 문학은 더 이상 문학의 규범이 아니었으며, 문학을 현실의 모방으로 인식하는 태도도 포기되었다.

① ㉠   ② ㉡

③ ㉢   ④ ㉣

07

〈보기〉는 '종교(기도)를 뉴스가 대체했다'는
내용이다. 다시 말해, 〈보기〉는 '뉴스 타전
이 교회 시간의 규범을 따른다.'는 세 번째
문장의 상술이다. 따라서 〈보기〉는 ㉠에 들
어가는 것이 가장 적절하다.

정답 ①

07 다음 글에서 〈보기〉가 들어가기에 가장 적절한 곳은?

> ─── 〈보기〉 ───
>
> 아침기도는 간략한 아침 뉴스로, 저녁기도는 저녁 종합 뉴스로 바뀌었다.

철학자 헤겔이 주장했듯이, 삶을 인도하는 원천이자 권위의 시금석으로서의 종교를 뉴스가 대체할 때 사회는 근대화된다. 선진 경제에서 뉴스는 이제 최소한 예전에 신앙이 누리던 것과 동등한 권력의 지위를 차지한다. 뉴스 타전은 소름이 돋을 정도로 정확하게 교회의 시간 규범을 따른다. ㉠ 뉴스는 우리가 한때 신앙심을 품었을 때와 똑같은 공손한 마음을 간직하고 접근하기를 요구하기도 한다. ㉡ 우리 역시 뉴스에서 계시를 얻기 바란다. ㉢ 누가 착하고 누가 악한지 알기를 바라고, 고통을 헤아려 볼 수 있기를 바라며, 존재의 이치가 펼쳐지는 광경을 이해하길 희망한다. ㉣ 그리고 이 의식에 참여하길 거부하는 경우 이단이라는 비난을 받기도 한다.

① ㉠   ② ㉡

③ ㉢   ④ ㉣

08 〈보기〉가 들어갈 가장 적절한 위치는?

2017년 국가직 7급

───〈보기〉───

　결과적으로 이러한 기술 진보는 주체와 주체 간의 더 큰 이해와 소통 가능성을 마련한 것이 사실이다. 그러나 기술의 진보가 곧 선(善)이 된다고 볼 수는 없다. 본래 기술이란 사회의 변화나 인식론적 변화를 선도할 수 있을망정 가치 판단을 내포하지는 못하기 때문이다. 즉 정보화 사회의 기술들은 개인과 개인, 개인과 집단 간의 소통의 통로를 마련해 주었지만, 그 소통의 올바른 방법이나 방향 마련에 대해서는 무력하다.

───────① ───────

　우리나라도 어느덧 정보화 사회로 접어들게 됨에 따라, IT 기술이나 인터넷 및 네트워크 기술이 큰 폭으로 발전하였다. 그중에서도 우리가 가장 주목할 기술적 진보는 개인 대 개인, 개인 대 집단과 같은 다양한 주체가 서로 만나고 다양한 이슈에 동참할 수 있는 담론 공간의 마련이다. 인터넷 게시판이나 SNS 등을 활용하면, 누구나 쉽게 사회나 정치 이슈를 주제로 활발하게 타자(他者)와 접하며 토론할 수 있게 된 것이다.

───────② ───────

　이에 따라 우리는 소통의 가능성을 넘어 그것을 현명하게 실현하는 방법에 대한 고민도 해야 할 때가 되었다. 물론 이러한 고민이 불필요하게 생각되거나 그것이 없다고 해서 무슨 문제가 있느냐고 반문할지도 모른다. 그러나 인터넷에 있는 수많은 악성 댓글과 루머, 인신공격 등의 병리 현상은 철학이나 가치 부재의 기술 진보가 주는 위험성을 잘 드러내 준다. 우리는 기술 진보에 따라 확보된 수많은 소통 통로 속에서 그것을 주체와 주체 간의 참다운 만남으로 실천하는 방법을 아직까지 찾지 못하고 있다.

───────③ ───────

　그렇다면, 이러한 문제를 궁극적으로 해결하기 위해 부각되고 연구되어야 하는 분야는 어떠한 것들일까? IT 또는 첨단 제품을 개발하고 성공시켰다는 면에서 세계적으로 유명한, 미국의 어느 한 기업가는 신제품을 출시하는 장소에서 자사의 혁신적 제품은 인문학을 빼놓고는 말할 수 없다는 취지의 연설을 하였다. 즉 첨단의 정보화 기술과 인문학의 관련성을 역설한 것이다.

───────④ ───────

① 　　　　　　　　　　　　　②

③ 　　　　　　　　　　　　　④

08

〈보기〉는 "결과적으로 이러한 기술 진보는"으로 시작하고 있다. 따라서 기술 진보에 대한 내용 다음에 〈보기〉가 와야 자연스럽다. 제시된 글의 1문단은 정보화 사회가 됨에 따라 생긴 변화에 대한 내용이다. 그 변화는 바꿔 말하면 '기술 진보'를 의미한다. 따라서 〈보기〉는 1문단 다음인 ②에 들어가는 것이 가장 적절하다.

정답 ②

01

1단계	(라)에서 우리나라가 남과 북으로 갈라져 있기는 하지만 같은 언어를 사용하고 있다고 하였다. (나)에서는 그 외에도 언어 규범의 뿌리가 동일하고, 고유어 중심으로 언어를 가꾸어야 한다는 생각에도 공통점이 있다고 하였다. 따라서 (라) 뒤에 (나)가 이어지는 것이 자연스럽다.
2단계	(가)는 '그러나'로 시작하고 있다. '(라)–(나)'에서 공통점을 다루었다면, (가)에서는 차이점, 즉 '이질화'를 다루고 있으므로 그 뒤에 (가)가 이어지는 것이 자연스럽다.
3단계	(가)에서 '이질화'의 길을 걸어가고 있다고 하였다. 따라서 "이러한 이질화"로 시작하고 있는 (다)가 (가) 뒤에 이어지는 것이 자연스럽다.

따라서 제시된 글은 '(라)–(나)–(가)–(다)'의 순서로 배열하는 것이 자연스럽다.

정답 ③

01 (가) ~ (라)를 맥락에 맞추어 가장 적절하게 나열한 것은?

(가) 그러나 이처럼 중요한 언어적 기반에 공통되는 점이 많음에도 불구하고, 남북 간의 언어생활의 현실은 점점 더 이질화의 길을 걸어가고 있는 실정이다.

(나) 한글 맞춤법과 같은 언어 규범도 그 뿌리가 동일하며, 고유어를 중심으로 한국어를 가꾸어야 한다는 생각에도 공통점이 있다.

(다) 이러한 이질화는 주로 체제와 이념에 따른 언어관과 언어 정책 등의 차이로 인하여 발생하게 된 것인데, 이는 같은 언어 유산을 물려받은 하나의 민족이라는 시각에서 볼 때에 매우 심각한 문제이다.

(라) 우리나라는 단일한 언어와 문자를 사용하는 나라이다. 불행한 역사로 말미암아 지금은 비록 양쪽으로 갈라져 있기는 하지만, 남과 북에서는 갈라지기 이전과 마찬가지로 여전히 같은 언어를 사용하고 있다.

① (나) – (가) – (다) – (라)

② (나) – (가) – (라) – (다)

③ (라) – (나) – (가) – (다)

④ (라) – (나) – (다) – (가)

02

1단계	선지를 통해 제일 앞에 오는 문장이 (나) 또는 (라)임을 알 수 있다. 제시된 글에서 '이데아'가 반복되고 있다는 점에서, '이데아'의 의미를 제시한 (라)가 가장 앞에 오는 것이 자연스럽다. 선지 ③과 ④ 모두 (라) 뒤에 (다)가 이어지기 때문에, 그 뒤에 (다)가 이어짐을 알 수 있다.
2단계	(다)에서 '동굴 비유'를 통해 가시적 세계와 이데아 세계를 설명하였다고 하였다. 따라서 "사람은 동굴에 갇힌 죄수와 같고"로 시작하는 (나)가 그 뒤에 이어지는 것이 자연스럽다.

이를 볼 때, 제시된 글은 '(라)–(다)–(나)–(바)–(가)–(마)'로 배열하는 것이 자연스럽다.

정답 ④

02 (가) ~ (바)를 맥락에 맞추어 가장 적절하게 나열한 것은?

(가) 플라톤은 이러한 동굴의 비유를 통해 거짓과 허상만 있는 가시적 세계가 아니라 모든 존재와 인식의 근원이 되는 이데아를 탐구할 수 있어야 한다고 주장하였다.

(나) 플라톤에 따르면 사람은 동굴에 갇힌 죄수와 같고, 태어날 때부터 쇠사슬로 묶여서 뒤를 돌아보지 못한 채 언제나 동굴의 벽만 보고 있다.

(다) 그러나 플라톤 철학에서 이데아는 우리 눈에 보이는 것이 아니라 마음과 영혼의 눈으로 볼 수 있는 것으로, 플라톤은 자신의 저서 〈국가론〉에서 동굴 비유를 통해 가시적 세계와 이데아 세계를 설명하였다.

(라) 플라톤 철학의 핵심 개념인 이데아(Idea)는 그리스어 이데인(Idein)에서 파생된 말로, '보이는 것', '아는 것'을 의미한다.

(마) 다시 말해 이데아를 구현하기 위해서 현실에서 얻는 감각적 경험을 초월하여 합리적인 이성을 추구하는 것의 중요성을 강조한 것이다.

(바) 그리고 횃불이 사람들의 뒤편에 있기 때문에 사람들은 횃불이 비추고 있는 동굴 벽의 그림자만을 보고 살게 된다. 그래서 사람들은 실재하지 않는 그림자를 실재하는 것으로 생각하게 된다는 것이다.

① (나) – (가) – (마) – (라) – (다) – (바)

② (나) – (가) – (바) – (마) – (라) – (다)

③ (라) – (다) – (가) – (나) – (바) – (마)

④ (라) – (다) – (나) – (바) – (가) – (마)

03 (가) ~ (마)를 맥락에 맞추어 가장 적절하게 나열한 것은?

(가) 일반적으로, 도서는 인류의 가장 우수한 지성인, 예지자들의 두뇌의 총화를 축적한 저장고라 하겠다. 그 속에는 인문 과학, 사회 과학, 자연 과학, 문학, 미술, 음악 등 학술과 예술에 관한 것은 물론, 기타 취미와 오락 등 인간 생활에 관계된 것으로 없는 것이 거의 없다.

(나) 모든 일은 첫술에 배부를 수가 없다. 그 방면의 서적 중에서 우선 적당하다고 생각되는 것을 내용과 차례 등에 의하여 선택해서 읽어 볼 일이다. 이와 같이 하기를 수삼 권 하면, 자연히 그 양부(良否)를 판단하여 가려낼 수 있게 될 것이다.

(다) 이러한 경우에는 자기가 요구하는 분야에 능통한 선배나 전문가에게 문의하는 편이 가장 손쉽고 편리하지만, 이것은 어느 경우나 가능한 일은 아니요, 또 타당한 일도 아니다. 때로는 자기 자신이 선택하지 않으면 안 될 경우가 많다.

(라) 학문의 연구는 이와 같이 하여 점점 깊이 들어가고 폭이 넓어지게 되는 것이니, 그러기 위해서는 물론 노력이 든다. 그리고 이러한 노력은 결코 아낄 것이 아니다. 매사가 정성과 노력을 안 들이고 공(空)으로 이루어지는 것은 하나도 없다. 또, 노력을 들이면 그 노력은 결코 허사로 돌아가는 것도 아니다. 그 노력의 효과는 언젠가는 어떠한 형식으로든지 거두어지게 마련이다.

(마) 요는 이와 같이 많은 도서 중에서 어떻게 하면 자기가 요구하는 서적을 찾아내며, 또 어떻게 하면 그 종류 중에서 가장 우량한 것을 찾아 낼 수 있겠는가가 문제 된다. 사람도 많으면 그중에는 선인도 있고 악인도 있듯이, 서적도 워낙 많으니까 그 중에는 양서도 있고 악서도 있다. 그리하여 그 많은 도서 중에서 양서를 골라내는 것은 수월한 일이 아니다.

① (가) － (다) － (라) － (마) － (나)

② (가) － (마) － (다) － (나) － (라)

③ (나) － (다) － (가) － (마) － (라)

④ (나) － (라) － (마) － (다) － (가)

03

1단계	문맥상 책에 모든 내용이 담겨 있다는 (가)가 가장 앞에 와야 하고, 그중 최적의 도서를 찾아내는 것이 쉽지 않음을 말하고 있는 (마)가 이어지는 것이 자연스럽다.
2단계	(다)에서 말하고 있는 '이러한 경우'라는 문제 상황은 (마)에서 말하고 있는 최적의 도서를 찾는 것이 쉽지 않다는 내용과 이어지므로 (마) 뒤에 (다)가 오는 것이 자연스럽다.
3단계	좋은 책을 자기 자신이 가려내는 방법에 대한 구체적인 방법이 (나)에 언급되고 있으므로 (다) 뒤에 (나)가 오는 것이 자연스럽다.
4단계	(라)는 (나)에서 말한 방법에 대한 근거로, 그러한 과정이 결코 무의미하지 않을 것이라고 보충 설명하고 있다.

따라서 제시된 글은 '(가) － (마) － (다) － (나) － (라)'의 순서로 배열하는 것이 가장 자연스럽다.

정답 ②

04

제시된 글의 맨 앞에서 "소설 속에는 세 개의 욕망이 들끓고 있다."라고 하였다. 이는 '소설가', '소설 속 주인공', '독자'의 욕망이다. 〈보기〉에서는 '주인공, 인물들의 욕망'을 다루고 있다. 따라서 '소설 속 주인공'의 욕망 뒤인 ⓒ에 들어가는 것이 자연스럽다.

정답 ②

04 〈보기〉가 들어갈 가장 적절한 위치는?

―〈보기〉―

주인공, 아니 인물들의 욕망은 서로 부딪쳐 다채로운 모습을 드러낸다.

소설 속에는 세 개의 욕망이 들끓고 있다. 하나는 소설가의 욕망이다. 소설가의 욕망은 세계를 변형시키려는 욕망이다. ⓐ 소설가는 자기 욕망의 소리에 따라 세계를 자기 식으로 변모시키려고 애를 쓴다. 둘째 번의 욕망은 소설 속의 주인공들의 욕망이다. 소설 속의 인물들 역시 소설가의 욕망에 따라 혹은 그 욕망에 반대하여 자신의 욕망을 드러내고, 자신의 욕망에 따라 세계를 변형하려 한다. ⓑ 마지막의 욕망은 소설을 읽는 독자의 욕망이다. 소설을 읽으면서 독자들은 소설 속의 인물들은 무슨 욕망에 시달리고 있는가를 무의식적으로 느끼고, 나아가 소설가의 욕망까지를 느낀다. 독자의 무의식적인 욕망은 그 욕망들과 부딪쳐 때로 소설 속의 인물들을 부인하기도 하고, 나아가 소설까지를 부인하기도 하며, 때로는 소설 속의 인물들에 빠져 그들을 모방하려 하기도 하고, 나아가 소설까지를 모방하려 한다. ⓒ 그 과정에서 읽는 사람의 무의식 속에 숨어 있던 욕망은 그 욕망을 서서히 드러내, 자기가 세계를 어떻게 변형시키려 하는가를 깨닫게 한다. 소설 속의 인물들은 무엇 때문에 괴로워하는가, 그 괴로움은 나도 느낄 수 있는 것인가, 아니면 소설 속의 인물들은 왜 즐거워하는가, 그 즐거움에 나도 참여할 수 있는가, 그것들을 따지는 것이 독자가 자기의 욕망을 드러내는 양식이다. ⓓ

① ㉠

② ㉡

③ ㉢

④ ㉣

05 〈보기〉가 들어갈 가장 적절한 위치는?

─── 〈보기〉 ───

아주 극단의 예로, 왕조 말의 시인 황매천(黃梅泉)은 합방의 소식을 듣고 '難作人間識字人', 사람 가운데도 식자나 한다는 사람 되기가 이렇게도 어렵구나 하는 시를 남기고 자결을 했다. 하물며 하루 세 끼 밥 먹기 위해, 혹은 단지 호강하고 편히 살기 위해 직업을 택한다는 것은 지식인으로서 차마 취하지 못할 일인 것은 더 말할 것 없다.

직업이 그저 일신의 고식지계에 그치는 것이 아니라 그 직업을 통해 사회에 무엇인가 기여하는 것이고 또 그래야만 하는 것이라는 것은, 직업을 논하는 경우의 정석처럼 되어 있는 대목이다. 지게를 지건 구두닦이를 하건, 자신이 의식하지 못하고 있더라도 그것은 훌륭히 사회에 기여를 하고 있다. ☐ ㉠ ☐

그러나 직업을 통해 사회에 기여해야 한다는 의식을 마땅히 가짐직한 사람들이 그것을 갖지 못하거나, 아예 그것을 귀찮다고 외면하는 수도 있다. 직업을 한낱 고식지계로 타락시켜 그것으로 만족하고 있는 수가 있다.

세상이 하고많은 부정부패가 있다고들 하고, 그 부정부패가 불학무식(不學無識)한 사람들에서보다 식자(識字)나 한다는 사람들 가운데서 더 심각하게 저질러지고 있는 것을 보면, 직업을 통한 사회적 분담이라는 의식은 그렇게 말처럼 쉬운 일이 아닌지도 모르겠다. ☐ ㉡ ☐ 우수한 대학을 나오는 젊은이들 가운데도 경우에 따라서는 우선 직업을 얻는 데조차 힘이 드는 수도 있기는 할 것이다. 그런 정도로 오늘 현재의 우리 사회는 몹시 병든 구석이 있는 것도 사실이라 할 것이다. 그럼에도 불구하고, 또 비록 비현실적이라는 말을 듣는 한이 있더라도, 지식인의 직업은 역시 고식지계일 수는 없다. ☐ ㉢ ☐

자기의 개성에 따라, 이것이 나의 생계를 위할 뿐 아니라 사회에 대한 나의 참여, 분담, 공헌, 기여의 길이라고 확신하여 얻은 직업에는 자기의 전 생명을 기울여 마땅하다. 내 직업에 전 생명을 기울이는 가운데서, 비로소, 이 세상에 태어나 남들이라고 다 기회가 있는 것도 아닌 최고의 교육을 받은 사람으로서, 이 세상의 발전에 다소의 갚음이라도 할 수 있는 길이 트일 것으로 믿는다. ☐ ㉣ ☐ 명예다, 부다, 그 밖에 세상에서 흔히 즐기는 가치들은 내 직업에 전 생명을 기울이는 부산물로서 와 주면 더욱 좋고, 아니 와 준다 해서 탓할 것 없는 것이 될 것으로 믿는다.

① ㉠

② ㉡

③ ㉢

④ ㉣

05
〈보기〉는 '예시'이며, "지식인의 직업은 단지 생계와 호강의 수단이 되어서는 안 된다."는 내용을 담고 있다. 따라서 지식인의 직업이 생계의 수단이 되어서만은 안 된다는 내용의 뒤에 오는 것이 자연스러우므로 ㉢에 들어가야 한다.

정답 ③

유형 분석

'빈칸에 알맞은 말 넣기'는 기존에도 자주 출제되었던, 익숙한 유형이다. 예상 문제는 글에 알맞은 빈칸의 내용을 찾는 유형으로, 빈칸 한 개짜리 1개와 빈칸 두 개짜리 1개로, 총 두 문제가 출제되었다. 자세히 살펴보자면, 빈칸 1개짜리는 글에서 설명하고 있는 내용을 통해 내린 결론에 해당하는 내용을 찾는 유형이다. 그리고 빈칸 두 개짜리는 글에서 설명한 내용을 사례에 적용했을 때 각각에 알맞은 말을 찾는 유형이다. 빈칸 자리에는 '결론' 외에도 주장이나 반박, 또는 사례 등이 올 수 있다.

공략 방법

① 쉽게 출제된다면, 글의 앞뒤 문장이나 문단만 읽고도 풀 수 있다. 빈칸 앞뒤에 위치하고 있는 한두 문장을 통해 빈칸과 어떤 관계로 연결되어 있는지 파악한다.

② 주장이나 결론을 묻는다면, 글에서 글쓴이가 반복적으로 말하고자 하는 바가 무엇인지 생각하면 된다.

③ 글에서 설명한 내용을 '적용'하는 유형이라면, 주요 개념을 간단히 정리하면서 읽는 것이 도움이 된다.

01 다음 글의 빈칸에 들어갈 결론으로 가장 적절한 것은?

신경과학자 아이젠버거는 참가자들을 모집하여 실험을 진행하였다. 이 실험에서 그의 연구팀은 실험 참가자의 뇌를 'fMRI' 기계를 이용해 촬영하였다. 뇌의 어떤 부위가 활성화되는가를 촬영하여 실험 참가자가 어떤 심리적 상태인가를 파악하려는 것이었다. 아이젠버거는 각 참가자에게 그가 세 사람으로 구성된 그룹의 일원이 될 것이고, 온라인에 각각 접속하여 서로 공을 주고받는 게임을 하게 될 것이라고 알려주었다. 그런데 이 실험에서 각 그룹의 구성원 중 실제 참가자는 한 명뿐이었고 나머지 둘은 컴퓨터 프로그램이었다. 실험이 시작되면 처음 몇 분 동안 셋이 사이좋게 순서대로 공을 주고받지만, 어느 순간부터 실험 참가자는 공을 받지 못한다. 실험 참가자를 제외한 나머지 둘은 계속 공을 주고받기 때문에, 실험 참가자는 나머지 두 사람이 아무런 설명 없이 자신을 따돌린다고 느끼게 된다. 연구팀은 실험 참가자가 따돌림을 당할 때 그의 뇌에서 전두엽의 전대상피질 부위가 활성화된다는 것을 확인했다. 이는 인간이 물리적 폭력을 당할 때 활성화되는 뇌의 부위이다. 연구팀은 이로부터 _____는 결론을 내릴 수 있었다.

① 물리적 폭력은 뇌 전두엽의 전대상피질 부위를 활성화한다
② 물리적 폭력은 피해자의 개인적 경험을 사회적 문제로 전환한다
③ 따돌림은 피해자에게 물리적 폭력보다 더 심각한 부정적 영향을 미친다
④ 따돌림을 당할 때와 물리적 폭력을 당할 때의 심리적 상태는 서로 다르지 않다

해설
빈칸 앞의 "연구팀은 실험 참가자가 따돌림을 당할 때 그의 뇌에서 전두엽의 전대상피질 부위가 활성화된다는 것을 확인했다. 이는 인간이 물리적 폭력을 당할 때 활성화되는 뇌의 부위이다."라는 내용을 고려할 때, 빈칸에는 따돌림을 당할 때와 물리적 폭력을 당할 때의 심리적 상태가 유사하다는 내용이 들어가는 것이 적절하다.

정답 ④

해설

㉠ 1문단에서 "그 세계 안의 인간이 자신을 둘러싼 세계와 고투하면서 당대의 공론장에서 기꺼이 논의해볼 만한 의제를 산출해낼 때 문제의 현실성이 확보된다."라고 하였다. 따라서 민감한 주제를 격화된 이념 대립의 공론장에 던짐으로써 '문제의 현실성(㉠)'을 확보한 것이다.

㉡ 1문단에서 "우리가 살고 있는 이 입체적인 시공간에서 특히 의미 있는 한 부분을 도려내어 서사의 무대로 삼을 경우 세계의 현실성이 확보된다."라고 하였다. 따라서 작품의 시공간으로 당시 남한과 북한을 소설적 세계로 선택함으로써 '세계의 현실성(㉡)'을 확보한 것이다.

㉢ 1문단에서 "한 사회가 완강하게 구조화하고 있는 '가능한 것'과 '불가능한 것'의 좌표를 흔들면서 특정한 선택지를 제출할 때 해결의 현실성이 확보된다."라고 하였다. 따라서 「광장」에서 주인공이 남과 북 모두를 거부하고 자살을 선택하며 당대의 이데올로기를 흔든 것은 '해결의 현실성(㉢)'을 확보한 것이다.

정답 ①

02 다음 글의 ㉠ ~ ㉢에 들어갈 말을 적절하게 나열한 것은?

> 소설과 현실의 관계를 온당하게 살피기 위해서는 세계의 현실성, 문제의 현실성, 해결의 현실성을 구별해야 한다. 우리가 살고 있는 이 입체적인 시공간에서 특히 의미 있는 한 부분을 도려내어 서사의 무대로 삼을 경우 세계의 현실성이 확보된다. 그 세계 안의 인간이 자신을 둘러싼 세계와 고투하면서 당대의 공론장에서 기꺼이 논의해볼 만한 의제를 산출해낼 때 문제의 현실성이 확보된다. 한 사회가 완강하게 구조화하고 있는 '가능한 것'과 '불가능한 것'의 좌표를 흔들면서 특정한 선택지를 제출할 때 해결의 현실성이 확보된다.
>
> 최인훈의 「광장」은 밀실과 광장 사이에서 고뇌하는 주인공의 모습을 통해 '남(南)이냐 북(北)이냐'라는 민감한 주제를 격화된 이념 대립의 공론장에 던짐으로써 ㉠ 을 확보하였다. 작품의 시공간으로 당시 남한과 북한을 소설적 세계로 선택함으로써 동서 냉전 시대의 보편성과 한반도 분단 체제의 특수성을 동시에 포괄할 수 있는 ㉡ 도 확보하였다. 「광장」에서 주인공이 남과 북 모두를 거부하고 자살을 선택하는 결말은 남북으로 상징되는 당대의 이원화된 이데올로기를 근저에서 흔들었다. 이로써 ㉢ 을 확보할 수 있었다.

	㉠	㉡	㉢
①	문제의 현실성	세계의 현실성	해결의 현실성
②	문제의 현실성	해결의 현실성	세계의 현실성
③	세계의 현실성	문제의 현실성	해결의 현실성
④	세계의 현실성	해결의 현실성	문제의 현실성

신유형 맞춤 기출 변형 문제

01 다음 글의 빈칸에 들어갈 결론으로 가장 적절한 것은? 2020년 국가직 9급 변형

경상 지역 방언을 쓰는 사람들은 대체로 'ㅓ'와 'ㅡ'를 구별하지 못한다. 이들은 '증표(證票)'나 '정표(情表)'를 구별하여 듣지 못할 뿐만 아니라 구별하여 발음하지 못하기 십상이다. 또 이들은 'ㅅ'과 'ㅆ'을 구별하지 못하는 경우가 많다. 따라서 이들은 '살밥을 많이 먹어서 쌀이 많이 쪘다'고 말하든 '쌀밥을 많이 먹어서 살이 많이 쪘다'고 말하든 쉽게 그 차이를 알지 못한다. 한편 평안도 및 전라도와 경상도의 일부에서는 'ㅗ'와 'ㅓ'를 제대로 분별해서 발음하지 않는 경우가 종종 있다. 평안도 사람들의 'ㅈ' 발음은 다른 지역의 'ㄷ' 발음과 매우 비슷하다. 이처럼 ＿＿＿＿＿＿＿＿＿＿＿＿＿＿＿＿＿＿＿＿＿

① 우리말에는 지역마다 다양한 소리가 있다.

② 우리말은 지역에 따라 다양한 표준 발음법이 있다.

③ 우리말에는 지역에 따라 구별되지 않는 소리가 있다.

④ 자음보다 모음을 변별하지 못하는 지역이 더 많이 있다.

01

'경상 지역 방언'을 쓰는 사람들이 구별하지 못하는 소리, '평안도 및 전라도와 경상도 일부' 사람들이 "구별하여 듣지 못하는 소리, 구별하여 발음하지 못하는 소리"에 대해 이야기하고 있다. 즉 지역마다 '구별하지 못하는 소리'가 있음을 소개한 글이기 때문에 빈칸에는 ③의 "우리말에는 지역에 따라 구별되지 않는 소리가 있다."가 들어가는 것이 가장 적절하다.

오답 정리

① 새로운 소리가 있다는 내용이 아니라, 존재하는데도 구별하지 못하는 소리가 있음을 말하는 내용이다. 따라서 지역마다 다양한 소리가 있다는 내용이 들어가는 것은 적절하지 않다.

② 지역에 따라 구별 못하는 소리가 있다는 내용이지, '표준 발음법'이 지역마다 있다는 내용은 아니다.

④ 제시된 예에서도 확인할 수 있듯이 모음뿐만 아니라 자음까지도 포함한 내용이기 때문에, 빈칸에 들어갈 내용으로 적절하지 않다.

정답 ③

02 다음 글의 빈칸에 들어갈 결론으로 가장 적절한 것은?

상등인은 법을 사랑하고, 중등인은 법을 두려워하며, 하등인은 법을 싫어한다. 법을 사랑하는 자는 이를 범하기 부끄러워하고, 법을 두려워하는 자는 이를 범하기 싫어하지만, 법을 싫어하는 자는 이를 범하기 부끄러워하지도 싫어하지도 않는다. 기회만 만나면 하고 싶은 대로 저질러 거리끼는 것이 없다. 그가 다만 죄를 저지르지 않는 까닭은 형편이 그렇지 못하고 처지가 그럴 수 없기 때문이지, 그의 심사가 올바르기 때문이 아니다. 그러나 법률상 인품을 논의하여 세 등급으로 구별한 것은 후천적인 학식의 환경과 지각의 계층에 따른 것이기 때문에, 교화가 넓게 베풀어지는 정도에 따라 범죄 건수가 줄어들고 있다. 이를 통해 본다면, 인간 세상의 풍속을 바로잡는 방법은 ☐☐☐☐☐☐☐

① 법률을 엄격하게 정하고 구체적으로 적용하는 데 있다.
② 법률을 엄격하게 정하고 상황에 맞게 적용하는 데 있다.
③ 법률을 엄격하게 정하는 것보다 교화에 힘쓰는 데 있다.
④ 법률을 엄격하게 정하는 것보다 계층 통합에 힘쓰는 데 있다.

03 다음 글의 빈칸에 들어갈 결론으로 가장 적절한 것은?

'한글 문학' 또는 '한글 소설'이란 뭘까? 손쉽게, '한글을 표기 수단으로 삼은 문학', '한글로 쓴 소설'이라 말할 수 있을 테다. 한국 고전소설을 '한문소설/한글소설'로 나누는 관점에도, 사용하는 '문자'에 대한 의식이 개입해 있을 게다. 그런데 이것이 타당한 분류일까? 적어도, 자연스러운 분류일까? 그 관행 바깥에서 잠시만 생각해 보면, '한문 소설'과 '한글 소설'은 맞세울 수 없는 개념이라는 점이 또렷해진다. 그것은 한문과 한글이 맞세울 수 없는 개념이기 때문이다. 한문과 한글은 왜 맞세울 수 없는가? 한문은 고전 중국어라는 자연 언어나 그 자연 언어로 짜인 텍스트를 가리키는 데 비해, 한글은 1446년에 반포된 표음 문자를 가리키기 때문이다. 그 둘은 층위가 크게 다르다. 한글과 맞세울 수 있는 개념은 한문이 아니라 한자다.

그러니까 한문 소설은 성립될 수 있는 개념이지만, '한글 소설'은 아예 성립될 수 없거나 성립될 수 있더라도 거의 쓸모없는 개념이다. '한글 소설'이 성립될 수 없거나 거의 쓸모없는 개념인 것은, '로마 문자 소설'이나 '키릴 문자 소설'이 성립될 수 없거나 거의 쓸모없는 개념인 것과 마찬가지이다. 이것은 '한글로 창작한다'거나 '한글로 번역한다'는 표현이 어불성설이라는 것을 뜻한다. 우리는 어떤 문자로 '표기'하거나 '전사'할 수는 있지만, '창작'하거나 '번역'할 수는 없다. 적어도 표준적 언어 사용에 따르면 그렇다. 텍스트를 짜는 것은 문자가 아니라 언어이기 때문이다. 그러니 앞의 표현은 '한국어로 창작한다'거나 '한국어로 번역한다'로 고쳐져야 할 테다. 〈홍길동전〉은 한글로 창작된 소설이 아니라 한국어로 창작된 소설이고, 본디 한문으로 창작된 〈설공찬전〉은 한자에서 한글로 번역된 것이 아니라 고전 중국어에서 한국어로 번역된 것이다. 그러니까 효시든 아니든 〈홍길동전〉은 _____.

① '한글 소설'이 아니라 '한국어 소설'이고, 따라서 '한글 문학'에 속하는 것이 아니라 '한국어 문학'에 속한다.

② '한국어 소설'이 아니라 '한글 소설'이고, 따라서 '한국어 문학'에 속하는 것이 아니라 '한글 문학'에 속한다.

③ '한글 소설'이 아니라 '한국어 소설'이되 '한국어 문학'에 속하는 것이 아니라 '한글 문학'에 속한다.

④ '한국어 소설'이 아니라 '한글 소설'이되 '한글 문학'에 속하는 것이 아니라 '한국어 문학'에 속한다.

03

제시된 글에서 '한문 소설'과의 비교를 통해 '한글 소설' 또는 '한글 문학'이란 용어는 성립될 수 없거나 쓸모없는 말이라고 했다. 그리고 "〈홍길동전〉은 한글로 창작된 소설이 아니라 한국어로 창작된 소설이고"를 근거로 삼을 때, 빈칸에 들어갈 수 있는 말은 ①이 가장 적절하다.

오답 정리

② 제시된 글의 주장과 반대되는 진술이므로 빈칸에 적절하지 않다.

③ '한국어 소설'이라는 진술은 옳지만, '한국어 문학'이 아니라 '한글 문학'에 속한다는 진술은 적절하지 않다.

④ '한국어 문학'이라는 진술은 옳지만, '한국어 소설'이 아니라 '한글 소설'이라는 진술은 적절하지 않다.

정답 ①

(가)	2문단의 내용을 볼 때, '발음 능력'은 모어를 학습하는 과정에서 습득되는 것이다. (가) 바로 앞 문장 "발음 능력을 습득하면 음성 기관의 움직임은 자동화되어"라고 한 것을 볼 때, (가)에는 '음성 기관의 움직임이 모어의 음성에 맞게 자동화되어'가 들어가는 것이 적절하다.
(나)	"글씨를 쓰기 위해 손을 놀리는 것은 ~ 상당히 의식적"이라는 내용 뒤에 역접의 '그렇지만'이 쓰인 것을 볼 때, '의식적'과 반대되는 '무의식적, 자동적'에 해당하는 내용이 오는 것이 자연스럽다. 따라서 (나)에는 '무의식적이고 자동적인 면이 있음을'이 들어가는 것이 적절하다.

정답 ①

04 다음 글의 (가)와 (나)에 들어갈 말을 적절하게 나열한 것은? 2023년 국가직 9급 변형

> 특정한 작업을 수행하기 위해 신체 근육의 특정 움직임을 조작하는 능력을 운동 능력이라고 한다. 언어에 관한 운동 능력은 '발음 능력'과 '필기 능력' 두 가지인데 모두 표현을 위한 능력이다.
>
> 말로 표현하기 위해서는 발음 능력이 필요한데, 이는 음성 기관을 움직여 원하는 음성을 만들어 내는 능력이다. 이 능력은 영·유아기에 수많은 시행착오와 꾸준한 훈련을 통해 습득된다. 이렇게 발음 능력을 습득하면 음성 기관의 움직임은 자동화되어 음성 기관의 어느 부분을 언제 어떻게 움직일지를 화자가 거의 의식하지 않는다. 우리가 모어에 없는 외국어 음성을 발음하기 어려운 이유는   (가)   있기 때문이다.
>
> 글로 표현하기 위해서는 필기 능력이 필요하다. 필기에서는 글자의 모양을 서로 구별되게 쓰는 것은 기본이고 그 수준을 넘어서서 쉽게 알아볼 수 있는 모양으로 잘 쓰는 것도 필요하다. 글씨를 쓰기 위해 손을 놀리는 것은 발음을 하기 위해 음성기관을 움직이는 것에 비해 상당히 의식적이라 할 수 있다. 그렇지만 개인의 의지와 관계없이 필체가 꽤 일정하다는 사실은 손을 놀리는 데에   (나)   의미한다.

① (가): 음성 기관의 움직임이 모어의 음성에 맞게 자동화되어
   (나): 무의식적이고 자동적인 면이 있음을

② (가): 낯선 음성은 무의식적으로 발음하도록 훈련되어
   (나): 유아기에 수행한 훈련이 효과적이지 않음을

③ (가): 음성 기관의 움직임이 모어의 음성에 맞게 자동화되어
   (나): 유아기에 수행한 훈련이 효과적이지 않음을

④ (가): 낯선 음성은 무의식적으로 발음하도록 훈련되어
   (나): 무의식적이고 자동적인 면이 있음을

05 다음 글의 ㉠과 ㉡에 들어갈 말을 적절하게 나열한 것은?

최후통첩 게임에서 두 참가자는 일정한 액수의 돈을 어떻게 분배할지를 놓고 각각 나름의 결정을 내리게 된다. 먼저 A에게 1,000원짜리 100장을 모두 준 다음 그 돈을 다른 한 사람인 B와 나누라고 지시한다. 이때 A는 자기가 제안하는 액수를 받아들일지 말지 결정할 권리가 B에게 있다는 사실을 알고 있다. 만약 B가 그 제안을 수용하면, 두 사람은 A가 제안한 액수만큼 각각 받는다. 만약 B가 그 제안을 거절하면, 아무도 그 돈을 받지 못한다. 이는 일회적 상호작용으로서, 결정할 수 있는 기회는 단 한번뿐이고 두 사람은 서로에 대해서 전혀 모르는 사이이다. 그들은 어떤 결정을 내릴 것인가? 만약 두 사람이 모두 자기 이익에 충실한 개인들이라면, A는 아주 적은 액수의 돈을 제안하고 B는 그 제안을 받아들일 것이다. A가 단 1,000원만 제안하더라도, B는 그 제안을 받아들여야 한다. 왜냐하면 B는 ㉠ 둘 중 하나를 선택해야 하기 때문이다. 만약 상대방이 합리적 자기 이익에 충실하다고 확신한다면, A는 결코 1,000원 이상을 제안하지 않을 것이다. 그 이상을 제안하는 일은 상대방의 이익을 배려한 것으로 자신의 이익을 불필요하게 줄이기 때문이다. 이것이 이기적인 개인들에게서 일어날 상황이다.

하지만 현실에서는 이런 상황은 절대 일어나지 않는다. 실험 결과에 따르면, 사람들은 낮은 액수의 제안을 받으면 거절하는 경향이 있다. 이 연구에서 나타난 명백한 결과에 따르면 총액의 25% 미만을 제안할 경우 그 제안은 거절당할 가능성이 상당히 높다. 비록 자기의 이익이 최대화되지 않더라도 제안이 불공평하다고 생각하면 거절하는 것으로 보인다. 액수를 반반으로 나누고자 하는 사람이 제일 많다는 점은 이를 지지해 준다. 결과적으로 이 실험은 ㉡ 는 것을 보여 준다.

① ㉠: 제안한 1,000원을 받든가, 한 푼도 받지 못하든가
　㉡: 인간의 행동이 경제적 이득에 의해서 움직인다

② ㉠: 1,000원보다 더 적은 금액을 받든가, 제안한 1,000원을 받든가
　㉡: 인간이 공정성과 상호 이득을 염두에 두고 행동한다

③ ㉠: 제안한 1,000원을 받든가, 한 푼도 받지 못하든가
　㉡: 인간의 행동이 경제적 이득에 의해서만 움직이지 않는다

④ ㉠: 1,000원보다 더 적은 금액을 받든가, 제안한 1,000원을 받든가
　㉡: 인간의 행동이 경제적 이득에 의해서만 움직이지 않는다

⑤ ㉠: 제안한 1,000원을 받든가, 한 푼도 받지 못하든가
　㉡: 인간이 공정성과 상호 이득을 염두에 두고 행동하지 않는다

05

㉠ 1문단의 "만약 B가 그 제안을 수용하면, 두 사람은 A가 제안한 액수만큼 각각 받는다. 만약 B가 그 제안을 거절하면, 아무도 그 돈을 받지 못한다." 부분을 볼 때, ㉠에는 '제안한 1,000원을 받든가, 한 푼도 받지 못하든가'가 어울린다.

㉡ 2문단의 "비록 자기의 이익이 최대화되지 않더라도 제안이 불공평하다고 생각하면 거절하는 것으로 보인다." 부분을 볼 때, B는 그 제안이 불공평하다고 생각하면 돈, 즉 '경제적 이익'을 한 푼도 얻지 못하더라도 그 제안을 거절한다는 것을 알 수 있다. 따라서 ㉡에는 '인간의 행동이 경제적 이득에 의해서만 움직이지 않는다'가 어울린다.

정답 ③

01 다음 글의 빈칸에 들어갈 결론으로 가장 적절한 것은?

국가는 자국의 힘이 외부의 군사적 위협을 견제하기에 충분치 않다고 판단할 때나, 역사와 전통 등의 가치가 위협받는다고 느낄 때 다른 나라와 동맹을 맺는다. 동맹결성의 핵심적인 이유는 동맹을 통해서 확보되는 이익이며 이는 동맹관계 유지의 근간이 된다.

동맹의 종류는 그 형태에 따라 방위조약, 중립조약, 협상으로 나눌 수 있다. 먼저 방위조약은 조약에 서명한 국가들 중 어느 한 국가가 침략을 당했을 경우, 다른 모든 서명국들이 공동방어를 위해서 참전하기를 약속하는 것이다. 다음으로 중립조약은 서명국들 중 한 국가가 제3국으로부터 침략을 받더라도, 서명국들 간에 전쟁을 선포하지 않고 중립을 지킬 것을 약속하는 것이다. 마지막으로 협상은 서명국들 중 한 국가가 제3국으로부터 침략을 당했을 경우, 서명국들 간에 공조체제를 유지할 것인지에 대해 차후에 협의할 것을 약속하는 것이다. 정리하면 세 가지 유형 중 방위조약의 경우는 동맹국의 전쟁에 개입해야 한다는 강제성이 있기에 동맹국 간의 정치·외교적 관계의 정도가 매우 가깝다. 또한 조약의 강제성으로 인해 전쟁 발발 시 동맹관계 속에서 국가가 펼칠 수 있는 정치·외교적 자율성은 매우 낮다. 즉 방위조약이 동맹국 간의 자율성이 가장 낮고, 다음으로 중립조약, 협상 순으로 자율성이 높아진다. 한 연구에 따르면, 1816년부터 1965년까지 약 150년 간 맺어진 148개의 군사동맹 중에서 73개는 방위조약, 39개는 중립조약, 36개는 협상의 형태인데, 평균 수명은 방위조약이 115개월, 중립조약이 94개월, 협상은 68개월 정도였다. 따라서 _____을 알 수 있다.

① 동맹관계가 멀고 자율성이 높을수록 그 수명이 연장되었음
② 동맹관계가 멀고 자율성이 낮을수록 그 수명이 단축되었음
③ 동맹관계가 가깝고 자율성이 낮을수록 그 수명이 연장되었음
④ 동맹관계가 가깝고 자율성이 낮을수록 그 수명이 단축되었음

02 밑줄 친 부분을 참고할 때, 빈칸에 들어갈 말로 가장 적절한 것은?

원작 회화는 '지속성'을 갖는다. 현재부터 탄생까지 하나의 선으로 이어져 있다. 이 선이 도중에 끊기면 진품성을 의심 받는다. 원작은 '일회성'을 갖는다. 〈모나리자〉의 복제는 수없이 많아도, 원작은 세상에 딱 하나만 존재한다. 그리하여 원작은 분위기를 갖는다. 그래서 바로 앞에 있어도 아득히 멀게 느껴지는 것이다. 그런 의미에서 원작의 분위기, 즉 '아우라'는 □□□□□□□□□이라 할 수 있다.

복제는 어떤가? 웬만한 집에는 적어도 하나쯤 저 멀리 유럽의 박물관에 있는 원작의 복제가 걸려 있을 게다. 대대손손 물려줄 게 아니라면 머잖아 그 사진은 쓰레기통에 들어갈 것이다. 그것은 거기만이 아니라 다른 많은 사람들의 방을 또한 장식하고 있을 것이다. 이렇게 복제는 '일시성'과 '반복성'을 갖는다. 복제의 체험은 "<u>아무리 멀리 있어도 어떤 가까운 것의 반복적 나타남</u>"이라 할 수 있다.

① 거리와 상관없이 어떤 먼 것의 일회적 나타남
② 아무리 멀리 있어도 어떤 먼 것의 반복적 나타남
③ 아무리 가까이 있어도 어떤 먼 것의 일회적 나타남
④ 아무리 멀리 있어도 어떤 가까운 것의 일회적 나타남

'아우라'를 설명하는 빈칸은 '복제의 체험'인 밑줄 친 부분과 상반되는 의미를 지닌다. 빈칸의 앞 문장인 "바로 앞에 있어도 아득히 멀게 느껴지는 것이다."에서도 이미 언급하고 있고, 밑줄 친 부분을 고려하면 빈칸에는 "아무리 가까이 있어도 어떤 먼 것의 일회적 나타남"이 들어가는 것이 가장 적절하다.

정답 ③

03 다음 글의 빈칸에 들어갈 말로 가장 적절한 것은?

사실주의 영화는 구체적인 현실 세계를 재현하는 데 있어 왜곡의 한계를 극소화시키려고 한다. 사건과 대상물을 촬영할 때, 사실주의 감독은 삶 자체의 풍부함을 제시하려고 노력한다. 사실주의 영화감독과 형식주의 영화감독은 모두 혼란스러운 현실 세계에서 특정한 디테일을 선택해야 한다. 그러나 사실주의 감독은 그들의 영화가 조작되지 않은 현실 세계의 거울이라는 환상을 고수하려 한다. 반면 형식주의 감독은 영화의 소재를 정형화시키고 왜곡시킴으로써 사건이나 대상물의 형식주의적 영상이 현실인 것처럼 착각하게 하려는 것이다. 따라서 현실의 디테일들은 한층 엄격하게 선택되고 현실적·시공간 맥락에서 종종 벗어나게 된다.

대체로 사실주의 영화의 스타일은 눈에 두드러지지 않는다. 사실주의 감독들은 소재 앞에서 자신의 모습은 지워 버리는 경향이 있기 때문이다. 그들은 어떻게 소재를 조작할 것인가 보다는 무엇을 보여 줄 것인가에 더 큰 관심을 쏟는다. 사실주의 감독은 자기 나름의 미의식으로 소재를 미화하지 않으며, 그들에게 카메라는 구체적인 대상물의 겉모습을 녹화하는 기계로만 인식된다. 그러므로 '□□□□□□□□□' 하는 말은 이들에게는 금기로 인식되고 있다. 사실주의 영화의 최대 장점은 단순성과 직접성이다. 그러나 이런 점들이 사실주의 영화가 예술성을 결여하고 있음을 의미하지 않는다. 왜냐하면 최고 수준의 사실주의 영화는 기교를 숨기는 것을 기교로 하고 있기 때문이다.

① 어떤 현상의 객관성을 강조해야 한다.
② 어떤 현상의 필연성을 강조해야 한다.
③ 어떤 장면을 충실하게 재현해야 한다.
④ 어떤 대상을 아름답게 촬영해야 한다.

03
빈칸 앞을 보면 사실주의 영화감독들은 무엇을 보여줄 것인가에 관심이 많기 때문에 소재를 조작하거나 미화하지 않는다고 했으며, 그래서 카메라는 구체적인 대상물의 겉모습을 녹화하는 기계 정도로만 인식한다고 했다. 또 사실주의 감독들에게는 빈칸이 금기로 인식된다고 했다. 이와 관련하여 빈칸에는 '어떤 대상을 아름답게 촬영해야 한다.'라는 내용이 들어가야 한다.

정답 ④

유형 5 빈칸 추론 **69**

PART 2
독해 해커스공무원 해연우영 신유형 독해 마스터

04

⊙ 빈칸이 있는 문장 뒤에서 기본적 귀인 오류는 어쩔 수 없었던 상황이라고 생각하기보다는 원래 그런 사람이라고 해석하는 경향이라고 하였으므로 '기질적 귀인'이 들어가야 한다.

ⓒ 빈칸이 있는 문장 뒤에서 '행위자 – 관찰자 편향'은 친구가 한 행동의 이유에 대해서는 성격과 같은 기질적인 측면을 바탕으로 설명하는 반면, 자신이 한 행동의 이유에 대해서는 상황적인 측면을 바탕으로 설명하는 경향이라고 했다. 따라서 '자신의 행동'이 들어가야 한다.

정답 ④

04 다음 글의 ⊙과 ⓒ에 들어갈 말을 적절하게 나열한 것은?

야심한 시각 한 대의 차량이 제한속도를 초과하여 도로를 질주하고 있다. 당신은 그 차량의 운전자에 대해 어떻게 생각할까? 운전자가 난폭 운전을 즐기는 거친 사람이라서 그런 걸까? 어쩌면 그 운전자는 갑자기 고열이 난 아기를 데리고 급히 병원에 가는 부모일 수도 있다. 어느 쪽이든 우리는 특정 상황이 무엇 때문에 발생했는지 그 원인을 추론해볼 수 있다. 이러한 사고 과정을 '귀인'이라고 한다. 전자처럼 개인의 성격, 성향 등 기질적인 측면에 의해 어떤 행동을 했다고 추론하는 것을 '기질적 귀인', 후자처럼 상황이나 맥락에 의해 행동했다고 추론하는 것을 '상황적 귀인'이라고 한다. 심리학자들은   ⊙   에 치중해 현상을 설명하려는 경향이 상당히 보편적인 현상임을 지적하며 이를 기본적 '귀인 오류'라고 명명했다. 이는 그렇게 행동할 수밖에 없는 상황이라고 생각하기보다 원래 그런 사람이라고 추론하며 현상에 대한 해석을 단순화하는 것이다. 일반적으로   ⓒ   을/를 설명할 때는 기본적 귀인 오류가 잘 나타나지 않는데, 이를 '행위자 – 관찰자 편향'이라고 한다. 예컨대 같이 수업을 듣는 친구가 지각했을 때 "걔는 원래 시간관념이 없어."라고 설명하면서 그 친구가 수업에 늦게 된 상황이나 맥락의 영향력을 무시하는 반면, 자신이 지각한 경우에는 "교통체증 때문에 어쩔 수 없었어."라고 설명하며 정당화하는 것이다. 한편 심리학자 리 로스는 동양인보다 서양인이 기본적 귀인 오류를 더 많이 범한다고 주장했다. 개인주의적 문화권의 사람들이 집단주의적 문화권의 사람들보다 환경 정보에 주의를 덜 기울이기 때문에 이런 오류에 빠지기 쉽다는 것이다.

	⊙	ⓒ
①	기질적 귀인	타인의 잘못
②	상황적 귀인	우연한 상황
③	상황적 귀인	자신의 성격
④	기질적 귀인	자신의 행동

05 다음 글의 ㉠과 ㉡에 들어갈 말을 적절하게 나열한 것은?

아담 스미스의 '보이지 않는 손'이라는 가정은 시장에서 개인의 이익추구 활동을 제한하지 않는 것이 전체 이윤을 극대화하는 최선의 방책임을 보여주는 것으로 간주되었다. 그렇다면 다음의 경우는 어떠한가?

공동 소유의 목초지에 양을 치기에 알맞은 풀이 자라고 있다고 생각해 보자. 일정 넓이의 목초지에 방목할 수 있는 가축 두수에는 일정한 한계가 있기 마련이다. 즉 '수용 한계'가 존재하는 것이다. 그 목초지에 한 마리를 더 방목시킨다고 해서 다른 가축들이 갑자기 죽거나 병에 걸리는 것은 아니다. 하지만 목초지의 수용 한계를 넘어 양을 키울 경우, 목초가 줄어들어 그 목초지에서 양을 키워 얻을 수 있는 전체 생산량이 줄어든다. 나아가 수용 한계를 과도하게 초과할 정도로 사육 두수가 늘어날 경우 목초지 자체가 거의 황폐화된다.

예를 들어 수용 한계가 양 20마리인 공동 목초지에서 4명의 농부가 각각 5마리의 양을 키우고 있다고 해 보자. 그 목초지의 수용 한계에 이미 도달한 상태이지만, 그 중 한 농부가 자신의 이익을 늘리고자 방목하는 양의 두수를 늘리려 한다. 그러면 5마리를 키우고 있는 농부들은 목초지의 수용 한계로 인하여 기존보다 이익이 줄어들지만, 두수를 늘린 농부의 경우 그의 이익이 기존보다 조금 늘어난다. 손실을 만회하기 위해 다른 농부들도 사육 두수를 늘리고자 할 것이다. 이러한 상황이 장기화될 경우, _____㉠_____

이와 같이 아담 스미스의 '보이지 않는 손'에 시장을 맡겨 둘 경우 _____㉡_____ 결과가 나타날 것이다.

	㉠	㉡
①	농부들의 총이익은 기존보다 증가할 것이다.	한 사회의 공공 영역이 확장되는
②	농부들의 총이익은 기존보다 감소할 것이다.	한 사회의 전체 이윤이 감소하는
③	농부들의 총이익은 기존보다 감소할 것이다.	한 사회의 전체 이윤이 유지되는
④	농부들의 총이익은 기존과 동일하게 될 것이다.	한 사회의 전체 이윤이 유지되는

05

2문단의 내용을 정리하면, 공동 소유의 목초지에 수용 한계가 존재하기 때문에 수용 한계를 넘어 양을 키울 경우, 전체 생산량은 줄어들게 된다. 또 수용 한계를 과도하게 초과할 경우, 목초지 자체가 황폐화되는 것이다.

㉠ 2문단의 내용을 근거로 할 때, 수용 한계를 넘어 다른 농부들도 사육 두수를 늘리는 상황이 장기화되면, '농부들의 총이익은 기존보다 감소'할 것이다.

㉡ ㉠을 통해 ㉡에 들어갈 결론을 유추할 수 있다. 즉 '보이지 않는 손'에 시장에 맡겨 둘 경우 '한 사회의 전체 이윤이 감소하는' 결론이 나타날 것이다.

정답 ②

PART 2

독해 해커스공무원 혜원국어 신유형 독해 마스터

유형 분석

예상 문제는 글에 대한 이해와 추론을 묻는 유형이 각각 1개씩 출제되었다. 발문에 '이해'와 '추론'이 나와 있기는 하지만, 문제의 수준은 '내용 일치' 유형으로 봐도 무방하다. 글의 이해와 추론은 모든 독해에서 가장 기본이 되는 문제 유형이기에 기존에도 자주 출제되었던, 익숙한 유형이다. 기존 기출에 비추어 볼 때, 선지를 <보기>에 넣고 모두 고르는 형태로 출제될 수도 있다.

공략 방법

① 가장 먼저 해야 할 일은, 발문을 보고 문제 유형을 확인하는 것이다. '옳은 선지 1개'를 고르는 긍정 발문이라면, 지문을 바로 읽어도 무방하다. 왜냐하면, 선지에서 옳은 설명은 1개뿐이기 때문이다. 반면 '옳지 않은 선지 1개'를 고르는 부정 발문이라면, 선지를 먼저 읽는 것이 도움이 된다. 왜냐하면, 선지에서 옳지 않은 설명은 1개뿐이기 때문에 선지가 힌트가 될 수 있다.

② 지문의 내용을 빠르게 읽으며 대략적인 내용을 파악하고, 중심 내용이나 지문에서 다루고 있는 대상을 언급하는 키워드를 체크한다. 판단의 근거가 되는 부분을 지문에서 찾아 확인한 후 답을 고르면 된다.

③ 글의 구조를 활용하는 것도 하나의 방법이다. 둘 이상의 대상을 비교나 대조하는 형식의 글이라면, 선지는 둘의 공통점과 차이점을 비교·대조하는 형식이 반드시 출제될 것이다.

01 다음 글을 이해한 내용으로 적절하지 않은 것은?

> 한국 신화에 보이는 신과 인간의 관계는 다른 나라의 신화와 견주어 볼 때 흥미롭다. 한국 신화에서 신은 인간과의 결합을 통해 결핍을 해소함으로써 완전한 존재가 되고, 인간은 신과의 결합을 통해 혼자 할 수 없었던 존재론적 상승을 이룬다.
>
> 한국 건국신화에서 주인공인 신은 지상에 내려와 왕이 되고자 한다. 천상적 존재가 지상적 존재가 되기를 바라는 것인데, 인간들의 왕이 된 신은 인간 여성과의 결합을 통해 자식을 낳음으로써 결핍을 메운다. 무속신화에서는 인간이었던 주인공이 신과의 결합을 통해 신적 존재로 거듭나게 됨으로써 존재론적으로 상승하게 된다. 이처럼 한국 신화에서 신과 인간은 서로의 존재를 필요로 한다는 점에서 상호의존적이고 호혜적이다.
>
> 다른 나라의 신화들은 신과 인간의 관계가 한국 신화와 달리 위계적이고 종속적이다. 히브리 신화에서 피조물인 인간은 자신을 창조한 유일신에 대해 원초적 부채감을 지니고 있으며, 신이 지상의 모든 일을 관장한다는 점에서 언제나 인간의 우위에 있다. 이러한 양상은 북유럽이나 바빌로니아 등에 퍼져 있는 신체 화생 신화에도 유사하게 나타난다. 신체 화생 신화는 신이 죽음을 맞게 된 후 그 신체가 해체되면서 인간 세계가 만들어지게 된다는 것인데, 신의 희생 덕분에 인간 세계가 만들어질 수 있었다는 점에서 인간은 신에게 철저히 종속되어 있다.

① 히브리 신화에서 신과 인간의 관계는 위계적이다.

② 한국 무속신화에서 신은 인간을 위해 지상에 내려와 왕이 된다.

③ 한국 건국신화에서 신은 인간과의 결합을 통해 완전한 존재가 된다.

④ 한국 신화에 보이는 신과 인간의 관계는 신체 화생 신화에 보이는 신과 인간의 관계와 다르다.

해설

2문단에서 "한국 건국신화에서 주인공인 신은 지상에 내려와 왕이 되고자 한다." 부분을 볼 때, 신이 지상에 내려와 왕이 되는 것은 건국신화 임을 알 수 있다. 또한 신이 '인간을 위해서' 내려왔다는 내용은 제시된 글을 통해 알 수 없다.

오답 정리

① 3문단의 "히브리 신화에서 ~ 신이 지상의 모든 일을 관장한다는 점에서 언제나 인간의 우위에 있다." 부분을 통해 알 수 있다.

③ 2문단의 "인간들의 왕이 된 신은 인간 여성과의 결합을 통해 자식을 낳음으로써 결핍을 메운다." 부분을 통해 알 수 있다.

④ 한국 신화에 보이는 신과 인간의 관계는 '상호의존적이고 호혜적'이다. 한편, '신체 화생 신화'에서는 신이 인간을 위해 희생하였기 때문에 인간은 신에게 철저히 '종속적'이라는 점에서 각각의 관계는 서로 다르다.

정답 ②

02 다음 글에서 추론한 내용으로 가장 적절한 것은?

'크로노토프'는 그리스어로 시간과 공간을 뜻하는 두 단어를 결합한 것으로, 시공간을 통합적으로 이해하기 위한 개념이다. 크로노토프의 관점에서 보면 고소설과 근대소설의 차이를 명확하게 파악할 수 있다.

고소설에는 돌아가야 할 곳으로서의 원점이 존재한다. 그것은 영웅소설에서라면 중세의 인륜이 원형대로 보존된 세계이고, 가정소설에서라면 가장을 중심으로 가족 구성원들이 평화롭게 공존하는 가정이다. 고소설에서 주인공은 적대자에 의해 원점에서 분리되어 고난을 겪는다. 그들의 목표는 상실한 원점을 회복하는 것, 즉 그곳에서 향유했던 이상적 상태로 돌아가는 것이다. 주인공과 적대자 사이의 갈등이 전개되는 시간을 서사적 현재라 한다면, 주인공이 도달해야 할 종결점은 새로운 미래가 아니라 다시 도래할 과거로서의 미래이다. 이러한 시공간의 배열을 '회귀의 크로노토프'라고 한다.

근대소설 「무정」은 회귀의 크로노토프를 부정한다. 이것은 주인공인 이형식과 박영채의 시간 경험을 통해 확인된다. 형식은 고아지만 이상적인 고향의 기억을 갖고 있다. 그것은 박 진사의 집에서 영채와 함께하던 때의 기억이다. 이는 영채도 마찬가지기에, 그들에게 박 진사의 집으로 표상되는 유년의 과거는 이상적 원점의 구실을 한다. 박 진사의 죽음은 그들에게 고향의 상실을 상징한다. 두 사람의 결합이 이상적 상태의 고향을 회복할 수 있는 유일한 방법이겠지만, 그들은 끝내 결합하지 못한다. 형식은 새 시대의 새 인물이 되어야 한다고 생각하며 과거로의 복귀를 거부한다.

① 「무정」과 고소설은 회귀의 크로노토프를 부정한다는 점에서 공통적이다.

② 영웅소설의 주인공과 「무정」의 이형식은 그들의 이상적 원점을 상실했다는 공통점을 가지고 있다.

③ 「무정」에서 이형식이 박영채와 결합했다면 새로운 미래로서의 종결점에 도달할 수 있었을 것이다.

④ 가정소설은 가족 구성원들이 평화롭게 공존하는 결말을 통해 상실했던 원점으로의 복귀를 거부한다.

01 다음 글의 내용과 부합하지 않는 것은?

2023년 국가직 9급

과학 혁명 이전 아리스토텔레스 철학은 로마 가톨릭교의 정통 교리와 결합되어 있었기 때문에 오랜 시간 동안 지배적인 영향력을 발휘하였다. 천문 분야 또한 예외는 아니었다. 아리스토텔레스의 세계관을 따라 우주의 중심은 지구이며, 모든 천체는 원운동을 하면서 지구의 주위를 공전한다는 천동설이 정설로 자리 잡고 있었다. 프톨레마이오스가 천체들의 공전 궤도를 관찰하던 도중, 행성들이 주기적으로 종전의 운동과는 반대 방향으로 움직인다는 관찰 결과를 얻었을 때도 그는 이를 행성의 역행 운동을 허용하지 않는 천동설로 설명하고자 하였다. 그래서 지구를 중심으로 공전하는 원 궤도에 중심을 두고 있는 원, 즉 주전원(周轉圓)을 따라 공전 궤도를 그리면서 행성들이 운동한다고 주장하였다.

과학과 아리스토텔레스 철학의 결별은 서서히 일어났다. 그 과정에서 일어난 가장 중요한 사건은 1543년 코페르니쿠스가 행성들의 운동 이론에 관한 책을 발간한 일이다. 코페르니쿠스는 천체의 중심에 지구 대신 태양을 놓고 지구가 태양의 주위를 공전한다고 주장하였다. 태양을 우주의 중심에 둔 코페르니쿠스의 지동설은 행성들의 운동에 대해 프톨레마이오스보다 수학적으로 단순하게 설명하였다.

① 과학 혁명 이전 시기에는 천동설이 정설로 받아들여졌다.

② 프톨레마이오스의 주전원은 지동설을 지지하고자 만든 개념이다.

③ 천동설과 지동설은 우주의 중심을 어디에 두느냐에 따라 구분된다.

④ 행성의 공전에 대한 프톨레마이오스의 설명은 코페르니쿠스의 설명보다 수학적으로 복잡하였다.

01

1문단의 내용을 볼 때, 프톨레마이오스는 '천동설'을 지지하던 사람이다. 따라서 지동설을 지지하고자 만든 개념이라는 것은 제시된 글의 내용과 부합하지 않는다.

오답 정리

① 1문단의 "과학 혁명 이전 아리스토텔레스 철학은 ~ 지배적인 영향력을 발휘하였다.", "아리스토텔레스의 세계관을 따라 ~ 천동설이 정설로 자리 잡고 있었다."를 통해 알 수 있다.

③ 2문단의 "코페르니쿠스는 천체의 중심에 지구 대신 태양을 놓고"를 통해 알 수 있다.

④ 2문단의 "코페르니쿠스의 지동설은 행성들의 운동에 대해 프톨레마이오스보다 수학적으로 단순하게 설명하였다."를 통해 알 수 있다.

정답 ②

02

2문단의 "이 지도를 활용하면 ~ 복지 기관의 맞춤형 대응이 가능하고"를 볼 때, '복지 공감 지도'로 맞춤형 대응이 가능해지면, 수급자들의 만족도도 올라갈 것이라 예측은 가능하다. 그러나 개별 만족도의 파악이 가능한지는 제시된 글만으로는 알 수가 없다.

오답 정리
① 1문단의 "관련 데이터를 활용하여 ~ 취약 지역 지원 방안을 제시했다."와 3문단의 내용을 통해 알 수 있다.
② 3문단의 "○○시는 그동안 복지 기관으로부터 도보로 약 15분 내 위치한 수급자에게 복지 혜택이 집중되고 있는 것도 확인했다." 부분을 통해 알 수 있다.
③ 3문단의 "이 사업을 통해 ○○시는 그동안 복지 기관으로부터 도보로 약 15분 내 위치한 수급자에게 복지 혜택이 집중되고 있는 것도 확인했다. 이에 ~ 복지 셔틀버스 노선을 4개 증설할 계획을 수립했다." 부분을 통해 알 수 있다.

정답 ④

03

"고갱은 그가 본 인생과 예술 전부에 대해 철저하게 불만을 느꼈다." 부분을 볼 때, 고갱은 인상주의에도 불만을 느꼈을 것이라 짐작할 수 있다. 또 "그는 더 단순하고 더 솔직한 어떤 것을 열망했고 그것을 원시인들 속에서 발견할 수 있으리라고 기대했다." 부분을 볼 때, 고갱이 솔직하다고 생각했을 예술은 '인상주의'가 아니라 '원시인들의 것'이었을 것이라 짐작할 수 있다. 따라서 ③은 이 글의 내용으로 적절하지 않다.

오답 정리
① "세잔이, 사라졌다고 느낀 것은 균형과 질서의 감각이다. 인상주의자들은 순간순간의 감각에만 너무 사로잡힌 나머지 자연의 굳건하고 지속적인 형태는 소홀히 했다고 느꼈던 것이다." 부분에서 확인할 수 있는 내용이다.
② "반 고흐는 인상주의가 시각적 인상에만 집착하여 빛과 색의 광학적 성질만을 탐구한 나머지 미술의 강렬한 정열을 상실하게 될 위험에 처했다고 느꼈다." 부분에서 확인할 수 있는 내용이다.
④ "세 사람의 화가가 모색했던 제각각의 해법은 세 가지 현대 미술 운동의 이념적 바탕이 되었다. ~ 이끌어 냈다." 부분에서 확인할 수 있다. 세잔은 '입체주의(cubism)', 고흐는 '표현주의(expressionism)', 고갱은 '프리미티비즘(primitivism)'을 일으켰다.

정답 ③

02 다음 글에 대한 이해로 적절하지 않은 것은?   2022년 국가직 9급

> 국가정보자원관리원과 ○○시는 빅데이터 기반의 맞춤형 복지 서비스 분석 사업을 수행했다. 국가정보자원관리원은 자체 확보한 공공 데이터와 ○○시로부터 받은 복지 사업 관련 데이터를 활용하여 '복지 공감 지도'를 제작하고, 복지 기관 접근성 분석을 통해 취약 지역 지원 방안을 제시했다.
>
> 복지 공감 지도는 공간 분석 시스템을 활용하여 ○○시에 소재한 복지 기관들의 다양한 지원 항목과 이를 필요로 하는 복지 대상자, 독거노인, 장애인 등의 수급자 현황을 한눈에 확인할 수 있도록 구현한 것이다. 이 지도를 활용하면 복지 혜택이 필요한 지역과 수급자를 빨리 찾아낼 수 있으며, 생필품 지원이나 방문 상담 등 복지 기관의 맞춤형 대응이 가능하고, 최적의 복지 기관 설립 위치를 선정할 수 있다.
>
> 이 사업을 통해 ○○시는 그동안 복지 기관으로부터 도보로 약 15분 내 위치한 수급자에게 복지 혜택이 집중되고 있는 것도 확인했다. 이에 교통이나 건강 등의 문제로 복지 기관 방문이 어려운 수급자를 위해 맞춤형 복지 서비스가 절실하게 필요한 상황임을 발견하고, 복지 셔틀버스 노선을 4개 증설할 계획을 수립했다.

① 빅데이터를 활용하여 복지 사각지대를 줄이는 방안을 마련할 수 있다.
② 복지 기관과 수급자 거주지 사이의 거리는 복지 혜택의 정도에 영향을 준다.
③ 복지 기관 접근성 분석 결과는 복지 셔틀버스 노선 증설의 근거가 된다.
④ 복지 공감 지도로 복지 혜택에 대한 수급자들의 개별 만족도를 파악할 수 있다.

03 다음 글의 내용과 부합하지 않는 것은?   2018년 국가직 9급

> 세잔이, 사라졌다고 느낀 것은 균형과 질서의 감각이다. 인상주의자들은 순간순간의 감각에만 너무 사로잡힌 나머지 자연의 굳건하고 지속적인 형태는 소홀히 했다고 느꼈던 것이다. 반 고흐는 인상주의가 시각적 인상에만 집착하여 빛과 색의 광학적 성질만을 탐구한 나머지 미술의 강렬한 정열을 상실하게 될 위험에 처했다고 느꼈다. 마지막으로 고갱은 그가 본 인생과 예술 전부에 대해 철저하게 불만을 느꼈다. 그는 더 단순하고 더 솔직한 어떤 것을 열망했고 그것을 원시인들 속에서 발견할 수 있으리라고 기대했다. 이 세 사람의 화가가 모색했던 제각각의 해법은 세 가지 현대 미술 운동의 이념적 바탕이 되었다. 세잔의 해결 방법은 프랑스에 기원을 둔 입체주의(cubism)를 일으켰고, 반 고흐의 방법은 독일 중심의 표현주의(expressionism)를 일으켰다. 고갱의 해결 방법은 다양한 형태의 프리미티비즘(primitivism)을 이끌어 냈다.

① 세잔은 인상주의가 균형과 질서의 감각을 잃었다고 생각했다.
② 고흐는 인상주의가 강렬한 정열을 상실할 위험에 처했다고 생각했다.
③ 고갱은 인상주의가 충분히 솔직하고 단순했다고 생각했다.
④ 세잔, 고흐, 고갱은 인상주의의 문제를 극복하고자 각자 새로운 해결 방법을 모색했다.

04 다음 글의 내용과 부합하는 것은?

동양의 음식 중에는 특별한 의미가 담긴 것들이 있다. 우리나라 대표적인 명절 음식 중 하나인 송편은 반달의 모습을 본뜬 음식으로 풍년과 발전을 상징한다. 《삼국사기》에 따르면, 백제 의자왕 때 궁궐 땅속에서 파낸 거북이 등에 쓰여 있는 '백제는 만월(滿月) 신라는 반달'이라는 글귀를 두고 점술사가 백제는 만월이라서 다음 날부터 쇠퇴하고 신라는 앞으로 크게 발전할 징표라고 해석했다고 한다. 결과적으로 점술가의 예언이 적중했다. 이때부터 반달은 더 나은 미래를 기원하는 뜻으로 쓰이며, 그러한 뜻을 담아 송편도 반달 모양의 떡으로 빚었다고 한다.

중국에서는 반달이 아닌 보름달 모양의 월병을 빚어 즐겨 먹었다. 옛날에 월병은 송편과 마찬가지로 제수 용품이었다. 점차 제례 음식으로서 위상을 잃었지만 모든 가족이 모여 보름달을 바라보면서 함께 나눠 먹는 음식으로 자리 잡았다. 이 때문에 보름달 모양의 월병은 둥근 원탁에 온가족이 모인 것을 상징한다. 한국에서 지역의 단합을 위해 수천 명 분의 비빔밥을 만들듯이 중국에서는 수천 명이 먹을 수 있는 월병을 만들 정도로 이는 의미 있는 음식으로 대접 받고 있다.

① 중국의 월병은 제수 음식으로서의 명맥을 유지하고 있다.

② 신라인들은 더 나은 미래를 기원하는 마음을 담아 송편을 빚었다.

③ 중국의 월병은 한국에서 비빔밥을 만들어 먹는 것을 본떠 만든 음식이다.

④ 《삼국사기》에 따르면 점술가의 예언 덕분에 신라가 크게 발전할 수 있었다.

04

1문단의 "이때부터(점술가의 예언이 적중한 이후) 반달은 더 나은 미래를 기원하는 뜻으로 쓰이며, 그러한 뜻을 담아 송편도 반달 모양의 떡으로 빚었다고 한다." 부분을 통해 신라인들은 더 나은 미래를 기원하는 마음을 담아 송편을 빚었음을 알 수 있다. 따라서 ②가 제시된 글의 내용에 부합한다.

오답 정리

① 2문단의 "중국에서는 ~ 월병은 ~ 점차 제례 음식으로서 위상을 잃었지만 모든 가족이 모여 보름달을 바라보면서 함께 나눠 먹는 음식으로 자리 잡았다." 부분을 볼 때, 제수 음식으로서의 명맥을 유지하고 있다는 진술은 제시된 글의 내용과 부합하지 않는다.

③ 2문단에서 '비빔밥'을 언급한 것은, 우리의 '비빔밥'처럼 중국에서 '월병'이 의미 있는 음식으로 대접 받고 있다고 설명하기 위해서이다. 따라서 비빔밥을 본떠 월병을 만들어 먹는다는 ③의 진술은 제시된 글의 내용과 부합하지 않는다.

④ 1문단에서 《삼국사기》에 따르면 점술가가 신라가 앞으로 크게 발전하리라 예언했고 "결과적으로 점술가의 예언이 적중했다."라고 되어 있다. 그런데 이를 보고 점술가 예언 덕분에 신라가 발전했다고 말할 수는 없으므로, ④의 진술은 제시된 글의 내용과 부합하지 않는다.

정답 ②

05

"여기서 청각 체계로 들어온 소리가 머릿속 어휘 목록의 해당 항목에 접속할 뿐만 아니라 그것을 활성화한다는 점이 중요하다." 부분을 통해 ①의 내용이 적절함을 확인할 수 있다.

오답 정리

② "예를 들어 'slander'는 /d/를 들었을 때 비로소 앞부분이 같은 다른 단어들과 확실하게 구별되며, 이 지점에 도달하기 전까지는 'slant'와 구별되지 않는다." 부분을 볼 때, 단어의 발음을 끝까지 듣지 않고 /d/까지만 들어도 구별됨을 알 수 있다.

③ "청각 체계로 들어온 소리가 머릿속 어휘 목록의 해당 항목에 접속할 뿐만 아니라 그것을 활성화한다는 점이 중요하다. 이러한 과정은 금고를 열기 위한 숫자 조합의 원리와 유사하다."를 통해 '발화'가 아니라 어휘의 '의미 파악'의 과정을 '자물쇠 원리'를 통해 설명하고 있음을 알 수 있다.

④ "특정 소리 연속체를 요구하는~ 관련되는 신경 회로들 전부를 활성화할 것이다." 부분을 볼 때, 구별되기 전부터 특정 단어와 관련되는 신경 회로는 활성화함을 알 수 있다.

정답 ①

---

05 다음 글에서 알 수 있는 것은?

2018년 국가직 7급

우리가 들은 특정 소리는 머릿속에 존재하는 어휘 목록 속에서 어떻게 의도된 단어에 접속하여 그 의미만을 활성화할 수 있는 것일까? 즉 우리가 어떤 단어를 들었을 때, 그 단어와 다른 모든 단어들이 구별되는 과정을 거치지 않고서도 어떻게 해당 단어의 의미가 정확하게 활성화될 수 있을까? 마슬렌-윌슨(Marslen-Wilson)은 어떤 단어를 듣고 인식하는 데 필요한 조건에 관련된 실험을 진행했다. 그는 실험을 통해 앞부분이 같은 다른 단어들과 구별되는 지점까지 들어야 비로소 어떤 단어가 인식된다는 것을 알아냈다. 예를 들어 'slander'는 /d/를 들었을 때 비로소 앞부분이 같은 다른 단어들과 확실하게 구별되며, 이 지점에 도달하기 전까지는 'slant'와 구별되지 않는다. 여기서 청각 체계로 들어온 소리가 머릿속 어휘 목록의 해당 항목에 접속할 뿐만 아니라 그것을 활성화한다는 점이 중요하다. 이러한 과정은 금고를 열기 위한 숫자 조합의 원리와 유사하다. 숫자 조합 자물쇠의 회전판을 올바른 순서로 회전시킬 때, 모든 숫자를 끝까지 회전시키지 않고도 맞아떨어질 수 있다. 이와 유사하게, 특정 소리 연속체를 요구하는 신경 회로들은 진행 중인(하지만 아직 완전히 진행되지 않은) 소리의 연속체로 인해 활성화될 수 있다. 그에 따르면 /slan/은 'slander'와 'slant'에 관련되는 신경 회로들 전부를 활성화할 것이다.

① 머릿속에 저장된 단어들에, 청각 체계로 들어온 음성 신호가 접속하여 의미가 활성화된다.

② 'slander'와 'slant'의 의미를 서로 구별하기 위해서는 각 단어의 발음을 끝까지 들어야 한다.

③ 어떤 단어를 머릿속 어휘 목록에서 선택하여 발화하는 과정은 숫자 조합 자물쇠의 원리로 설명할 수 있다.

④ 특정 단어와 관련되는 신경 회로는 그 단어와 소리가 유사한 다른 단어들이 구별될 때까지 활성화되지 않는다.

06 다음 글을 이해한 내용으로 가장 적절한 것은?

전 세계를 대표하는 항공기인 보잉과 에어버스의 중요한 차이점은 자동조종시스템의 활용 정도에 있다. 보잉의 경우, 조종사가 대개 항공기를 조종간으로 직접 통제한다. 조종간은 비행기의 날개와 물리적으로 연결되어 있어서 어떤 상황에서도 조종사가 조작한 대로 반응한다. 이와 다르게 에어버스는 조종간 대신 사이드스틱을 설치하여 컴퓨터가 조종사의 행동을 제한하거나 조종에 개입할 수 있게 설계되었다. 보잉에서는 조종사가 항공기를 통제할 수 있는 전권을 가지지만 에어버스에서는 컴퓨터가 조종사의 조작을 감시하고 제한한다.

보잉과 에어버스의 이러한 차이는 기계를 다루는 인간을 바라보는 관점이 서로 다른 데서 비롯된다. 보잉사를 창립한 윌리엄 보잉의 철학은 "비행기를 통제하는 최종 권한은 언제나 조종사에게 있다."이다. 시스템은 불안정하고 완벽하지 않기 때문에 컴퓨터가 조종사의 판단보다 우선시될 수 없다는 것이다. 반면 에어버스의 아버지라고 불리는 베테유는 "인간은 실수할 수 있는 존재"라고 전제한다. 베테유는 이런 자신의 신념을 토대로 에어버스를 설계함으로써 조종사의 모든 조작을 컴퓨터가 모니터링하고 제한하게 만든 것이다.

① 보잉은 시스템의 불완전성을, 에어버스는 인간의 실수 가능성을 고려하여 설계되었다.
② 베테유는 인간이 실수할 수 있는 존재라고 보지만 윌리엄 보잉은 그렇지 않다고 본다.
③ 에어버스의 조종사는 항공기 운항에서 자동조종시스템을 통제하고 조작한다.
④ 보잉의 조종사는 자동조종시스템을 사용하지 않고 항공기를 조종한다.

---

07 다음 글에서 추론한 내용으로 가장 적절한 것은?

공포의 상태와 불안의 상태를 구분하는 것은 쉽지 않다. 왜냐하면 두 감정을 함께 느끼거나 한 감정이 다른 감정을 유발할 때가 많기 때문이다. 가령, 무시무시한 전염병을 목도하고 공포에 빠진 사람은 자신도 언젠가 그 병에 걸릴지 모른다는 불안 상태에 빠지게 된다. 이처럼 두 감정은 서로 밀접하게 얽혀 있다는 점에서 혼동하기 쉽다. 하지만 두 감정을 야기한 원인을 따져 보면 두 감정을 명확하게 구분할 수 있다. 공포는 실재하는 객관적 위협에 의해 야기된 상태를 의미하고, 불안은 현재 발생하지 않았으며 미래에 일어날지 모르는 불명확한 위협에 의해 야기된 상태를 의미한다. 공포와 불안의 감정은 둘 다 자아와 관련되어 있지만 여기에서도 차이를 찾을 수 있다. 공포를 느끼는 것은 '나 자신'이 위험한 상황에 놓여 있다는 사실을 아는 것이고, 불안의 경험은 '나 자신'이 위해를 입을까봐 걱정하는 것이다.

① 자신이 처한 위험한 상황을 정확히 인식하는 경우에는 공포감에 비해 불안감이 더 크다.
② 전기·가스 사고가 날까 두려워 외출하지 못하는 사람은 불안한 상태에 있는 것이다.
③ 시험에 불합격할 수 있다는 생각에 사로잡힌 사람은 공포감에 빠져 있는 것이다.
④ 과거에 큰 교통사고를 경험한 사람은 공포감은 크지만 불안감은 작다.

06

제시된 글의 내용을 정리하면 다음과 같다.

	보잉	에어버스
자동조종 시스템의 활용 정도	조종사가 항공기를 직접 통제	컴퓨터가 조종사의 조작을 감시하고 제한
기계를 다루는 인간을 바라보는 관점	윌리엄 보잉: 시스템은 불안정하고 완벽하지 않다.	베테유: 인간은 실수할 수 있는 존재이다.

정리한 내용을 볼 때, 글을 이해한 내용으로 가장 적절한 것은 ①이다.

오답 정리
② 베테유가 인간이 실수할 수 있는 존재라고 본 것은 맞다. 그러나 보잉이 그렇지 않다고 봤는지는 알 수가 없다.
③ 에어버스의 '조종사'가 아닌 '컴퓨터'가 항공기 운항에서 자동조종시스템을 통제하고 조작한다.
④ 자동조종시스템의 활용 정도에서 차이가 있을 뿐, 보잉의 조종사도 자동조종시스템을 사용하여 항공기를 조종한다.

정답 ①

07

제시된 글의 내용을 정리하면 다음과 같다.

	공포의 상태	불안의 상태
감정을 야기하는 원인	실재하는 객관적 위협에 의해 야기된 상태	현재 발생하지 않았으며 미래에 일어날지 모르는 불명확한 위협에 의해 야기된 상태 → 현재 발생 × ∧ 불명확한 위협
자아와의 관련	'나 자신'이 위험한 상황에 놓여 있다는 사실을 아는 것	'나 자신'이 위해를 입을까 걱정하는 것

전기·가스 사고가 날까 두려워 외출을 하지 못하는 것은 '현재 발생하지 않았으며 미래에 일어날지 모르는 불명확한 위협'에 해당한다. 따라서 '불안'에 해당한다.

오답 정리
① 자신이 처한 위험한 상황을 정확히 인식하는 것은 '공포'에 해당한다. 따라서 공포감에 비해 불안감이 더 크다는 추론은 적절하지 않다.
③ 시험에 불합격할 수 있다는 생각은 현재 발생하지 않았으며 불명확한 위협에 해당하므로 '불안'에 해당한다. 따라서 공포감에 빠져 있는 것이라는 추론은 적절하지 않다.
④ 과거에 큰 교통사고를 경험한 사람 입장에서 '교통사고'는 현재는 발생하지 않았지만 미래에 일어날지도 모르는 일이라고 생각할 수 있다. 따라서 이 사람의 불안감이 작다는 추론은 적절하지 않다.

정답 ②

1문단의 "어린이들이 맨 처음에 배우는 단어인 '사과', '개', '나무' 같은 것 역시 분류 개념인데, 하위 개념으로 분류할수록 그 대상에 대한 정보가 더 많이 전달된다." 부분에서 하위 개념으로 분류할수록 그 대상에 대한 정보가 더 많이 전달된다고 하였다. '호랑나비'는 '나비'의 하위 개념이다. 따라서 '호랑나비'는 '나비'에 비해 정보량이 더 많다. 그런데 ①에서는 '호랑나비'가 '나비'에 비해 정보량이 적다고 하였다. 따라서 ①의 추론은 적절하지 않다.

오답 정리

② 1문단에서 "현실 세계에 적용 대상이 하나도 없는 분류 개념도 있을 수 있다."라고 하면서, '유니콘'을 예로 들고 있다. '용'도 '유니콘'과 마찬가지로 현실 세계에 적용 대상이 없는 개념이다. 따라서 '유니콘'처럼 '용'도 현실 세계에 적용할 수 있는 지시물이 없더라도 분류 개념으로 인정된다는 추론은 적절하다.

③ 2문단의 "이것(비교 개념)은 분류 개념처럼 자연의 사실에 적용되어야 하지만, 분류 개념과 달리 논리적 관계도 반드시 성립해야 한다."라고 하였다. 그런데 '꽃'과 '고양이'는 논리적 관계를 따라야 하는 것은 아니기 때문에 비교 개념에 포함될 수 없다.

④ 3문단의 "정량 개념은 비교 개념으로부터 발전된 것인데, 이것은 자연의 사실로부터 파악할 수 있는 물리량을 측정함으로써 만들어진다. ~ 정량 개념은 과학의 언어를 수많은 비교 개념 대신 수를 사용할 수 있게 하여" 부분을 통해 물리량을 측정할 수 있는 단위가 자연현상에 수를 적용할 수 있게 해 주었음을 추론할 수 있다.

정답 ①

08 다음 글에서 추론한 내용으로 적절하지 않은 것은?

2021년 국가직 9급

> 과학의 개념은 분류 개념, 비교 개념, 정량 개념으로 구분할 수 있다. 식물학과 동물학의 종, 속, 목처럼 분명한 경계를 가지고 대상들을 분류하는 개념들이 분류 개념이다. 어린이들이 맨 처음에 배우는 단어인 '사과', '개', '나무' 같은 것 역시 분류 개념인데, 하위 개념으로 분류할수록 그 대상에 대한 정보가 더 많이 전달된다. 또한, 현실 세계에 적용 대상이 하나도 없는 분류 개념도 있을 수 있다. 예를 들어 '유니콘'이라는 개념은 '이마에 뿔이 달린 말의 일종임' 같은 분명한 정의가 있기에 '유니콘'은 분류 개념으로 인정되는 것이다.
>
> '더 무거움', '더 짧음' 등과 같은 비교 개념은 분류 개념보다 설명에 있어서 정보 전달에 더 효과적이다. 이것은 분류 개념처럼 자연의 사실에 적용되어야 하지만, 분류 개념과 달리 논리적 관계도 반드시 성립해야 한다. 예를 들면, 대상 A의 무게가 대상 B의 무게보다 더 무겁다면, 대상 B의 무게가 대상 A의 무게보다 더 무겁다고 말할 수 없는 것처럼 '더 무거움' 같은 비교 개념은 논리적 관계를 반드시 따라야 한다.
>
> 마지막으로 정량 개념은 비교 개념으로부터 발전된 것인데, 이것은 자연의 사실로부터 파악할 수 있는 물리량을 측정함으로써 만들어진다. 물리량을 측정하기 위해서는 몇 가지 규칙이 필요한데, 그 규칙에는 두 물리량의 크기를 비교하는 경험적 규칙과 물리량의 측정 단위를 정하는 규칙 등이 포함된다. 이러한 정량 개념은 자연에 의해서 주어지는 것이 아니라 우리가 자연현상에 수를 적용하는 과정에서 생겨나는 것이다. 정량 개념은 과학의 언어를 수많은 비교 개념 대신 수를 사용할 수 있게 하여 과학 발전의 기초가 되었다.

① '호랑나비'는 '나비'와 동일한 종에 속하지만, 나비에 비해 정보량이 적다.

② '용(龍)'은 현실 세계에 적용할 수 있는 지시물이 없더라도 분류 개념으로 인정된다.

③ '꽃'이나 '고양이'와 같은 개념은 논리적 관계를 따라야 하는 것은 아니기 때문에 비교 개념에 포함되지 않는다.

④ 물리량을 측정할 수 있는 'cm'나 'kg'과 같은 측정 단위는 자연현상에 수를 적용할 수 있게 해 주었다.

영문자와 달리 한글은 여러 가지 자모를 조합하여 글자를 만들기 때문에 다양한 인코딩(encoding)을 생각할 수 있으며 그만큼 그동안 많은 논의가 있었다. 한글의 코딩 방식, 다시 말해 컴퓨터에서의 한글 구현 방식은 크게 '조합형'과 '완성형'으로 구분할 수 있다. 조합형은 한글의 모든 자모(ㄱ, ㄴ, ㅏ, ㅓ …)에다 일련의 코드를 할당하고, 이를 불러와 조합하여 글자를 구현하는 방식임에 반해, 완성형은 이미 만들어진 글자(가, 각, 간, 갈 …) 자체에다 각각의 코드를 할당하여 그 글자를 불러오는 방식이다.

조합형으로는 한글의 구성 원리에 따라 19개의 초성, 21개의 중성, 그리고 28개의 종성을 조합하여 나올 수 있는 11,172자를 표현할 수 있다. 초기 완성형에서는 실제로 우리가 주로 사용하는 2,350개의 글자만을 코드에 반영하여 사용하였기 때문에 자주 사용하지 않는 '뜸', '햏', '뷁'과 같은 글자는 쓸 수 없었다. 이를 보완하기 위해 '확장 완성형'이 나왔고 이어서 '유니코드 2.0'이 개발되었다. 유니코드 2.0은 조합형에서 구현할 수 있는 11,172자 모두를 포함하고 있으며, 각각의 자모 또한 포함하여 조합까지 할 수 있다.

① '뜸', '햏', '뷁'과 같은 글자를 쓰려면 조합형 방식을 사용할 수밖에 없겠군.

② 유니코드 2.0을 사용하면 조합형 방식을 사용해 만들 수 있는 글자를 모두 표현할 수 있겠군.

③ 한글과 달리 영문자를 인코딩할 때에는 완성형 방식의 한계에 대해 고민할 필요가 없겠군.

④ 컴퓨터로 글자를 입력하기 전에 이미 컴퓨터에는 한글 자모나 글자 각각에 코드가 할당되어 있겠군.

09

2문단에서 "초기 완성형에서는 ~ '뜸', '햏', '뷁'과 같은 글자는 쓸 수 없었다. 이를 보완하기 위해 '확장 완성형'이 나왔고 이어서 '유니코드 2.0'이 개발되었다. 유니코드 2.0은 조합형에서 구현할 수 있는 11,172자 모두를 포함하고 있으며, 각각의 자모 또한 포함하여 조합까지 할 수 있다."라고 하였다. '완성형' 방식에서도 '뜸', '햏', '뷁'과 같은 글자를 쓸 수 있게 되었다고 했기 때문에, 조합형 방식을 사용할 수밖에 없겠다는 추론은 적절하지 않다.

오답 정리

② 2문단의 "유니코드 2.0은 조합형에서 구현할 수 있는 11,172자 모두를 포함하고 있으며" 부분을 통해 추론할 수 있다.

③ 1문단에서 '완성형'은 "이미 만들어진 글자(가, 각, 간, 갈 …) 자체에다 각각의 코드를 할당하여 그 글자를 불러오는 방식이다."라고 하였다. 다시 말해 한글이 '초성＋중성＋종성'의 결합이라서 한계가 있는 것이다. 따라서 영문자와는 관련이 없는 부분이기 때문에 적절한 추론이다.

④ 1문단의 "조합형은 한글의 모든 자모(ㄱ, ㄴ, ㅏ, ㅓ …)에다 일련의 코드를 할당하고, 이를 불러와 조합하여 글자를 구현하는 방식임에 반해, 완성형은 이미 만들어진 글자(가, 각, 간, 갈 …) 자체에다 각각의 코드를 할당하여 그 글자를 불러오는 방식이다." 부분을 통해 한글 자모나 글자 각각에 코드가 할당되어 있음을 추론할 수 있다.

정답 ①

3문단에서 "이기적 이타주의는 개인적 욕구와 사회적 고려 사이에서 균형을 추구한다."라고 하였다. 따라서 사회적 영향을 더 고려한다는 ④의 추론은 적절하지 않다.

오답 정리

① 2문단의 "사람들이 지금보다 쇼핑을 줄일 것 같지는 않다." 부분을 통해 추론할 수 있다.

② 1문단에서 '이기적 이타주의 소비'는 "나를 위해 물건을 사고 싶은 충동이 부수적으로 어떤 피해의 원인을 제공하지는 않는지 확실히 따져 보는 것, 나 자신에게 가장 좋은 일을 하는 행동이 생태계와 다른 사람들에게 어떤 피해도 입히지 않도록 노력하는 것, 나에게 이익이 되는 선택을 하고자 하는 욕망과 다른 사람을 돕고자 하는 욕구를 결합하는 것"이라고 하였다. 여기에 가성비를 따져 구매한다는 내용은 없다. 따라서 가성비에 집착한 구입은 이기적 이타주의 소비에 해당하지 않는다.

③ 1문단의 "나 자신에게 가장 좋은 일을 하는 행동이 생태계와 다른 사람들에게 어떤 피해도 입히지 않도록 노력하는 것" 부분을 볼 때, 가죽 제품 대신 면제품을 사는 것은 이기적 이타주의 소비에 해당한다.

정답 ④

10 다음 글을 통해 추론한 생각으로 적절하지 않은 것은?

2020년 국가직 7급

21세기에 우리가 맞닥뜨린 도전은 나 자신을 위해 가장 좋은 것을 하고 싶은 욕망과 윤리적·도덕적 기준에 맞춰 살아가는 태도 사이에서 균형을 잡는 일이다. 나를 위해 물건을 사고 싶은 충동이 부수적으로 어떤 피해의 원인을 제공하지는 않는지 확실히 따져 보는 것, 나 자신에게 가장 좋은 일을 하는 행동이 생태계와 다른 사람들에게 어떤 피해도 입히지 않도록 노력하는 것, 나에게 이익이 되는 선택을 하고자 하는 욕망과 다른 사람을 돕고자 하는 욕구를 결합하는 것. 이것들이 바로 이기적 이타주의의 자세이다.

우리는 자긍심을 충족하려는 과시적 소비가 이끌었던 소비의 시대에서 더 신중하게 소비하는 이기적 이타주의 시대로의 점진적 전환을 맞고 있다. 이미 몇 세대에 걸쳐 과시적인 소비를 경험했기에 사람들은 쇼핑 중독에서 완전히 벗어나거나 흥미로운 물건을 사는 기쁨을 포기하지는 않을 것이다. 쇼핑이라는 탐험이 사회와 생활 방식에 제공하는 혜택은 많은 사람에게 큰 즐거움을 준다. 자긍심을 높이고자 하는 욕망 또한 언제나 존재할 것이다. 그러므로 사람들이 지금보다 쇼핑을 줄일 것 같지는 않다. 그러나 앞으로 소비 패턴과 품목은 가치관과 태도 변화와 함께 바뀔 것이다.

과시적인 소비는 자긍심을 향한 인간의 욕구로 주도되었지만 사람들은 이런 소비가 가진 함의나 그 영향에 대해서는 별로 신경을 쓰지 않았다. 이기적 이타주의는 개인적 욕구와 사회적 고려 사이에서 균형을 추구한다. 모든 사람들이 갑자기 지나치게 동정심이 많아지거나 비정한 자본주의자에서 사회복지사로 바뀌고 있는 것은 아니다. 또한 어떤 구매 시스템에서 다른 시스템으로 갑자기 옮겨 가지도 않는다. 이기적 이타주의 소비는 단지 우리가 무엇을 구입하고 어떻게 구입할지를 결정하는 과정에서 새로운 균형을 이루는 법을 배우는 것이다.

① 이기적 이타주의 시대에도 소비의 시대와 비교하여 적지 않은 쇼핑 행위가 이루어질 것 같군.

② 가격 대비 성능 비율을 뜻하는 가성비에 집착한 구입이 이기적 이타주의 소비는 아닐 것 같군.

③ 동물 보호를 위해 가죽 제품보다 면제품을 사는 경우도 이기적 이타주의 소비의 예에 해당될 것 같군.

④ 이기적 이타주의 소비에 있어서는 소비자의 필요보다 사회적 영향을 더 고려해서 물건을 구매할 것 같군.

적중 실전 문제

01 다음 글을 이해한 내용으로 적절하지 않은 것은?

고려 속요는 고려 시대 궁중에서 형성되어 조선 시대까지 궁중 연향(宴饗)에서 전승되어 불린 노래를 가리킨다. 고려 속요의 기원과 형성에는 민간의 노래가 관여되었다.

민간의 노래가 궁중 잔치의 노래로 사용된 연원은 중국의 오래된 시집인『시경(詩經)』의 '풍(風)'에서 찾을 수 있다. '풍'에는 민간의 노래가 실려 있는데 사랑 노래가 대부분이다. '풍'에 실린 노래는 중국은 물론 고려와 조선의 궁중 잔치에서도 불렸다. 또한 조선의 궁중에서는 이를 참고하여 연향 악곡을 선정하였다.

남녀 간의 사랑 노래를 포함한 민간의 노래가 궁중악으로 수용될 수 있었던 까닭은 무엇일까? 왕을 정점으로 하는 통치 구조에서는 왕권을 공고히 하고 풍속을 교화(教化)하는 수단이 필요했는데, 예법(禮法)과 음악도 중요한 역할을 하였다. 이때 그 과정에서 민중의 생활상을 진솔하게 반영한 노래 가운데 인륜의 차원으로 확장될 가능성이 있는 노래들은 통치 질서를 구현하기에 적합한 노래로 여겨져 궁중악으로 편입되었다. 특히 남녀 간의 사랑 노래는 그 화자와 대상이 '신하'와 '임금'의 구도로 치환되기 용이했기 때문에 궁중악으로 편입될 수 있었다. 이처럼 민간 가요의 궁중 악곡으로의 전환은 하층에서 상층으로의 편입·흡수 과정을 통해 상·하층이 노래를 함께 향유한 화합의 차원으로 볼 수 있다.

① 고려 속요는 조선 시대까지 궁중 연향에서 사용되었다.
② 『시경』의 '풍'은 조선의 궁중악에 영향을 주기도 하였다.
③ 『시경』의 '풍'과 고려 속요는 모두 상층 노래가 하층 문화에 영향을 준 결과물이다.
④ 궁중악에서는 남녀의 사랑이 군신 간의 관계로 확장, 전환되어서 해석될 수 있었다.

01

3문단의 "이처럼 민간 가요의 궁중 악곡으로의 전환은 하층에서 상층으로의 편입·흡수 과정을 통해 상·하층이 노래를 함께 향유한 화합의 차원으로 볼 수 있다." 부분을 볼 때, 하층 노래가 상층 노래에 영향을 준 것임을 알 수 있다.

오답 정리
① 1문단의 "고려 속요는 고려 시대 궁중에서 형성되어 조선 시대까지 궁중 연향(宴饗)에서 전승되어 불린 노래를 가리킨다." 부분을 통해 알 수 있다.

② 2문단의 "'풍'에 실린 노래는 중국은 물론 고려와 조선의 궁중 잔치에서도 불렸다. 또한 조선의 궁중에서는 이를 참고하여 연향 악곡을 선정하였다." 부분을 통해 알 수 있다.

④ 3문단 "인륜의 차원으로 확장될 가능성이 있는 노래들은 통치 질서를 구현하기에 적합한 노래로 여겨져"와, "남녀 간의 사랑 노래는 그 화자와 대상이 신하와 임금의 구도로 치환되기 용이했기 때문에 궁중악으로 편입될 수 있었다" 부분을 통해 알 수 있다.

정답 ③

02 다음 글에서 추론한 내용으로 적절하지 않은 것은?

> 법률 제정은 사회 규범을 재수립하는 데 도움을 준다. 다시 말해서 법의 제정은 어떤 종류의 행동이 사회적으로 수용되며 또 어떤 종류의 행동이 수용되지 않는지를 규정해 주는 역할을 한다. 편견을 지닌 개인의 차별적 행동이 규범에 위반된다는 것을 인식하고 믿는다면, 개인들은 쉽사리 그러한 행동을 자행하기 어렵다.
>
> 법에 동조함으로써 차별 행위가 일어나지 않도록 하는 것은 결과적으로 편견 없는 태도를 내면화하도록 하는 데도 영향을 미친다. 차별을 하지 않는 행위가 하나의 습성처럼 일상적이 된다면 법의 제재는 약해지게 될 것이며, 결과적으로 사람들은 자의적으로 차별 행위를 피하게 된다. 따라서 편견 없는 태도를 내면화시키기 위해서는 차별 행위에 대한 법적 제재가 어느 정도는 필요하다.

① 법은 행위의 옳고 그름의 기준을 제시해 준다.
② 법은 개인의 피해를 규정에 따라 구제해 주는 역할을 한다.
③ 법은 사회적 규범을 구성원들이 생활 속에 습관화하는 데 기여한다.
④ 법은 문제적 행위의 제재를 통해 사회 질서를 유지하는 데 도움을 준다.

03 다음 글을 이해한 내용으로 적절하지 않은 것은?

민주주의는 다수가 권력을 가지고 그 권력을 스스로 행사하는 정치 제도로, 고대 아테네의 정치 체제에서 유래하였다. 아테네의 정치를 민주주의의 원형으로 보는 까닭은 모든 시민이 동등한 발언 기회를 가지며 국가의 주요 안건을 직접 결정하는 직접 민주 정치가 이루어졌기 때문이다. 아테네가 직접 민주 정치를 실현할 수 있었던 배경에는 시민 대부분이 사유 토지를 가지고 있는 자영농이었으며, 노동의 대부분을 노예와 외국인이 담당했다는 것에 있다. 정치에 참여할 시간적·경제적 여유가 충분한 아테네의 시민들은 광장인 아고라에 모여 정치, 외교 등에 대해 토론과 논의를 즐길 수 있었던 것이다.

한편 아테네의 정치적 의사 결정은 모두 민회에서 이루어졌다. 민회는 아테네의 최고 의결 기관으로서 모든 시민이 참여하여 국가의 중요한 일에 대해 충분한 논의를 한 뒤 다수결 등을 통해 의사를 결정할 수 있었다. 이때 논의할 안건은 각 지역에서 추첨으로 선발된 500명의 시민으로 구성된 평의회에서 결정하였다. 또한, 매년 국가 또는 시민의 자유를 위협하는 사람의 이름을 도자기 조각에 적어 투표한 후, 최다 득표자를 10년간 국외로 추방하는 도편 추방제를 시행하여 독재 정치를 견제하였다. 이 외에도 아테네의 민주주의는 사법·입법·행정 전 분야에서 추첨제와 윤번제를 통해 누구나 공직자가 될 수 있었으며, 재판에도 추첨제를 적용하여 추첨으로 선발된 배심원들의 다수결을 통해 판결을 내렸다는 특징을 지닌다.

하지만 아테네의 민주 정치에도 한계는 존재한다. 그 당시 시민은 만 18세 이상의 성인 남성만을 의미하며, 그 외 여성, 노예 외국인 등은 정치에 참여할 수 없는 제한적 민주 정치 체제였기 때문이다. 그럼에도 불구하고 아테네의 직접 민주 정치는 그 당시 왕 또는 소수의 지배 세력에 의해 정치가 이루어졌던 다른 도시 국가와 달리 시민이 주체적으로 국정을 이끌어갔다는 점에서 그 의의가 있다.

① 고대 아테네에서는 추첨제를 통해 공직자와 배심원을 선발했다는 특징이 있다.
② 민회에서 채택된 안건은 평의회에서 시민들의 활발한 논의를 거쳐 다수결에 따라 결정되었다.
③ 오늘날 민주주의는 모든 시민이 발언권을 가지고 직접 정치에 참여했던 고대 아테네에서 기원하였다.
④ 고대 아테네에서는 노예와 외국인이 노동 활동을 도맡았기 때문에 시민의 정치 참여가 활발할 수 있었다.

03

아테네의 최고 의결 기관인 민회에서 모든 시민이 참여하여 국가의 중요한 일에 대해 토의한 뒤 다수결 등의 방법으로 의사 결정을 하였으며, 이때 안건은 각 지역에서 추첨으로 선발된 시민으로 구성된 평의회에서 정했다고 하였다. 따라서 민회에서 채택된 안건이 평의회에서 시민들의 활발한 논의를 거쳐 다수결로 결정된 것은 아님을 알 수 있다.

오답 정리
① 2문단의 "아테네의 민주주의는 사법·입법·행정 전 분야에서 추첨제와 윤번제를 통해 누구나 공직자가 될 수 있었으며, 재판에도 추첨제를 적용하여 추첨으로 선발된 배심원들의 다수결을 통해 판결을 내렸다는 특징을 지닌다." 부분을 통해 알 수 있다.
③ 1문단의 "아테네의 정치를 민주주의의 원형으로 보는 까닭은 모든 시민이 동등한 발언 기회를 가지며 국가의 주요 안건을 직접 결정하는 직접 민주 정치가 이루어졌기 때문이다." 부분을 통해 알 수 있다.
④ 1문단의 "아테네가 직접 민주 정치를 실현할 수 있었던 배경에는 ~ 노동의 대부분을 노예와 외국인이 담당했다는 것에 있다. 정치에 참여할 시간적·경제적 여유가 충분한 아테네의 시민들" 부분을 통해 알 수 있다.

정답 ②

04

제시된 글의 "수근관 증후군은 주로 손가락이 저리고 무감각해지는 증상이 나타나 단순 혈액순환장애로 착각하기 쉽다. 그러나 혈액순환장애와 달리 수근관 증후군은" 부분을 볼 때, 적절하지 않은 추론이다.

오답 정리
① "이 통로(수근관)의 내부 압력이 증가하거나 너비가 좁아지면 수근관을 지나는 정중신경이 손상되어 손바닥과 손가락에 이상 증상이 나타나는데" 부분을 통해 추론할 수 있다.
③ "증상이 심하지 않을 때는 휴식을 취하는 것만으로도 호전될 수 있지만" 부분을 통해 추론할 수 있다.
④ "스마트폰이나 컴퓨터를 장시간 사용하는 것은 손목에 무리가 갈 수 있으므로 지양하고" 부분을 통해 추론할 수 있다.

정답 ②

04 다음 글에서 추론한 내용으로 적절하지 않은 것은?

팔과 손을 연결하는 손목에는 수많은 힘줄과 신경이 존재한다. 그중 손목 앞쪽의 피부조직 아래에 뼈와 인대로 이루어진 작은 통로인 수근관에는 아홉 개의 힘줄과 하나의 신경이 지나간다. 이 통로의 내부 압력이 증가하거나 너비가 좁아지면 수근관을 지나는 정중신경이 손상되어 손바닥과 손가락에 이상 증상이 나타나는데, 이를 수근관 증후군이라고 한다. 소위 손목 터널 증후군이라고 부르기도 하는 이 증후군은 주로 수근관을 덮고 있는 인대가 두꺼워져 발생하며, 수근관 주위의 골절이나 염증성 질환으로 인한 부종이 원인이 되기도 한다. 수근관 증후군은 주로 손가락이 저리고 무감각해지는 증상이 나타나 단순 혈액순환장애로 착각하기 쉽다. 그러나 혈액순환장애와 달리 수근관 증후군은 증상이 심해질 경우 통증과 경련을 수반하기도 한다. 수근관 증후군은 노인과 임산부, 중년 여성에게서 주로 발병하며, 비만, 갑상선 기능 장애 등이 있는 사람에게서도 발생 빈도가 높은 것으로 알려져 있다. 또한, 이 경우 증상이 일반인에 비해 쉽게 악화될 가능성이 높다. 증상이 심하지 않을 때는 휴식을 취하는 것만으로도 호전될 수 있지만, 이상 증상이 오래 지속되거나 통증이 심해질 경우에는 외과적인 수술을 시행해야 할 수도 있다. 따라서 이러한 증상이 생기지 않도록 수근관에 무리가 가는 자세는 삼가는 것이 좋다. 스마트폰이나 컴퓨터를 장시간 사용하는 것은 손목에 무리가 갈 수 있으므로 지양하고, 틈틈이 손목 돌리기와 손가락 운동과 같은 스트레칭을 해주는 것이 좋다.

① 수근관 내부 압박으로 정중신경에 손상이 가해지면 손바닥에 통증이 발생할 수 있다.
② 손가락에 저림 증상이 나타나는 수근관 증후군은 일종의 혈액순환장애로 볼 수 있다.
③ 수근관 증후군 발병 초기에는 손목에 무리가 가지 않게 하는 것만으로도 나아질 수 있다.
④ 잘못된 자세로 컴퓨터를 오랜 시간 사용하는 습관이 손목 터널 증후군을 유발하기도 한다.

05 다음 글을 이해한 내용으로 적절하지 않은 것은?

> 자아 지각이 우리 자신의 모습을 바라보는 방식이라면, 지각은 우리 주변의 세상과 타인을 어떻게 바라보는가에 대한 것이다. 베럴슨과 스타이너(Berelson & Steiner)는 지각에 대해 "사람들이 감각적 자극을 선택하고, 조직하고, 해석하여 의미 있고 일관된 세계상으로 바꾸는 복잡한 과정"이라고 정의한 바 있다. 인간 커뮤니케이션에 있어 지각은 매우 중요하다. 지각은 우리가 주변의 모든 사람이나 정보에 대응하는 방식에 영향을 미친다. 그리고 이러한 지각은 '내가 나를 어떻게 생각하며, 어떻게 세상을 보고자 하는가.'라는 것과 매우 밀접한 관련이 있다. 곧 자아 지각이 지각에 영향을 미친다는 얘기다.
>
> 지각은 매우 단순하게, 그리고 거의 자동적으로 일어난다. 어떤 일이 일어났을 때 어떻게 해야 한다는 일종의 기대와 준비가 있기 때문이다. 예컨대 어떤 대상을 처음 접했을 때, 우리는 거의 무의식적으로 오감을 동원한 감각에 따른 분류 — 물론 이 과정에서 왜곡의 가능성이 발생할 수도 있다. — 를 하게 된다. 이는 기존에 습득된 무엇인가가 바탕이 되어 일종의 기대를 형성했기 때문이다(만약 이러한 기대가 없다면 우리는 새로운 일이 펼쳐질 때마다 수없이 많은 혼란을 겪을 것이다). 이때 자아 지각은 감각에 따른 분류 작업을 돕게 됨으로써 결과적으로 지각에 큰 영향을 미친다. 커뮤니케이션 과정을 한번 살펴보자. '내가 나를 어떻게 보는가?'라는 자아 지각 외에, '상대방을 어떻게 보는가?', '상대방이 나를 어떻게 본다고 믿는가?'와 같은 여러 가지 형태의 지각이 일어나고, 상대방의 다양한 지각 또한 동시에 작용하기 때문에 매우 복잡한 전개 양상을 띤다. 이 가운데 자아 지각은 매우 중요해서, 결과적으로 타인과 세상을 바라보고 커뮤니케이션하는 방식인 지각에 커다란 영향을 미치게 되는 것이다.
>
> 지각은 대체로 세 단계를 거쳐 일어난다. 정보 수집, 조직화, 그리고 해석 과정이 그것이다. 그러나 여기서 흥미로운 사실은 사람마다 이 과정이 동일하지 않다는 것이다. 같은 정보에 노출되었더라도 사람마다 정보를 지각하는 방식이 각각 다르기 때문이다. 우리는 단지 몇몇 사람만 모여도 정보를 수집하고, 조직화하고, 해석하는 방식이 다양하게 나타난다는 것을 쉽게 발견할 수 있다.

① 상대방에 대한 관점은 지각에 해당한다.

② 지각은 어떤 일에 거의 자동적으로 발생한다.

③ 지각은 모든 사람에 대응하는 방식과 관련된다.

④ 사람들이 지각하는 방식은 대체로 동일하게 나타난다.

3문단의 "지각은 대체로 세 단계를 거쳐 일어난다. 정보 수집, 조직화, 그리고 해석 과정이 그것이다. 그러나 여기서 흥미로운 사실은 사람마다 이 과정이 동일하지 않다는 것이다." 부분을 볼 때, 대체로 동일하게 나타난다는 이해는 적절하지 않다.

오답 정리
① 2문단의 "'상대방을 어떻게 보는가?' ~와 같은 여러 가지 형태의 지각이 일어나고" 부분을 통해 알 수 있다.
② 2문단의 "지각은 매우 단순하게, 그리고 거의 자동적으로 일어난다." 부분을 통해 알 수 있다.
③ 1문단의 "지각은 우리가 주변의 모든 사람이나 정보에 대응하는 방식에 영향을 미친다." 부분을 통해 알 수 있다.

정답 ④

06

1문단에서 리듬은 음고 없이 소리의 장단이나 강약 등이 반복될 때 나타나는 규칙적인 소리의 흐름이라고 하였으므로, 리듬이 음높이를 가지는 규칙적인 소리의 흐름이라는 설명은 옳지 않다.

오답 정리

① 1문단에서 화성은 일정한 법칙에 따라 여러 개의 음이 동시에 울려서 생기는 화음과 또 다른 화음이 시간적으로 연결된 흐름이라고 하였으며, 2문단에서 주제는 긴장과 이완을 유발하는 다양한 화성 진행을 통해 반복되고 변화한다고 언급하고 있다.

③ 1문단에서 음색은 바이올린, 플루트 등 선택된 서로 다른 악기가 만들어 내는 식별 가능한 소리의 특색이라고 언급하고 있다.

④ 1문단에서 가락은 서로 다른 음의 높낮이가 지속 시간을 가지는 음들의 흐름이라고 하였으며, 2문단에서 어떤 음악 작품에서 자주 반복되거나 변형되면서 등장하는 소재라고 언급하고 있다.

정답 ②

06 ㉠에 대한 이해로 적절하지 않은 것은?

음악에는 다양한 ㉠ '음악적 요소'들이 사용되는데, 여기에는 리듬, 가락, 화성, 셈여림, 음색 등이 있다. 리듬은 음고 없이 소리의 장단이나 강약 등이 반복될 때 나타나는 규칙적인 소리의 흐름이고, 가락은 서로 다른 음의 높낮이가 지속 시간을 가지는 음들의 흐름이다. 화성은 일정한 법칙에 따라 여러 개의 음이 동시에 울려서 생기는 화음과 또 다른 화음이 시간적으로 연결된 흐름이고, 셈여림은 음악에 나타나는 크고 작은 소리의 세기이며, 음색은 바이올린, 플루트 등 선택된 서로 다른 악기가 만들어 내는 식별 가능한 소리의 특색이다. 작곡가는 이러한 음악적 요소들을 활용해서 음악 작품을 만든다.

어떤 음악 작품에서 자주 반복되거나 변형되면서 등장하는 소재인 가락을 그 음악 작품의 주제라고 하는데, 작곡가는 자신의 음악적 아이디어를 주제로 구현하고 다양한 음악적 요소들을 사용해서 음악 작품을 완성한다. 예컨대 조성 음악에서는 정해진 박자 내에서 질서를 가지고 반복적으로 움직이는 리듬이 음표나 쉼표의 진행으로 나타나고, 어떤 조성의 음계 음들을 소재로 한 가락이 나타나고, 주제는 긴장과 이완을 유발하는 다양한 화성 진행을 통해 반복되고 변화한다. 이렇듯 음악은 다양한 특성을 갖는 음들이 유기적으로 결합한 소리의 예술이라고 볼 수 있다.

① 화성은 화음과 또 다른 화음이 연결된 흐름으로, 음악에서 긴장과 이완을 유발하는 진행에 활용되는 요소이다.

② 리듬은 음높이를 가지는 규칙적인 소리의 흐름으로, 음악에서 질서를 가진 음표나 쉼표의 진행에 활용되는 요소이다.

③ 음색은 식별 가능한 소리의 특색으로, 음악에서 바이올린, 플루트 등 서로 다른 종류의 악기를 선택하는 데 활용되는 요소이다.

④ 가락은 서로 다른 음높이가 지속 시간을 가지는 음들의 흐름으로, 음악에서 자주 반복되거나 변형되면서 등장하는 소재로 활용되는 요소이다.

07 다음 글을 이해한 내용으로 적절한 것만을 <보기>에서 모두 고르면?

> 유행은 그것이 모방이라는 점에서 개인을 누구나 다 같은 길로 안내한다. 또한 유행은 개인의 차별화 욕구를 만족시킨다. 다시 말해 구별하고, 변화하며, 부각되려는 개인들의 경향을 만족시킨다. 이는 유행의 내용이 변화되면서 오늘의 유행은 언제나 내일의 유행과 다른 개별적 특징을 갖게 된다는 사실뿐만 아니라, 유행이 언제나 계층적으로 분화한다는 사실에도 입각해 있다. 상류층의 유행은 그보다 신분이 낮은 계층의 유행과 구별되고 낮은 신분의 계층에 의해 동화되는 순간 상류층에서 소멸된다는 사실이 이를 입증해 준다. 유행이란 동일 계층 내 균등화 경향과 개인적 차별화 경향 사이에 개인들이 타협을 이루려고 시도하는 생활양식인 것이다.

〈보기〉

ㄱ. 유행에는 개별적 특징이 있다.
ㄴ. 유행은 구별하고자 하는 개인의 욕구를 만족시킨다.
ㄷ. 유행은 동일성과 차별성을 향한 개인의 이중 욕구를 보여준다.

① ㄱ
② ㄱ, ㄴ
③ ㄴ, ㄷ
④ ㄱ, ㄴ, ㄷ

07
ㄱ. 제시된 글의 "유행의 내용이 변화되면서 오늘의 유행은 언제나 내일의 유행과 다른 개별적 특징을 갖게 된다는 사실" 부분을 통해 알 수 있다.
ㄴ. 제시된 글에서 유행은 개인의 차별화 욕구, 즉 구별하고 변화하며 부각되려는 개인들의 경향을 만족시킨다고 주장하고 있음으로 옳은 이해이다.
ㄷ. 제시된 글의 "유행이란 동일 계층 내 균등화 경향과 개인적 차별화 경향 사이에 개인들이 타협을 이루려고 시도하는 생활양식인 것이다." 부분을 통해 알 수 있다.

정답 ④

08 다음 글에서 추론한 내용으로 적절한 것은?

> 한글의 특징은 크게 세 가지로 요약할 수 있다. 첫째는 자음과 모음을 구분하고 있다는 것이고, 둘째는 자음의 표기가 변별 자질(distinctive feature, 주어진 언어에서 한 음을 다른 음과 구분 짓는 음성 특징을 가리키는 음운론 용어)의 개념을 포함하고 있다는 것이고, 셋째는 음소들을 모아 음절 단위로 표기하고 있다는 것이다. 이 원리는 휴대 전화의 자판에서 그대로 응용되고 있다. 천지인을 상형한 'ㆍ, ㅡ, ㅣ' 모음을 이용하거나 가획(加劃)의 원리를 적용하여 우리말을 모두 자유롭게 표기할 수 있다.
>
> 이것을 휴대 전화의 영문 자판과 비교해 보자. 영문 자판은 'ABC/DEF/GHI/JKL/MNO/PRS/TUV/WXY/QZ'로 하나의 자판에 세 개의 알파벳을 순서대로 나열해 놓을 수밖에 없다. 이러한 배열에서는 자음과 모음을 구별할 수 없을 뿐만 아니라, 문자 사이의 연계성도 인식할 수 없다. 영문으로 문자 메시지를 보내 보면, 이런 문자 배열이 얼마나 불편한 것인지 곧바로 느낄 수 있다.

① 한글은 영어와 달리 음소 문자이다.
② 한글은 자질을 이용하여 자음을 표시하는 경우가 있다.
③ 한글과 영문 자판 모두 자판에서 자음과 모음이 확연히 구분된다.
④ 영문은 자음과 모음의 조합 원리에 의해 자판을 운용하기가 편리하다.

08
1문단의 "천지인을 상형한 'ㆍ, ㅡ, ㅣ' 모음을 이용하거나 가획(加劃)의 원리를 적용하여 우리말을 모두 자유롭게 표기할 수 있다." 부분을 통해 추론할 수 있다.

오답 정리
① 한글과 영어 모두 음소 문자이다.
③ 자판에서 자음과 모음이 확연히 구분되는 것은 '한글'뿐이다.
④ 자음과 모음의 조합 원리에 의해 자판을 운용하기가 편리한 것은 '한글 자판'이다.

정답 ②

09
2문단에 "다양한 매체가 제공하는 토론의
장소를 통해 개인들은 자신의 의견이나 견
해들을 수정·보완할 수 있게 된다."라고 하
였다. 그리고 정부는 이러한 여론을 수렴하
여 정책을 보완하고 결정하게 된다. 따라
서 누구나 정부의 정책에 직접적으로 의견
제시를 할 수 있는지는 확인하기 어렵다.

오답 정리
① 1문단의 매스미디어가 여론 형성에 중추
적인 역할을 수행한다는 말을 통해 확인
할 수 있는 내용이다.
② 3문단의 정치인들은 여론의 변화에 민
감한 반응을 보인다는 말과 매스미디어
가 여론 형성에 기여한다는 말을 통해
판단할 수 있는 내용이다.
③ 3문단에 신문이나 방송에서 여론 조사
를 행하고 대중의 여론 방향을 분석하
는데, 이러한 과정을 통해 사회 구성원
들은 여론의 방향을 재인식하게 된다는
내용이 제시되어 있다. 따라서 여론 조
사 결과는 사회 구성원들의 직접적인 생
각이지만, 대중 매체를 통해 간접적으로
표출된 것으로 이해할 수 있다.

정답 ④

09 다음 글을 이해한 내용으로 적절하지 않은 것은?

매스미디어는 기능상 여론 형성에 중추적인 역할을 수행한다. 여론이란 사회 내 개인들이나 집단들이 어떤 대상들에 대해 갖게 되는 집단적인 의식, 견해 및 관점들의 집합체라고 정의할 수 있다. 그렇다면 매스미디어는 단순히 여론을 형성하는 기능만을 담당하는 것일까? 좀 더 적극적으로 사회 전체에 영향을 주기 위한 또 다른 기능을 하고 있는 것은 아닐까?

매스미디어는 여론 형성의 기능을 통해 사회적 동질성을 증진시키는 데 기여하며 대중들이 집단적 의식 구조와 가치관을 갖도록 기능한다. 특히 다양한 매체가 제공하는 토론의 장소를 통해 개인들은 자신의 의견이나 견해들을 수정·보완할 수 있게 된다. 물론 어떤 사건이나 쟁점들에 대한 논평을 듣는 개인들은 자신의 견해를 일정한 방향으로 결집시키기도 한다. 이러한 과정이 반복되면서 정부는 대중들의 생각을 의식하게 되며, 국민들은 정부에 대한 날카로운 평가를 실시하게 된다. 결국 매스미디어가 제공하는 정보는 개인들이 사회적 이슈에 대해 어떤 인식이나 관점을 갖도록 유도하게 된다.

사회적으로 중요한 문제에 대해 신문이나 방송은 종종 여론 조사를 행하여 대중의 여론 방향을 분석하기도 하는데, 이는 사회 구성원들인 개인들로 하여금 여론의 방향을 재인식하도록 할 뿐만 아니라 정치 지도자들의 정치적 행태나 정부의 정책 결정과 집행에 영향을 미치는 효과까지 갖게 한다. 결국 정부 내 선출된 공직자들은 항상 여론의 변화에 민감한 반응을 보이게 된다. 이런 이유에서 현대 민주 정치를 여론 정치라 한다.

그런데 매스미디어는 여론 형성 기능을 통해 좀 더 다양하고 적극적으로 사회 문제에 개입을 한다. 먼저 정치 사회화 기능을 들 수 있다. 매스미디어가 특수하고 직접적인 상황에 대해 정보를 제공하는 한편 오랜 기간에 걸쳐 개인의 기본적 사고를 형성하는 데 큰 역할을 한다는 말이다. 이러한 기능은 개인의 차원으로 그치지 않고 사회적·도덕적 규범을 유지하고 형성하는 역할을 필연적으로 수행한다.

① 매스미디어에서 다루는 내용들은 많은 사람들의 관심을 집중시킬 수 있다.
② 정치인들이 뉴스에 관심을 갖는 이유는 여론의 변화를 관찰하기 위한 것이다.
③ 방송에서 방영된 여론 조사의 결과는 대중들의 의식을 간접적으로 반영한 것이다.
④ 사회적으로 첨예한 문제라면 누구든지 정부에 자신의 의견을 직접 제시할 수 있다.

10 다음 글에서 추론한 내용으로 적절하지 않은 것은?

　때로 사람은 자살을 선택한다. 그 이유가 심각한 우울증에 의한 것이든, 과도한 스트레스에 의한 것이든, 숭고한 뜻이 담긴 것이든, 그동안 자살은 지성과 감정이 발달한 인간에게서만 볼 수 있는 것이라고 생각했다. 그런데 우리 몸을 구성하는 세포도 자살을 한다. 도대체 '자살'이란 말을 붙일 수 있는 세포의 죽음은 어떤 것일까?

　'세포 자살'이 있다는 말은 '세포 타살'도 있다는 말일 것이다. 세포의 타살은 네크로시스(necrosis), 세포의 자살은 아포토시스(apoptosis)라고 한다. 세포의 타살과 자살은 그 과정과 형태에서 분명한 차이를 보인다. 타의에 의한 죽음인 네크로시스는 세포가 손상돼 어쩔 수 없이 죽음에 이르는 과정을 말한다. 반면 자의에 의한 죽음인 아포토시스는 세포 스스로 죽기로 결정하고 생체 에너지인 ATP를 적극적으로 소모하면서 죽음에 이르는 과정을 말한다.

　그렇다면 아포토시스는 어떤 과정을 거쳐 일어날까? 아포토시스가 일어나는 복잡한 과정에는 수많은 유전자와 단백질이 관여하지만, 가장 중요한 역할을 하는 유전자는 p53이다. 많은 세포에서 p53은 세포 분열을 멈추고 아포토시스가 일어나도록 시동을 거는 역할을 한다. 반면 bcl-2 유전자는 아포토시스가 일어나지 않도록 방해하는 역할을 한다. 일단 아포토시스가 일어나도록 결정이 되면, 단계적인 유전자 조절 과정을 거쳐 캐스페이즈라는 효소를 활성화시키게 되는데, 이들이 미토콘드리아의 핵심 단백질 NDUSF1을 파괴하여 세포 사멸에 이르게 한다고 알려져 있다.

　그렇다면 왜 세포는 자살을 선택할까? 진화의 관점으로 본다면 개별 세포도 살기 위해 발버둥을 쳐야 마땅한데 스스로 죽기를 택하다니 역설적인 이야기가 아닐 수 없다. 세포가 자살을 선택하는 이유는 자신이 죽는 것이 전체 개체에 유익하기 때문이다. 즉 자신을 던져 전체를 살리는 희생정신을 발휘하는 것이다.

　개체 내에서 이러한 세포 자살이 일어나는 경우는 크게 두 가지이다. 발생과 분화의 과정 중에 불필요한 부분을 없애기 위해서 아포토시스가 일어나는 경우가 그 첫 번째이다. 올챙이가 개구리가 되면서 꼬리가 없어지는 과정이 대표적인 예이다. 또 다른 하나는 세포가 심각하게 훼손돼 암세포로 변할 가능성이 있을 때 전체 개체를 보호하기 위해 세포 자살이 일어나는 경우이다. 즉 방사선, 화학 약품, 바이러스 감염 등으로 유전자 변형이 일어나면 세포는 이를 감지하고 자신이 암세포로 변해 전체 개체에 피해를 입히기 전에 자살을 결정한다.

　이처럼 아포토시스는 우리 몸이 제대로 기능하도록 도와주며, 정상세포가 암이 되지 않도록 우리 몸을 보호하는 중요한 역할을 감당하고 있다.

① 세포 생존에 필수적인 단백질이 있다.

② 인간 외의 동물 세포에서도 아포토시스가 일어난다.

③ bcl-2 유전자는 네크로시스가 일어나도록 시동을 거는 역할을 한다.

④ 아포토시스를 일으키는 데 가장 중요한 역할을 하는 유전자는 p53이다.

bcl-2 유전자는 아포토시스가 일어나지 않도록 방해하는 역할을 할 뿐이다. 네크로시스가 일어나도록 시동을 거는 역할을 하는 유전자가 무엇인지는 제시된 글을 통해서 알 수 없다.

오답 정리

① 3문단에서 미토콘드리아의 핵심 단백질 NDUSF1이 파괴되면 세포가 사멸에 이른다고 하였다. 이를 볼 때, 생존에 필수적인 단백질이 있음을 알 수 있다.

② 5문단의 사례를 통해 개구리의 세포 역시 아포토시스가 일어남을 알 수 있다.

④ 3문단의 "많은 세포에서 p53은 세포 분열을 멈추고 아포토시스가 일어나도록 시동을 거는 역할을 한다." 부분을 통해 알 수 있다.

정답 ③

PART 2

독해 해커스공무원 해원국어 신유형 독해 마스터

예상 문제는 문법 지식을 설명하고 그 지식을 바르게 적용했는지 묻는 유형과 적절한 사례를 찾는 유형으로 출제되었다. 기존에는 문법 지식을 아는 상태에서 문제를 풀어야 했다면, 이제는 문법 지식을 단순 암기할 필요는 없어졌다. 이전 기출에 비추어 볼 때, '문법' 외에 '어법(어문 규정)'도 설명을 제시한 후, 그에 대한 적절성 여부나 사례 찾기 유형이 출제될 가능성이 높다.

공략 방법

① 형태는 비문학 독해 유형과 비슷해 보인다. 문법 지식에 대한 설명이 제시되기 때문에, 이전과 달리 문법 지식을 달달 암기할 필요는 없어졌다. 그러나 문법 지식을 어느 정도 알고 있다면, 글 읽는 시간을 단축할 수 있을 것이다. 따라서 영역별로 자주 출제되었던 문법 지식은 간단히 정리해 두는 것이 중요하다.

② 두 개의 문제 모두 지문은 '설명 + 예시'의 형식으로 제시되어 있다. 설명도 중요하긴 하지만, 이해가 어려울 때는 '예시'를 적극 활용해 보자. 선지도 '예시'와 동일하거나 비슷한 구조로 제시될 가능성이 높기 때문이다.

관련 지식

1. 언어의 특성

기호성	언어는 형식과 내용을 지닌 상징적 기호로, 기호의 한 종류이다.
자의성	언어의 형식과 내용의 관계는 필연적이지 않고 임의적이다.
사회성	언어는 사회적 약속으로, 한 번 수용되면 개인이 함부로 바꿀 수 없다.
역사성	언어는 시간의 흐름과 함께, 사물이나 사람처럼 생성되었다가 소멸되는 과정을 거치기도 하고, 성장하거나 변화하기도 한다.
분절성	언어는 연속적인 것을 불연속적으로 끊어서 표현한다.
추상성	언어는 각 대상의 공통된 속성을 뽑아 추상화할 수 있다.
창조성	① 문장의 길이를 무한대로 늘일 수 있다. ② 새로운 단어를 만들어 낼 수 있다. ③ 추상적이고 관념적인 대상을 언어로 지칭하여 표현할 수 있다.

2. 음운 변동

	개념	음운 변동
교체 (대치)	한 음운이 발음하는 중에 다른 음운으로 바뀌는 현상	① 음절의 끝소리 규칙 ② 된소리되기(경음화) ③ 자음 동화(비음화, 유음화) ④ 구개음화
축약	두 음운이 하나로 줄어드는 현상	① 자음 축약(거센소리되기) ② 모음 축약
탈락	두 음운 중 하나가 사라지는 현상	① 자음 탈락 ② 모음 탈락 ③ 자음군 단순화
첨가	새로운 음운이 덧붙는 현상	① 'ㄴ' 첨가 ② 'ㅅ' 첨가

3. 접사의 종류

(1) 위치에 따라

접두사	어근 앞에 붙는 접사 예 맨손, 덧버선
접미사	어근 뒤에 붙는 접사 예 덮개, 지우개

(2) 기능에 따라

한정적 접사	품사는 그대로 두고 어근의 뜻만 제한하는 접사 예 덧버선, 맨손 ※ 접두사가 주로 '한정적 접사'로 쓰인다.
지배적 접사	품사를 바꾸는 기능을 가진 접사 예 강마르다(동사→형용사), 덮개(동사→명사), 넓히다(형용사→동사)

4. 합성어의 종류

(1) 배열 관계에 따라

통사적 합성어	어근과 어근의 연결이 국어의 문장이나 배열 구조와 일치하는 합성어 예 밤낮, 새해, 본받다
비통사적 합성어	어근과 어근의 연결이 국어의 문장이나 배열 구조와 일치하지 않는 합성어 예 접칼, 높푸르다

(2) 의미 관계에 따라

대등 합성어	두 단어나 어근이 본래의 의미를 가지고 대등한 자격으로 연결된 말 예 마소(말 + 소), 높푸르다, 오가다
종속 합성어	두 단어나 어근이 본래의 의미를 가지되, 서로 주종 관계로 연결된 말로 의미의 중심이 뒤에 있음 예 국밥, 흰말, 돌다리, 돌아보다
융합 합성어	두 단어나 어근의 뜻이 없어지고, 하나의 새로운 뜻을 더하는 말 예 밤낮(늘), 춘추(나이), 돌아가다(죽다)

5. 동사와 형용사 판별

	동사	형용사
현재 시제 '-는다/-ㄴ다'	○ 예 나는 밥을 <u>먹는다</u>.	× 예 *나는 지금 예쁜다.
명령형 '-어라/-아라'	○ 예 너는 밥을 <u>먹어라</u>.	× 예 *너는 지금 예뻐라.
청유형 '-자'	○ 예 우리 같이 밥을 <u>먹자</u>.	× 예 *우리 같이 예쁘자.
목적 어미 '-(으)러'	○ 예 밥을 <u>먹으러</u> 식당에 간다.	× 예 *예쁘러 미용실에 간다.
의도 어미 '-(으)려(고)'	○ 예 지금 밥을 <u>먹으려</u> 한다.	× 예 *지금 예쁘려 한다.

6. 불규칙 용언의 활용

(1) 어간이 바뀌는 유형

'ㅅ' 불규칙	'ㅅ'으로 끝나는 용언의 어간 'ㅅ'이 모음으로 시작하는 어미 앞에서 탈락하는 용언이다. 예 짓다 – 짓고 – 짓지 – 지어 – 지으니 – 지어서 – 지어라
'ㄷ' 불규칙	'ㄷ'으로 끝나는 용언의 어간 'ㄷ'이 모음으로 시작하는 어미 앞에서 'ㄹ'로 바뀌는 용언이다. 예 (걸음을) 걷다 – 걷고 – 걷지 – 걸어 – 걸으니 – 걸어서 – 걸어라
'ㅂ' 불규칙	'ㅂ'으로 끝나는 용언의 어간 'ㅂ'이 모음으로 시작하는 어미 앞에서 '오/우'로 바뀌는 용언이다. 예 (고기를) 굽다 – 굽고 – 굽지 – 구워 – 구우니 – 구워서 – 구워라
'우' 불규칙	'우'로 끝나는 용언의 어간 'ㅜ'가 모음으로 시작하는 어미 앞에서 탈락하는 용언이다. 예 푸다 – 푸고 – 푸지 – 퍼 – 푸니 – 퍼서 – 퍼라
'르' 불규칙	'르'로 끝나는 용언의 어간이 모음으로 시작하는 어미 앞에서 'ㅡ'가 탈락하고 'ㄹㄹ' 형태로 바뀌는 용언이다. 예 흐르다 – 흐르고 – 흐르지 – 흘러 – 흐르니 – 흘러서

(2) 어미가 바뀌는 유형

'여' 불규칙	어간 '하-' 뒤에 오는 어미 '-아/-어'가 '-여'로 바뀌는 용언이다. 예 하다 – 하고 – 하지 – 하여(해) - 하여서(해서) – 하여라(해라)
'러' 불규칙	어간이 '르'로 끝나는 일부 용언에서 어미 '-어'가 '-러'로 바뀌는 용언이다. 예 푸르다 – 푸르고 – 푸르지 – 푸르러 – 푸르니 – 푸르러서

(3) 어간과 어미가 함께 바뀌는 유형

'ㅎ' 불규칙	'ㅎ'으로 끝나는 어간이 모음으로 시작하는 어미와 결합하면 'ㅎ'이 탈락하고 어미도 모습이 바뀌는 용언이다. 단, 'ㄴ, ㅁ, ㄹ, ㅇ'의 어미 앞에서는 어간의 'ㅎ'만 탈락한다. 예 노랗다 – 노랗고 – 노랗지 – 노래 – 노라니 – 노래서

7. 서술어 자릿수

(1) 개념: 문장이 성립되기 위해 서술어가 갖추어야 할 문장 성분의 수

(2) 종류

한 자리 서술어	자동사, 형용사, '체언 + 이다'
두 자리 서술어	① 타동사(주어 + 목적어) ② 되다, 아니다(주어 + 보어) ③ 일부 자동사: 마주치다, 부딪(치)다, 싸우다, 화해하다, 악수하다, 같다, 닮다, 비슷하다, 다르다, 이별하다 등 (주어 + 필수 부사어)
세 자리 서술어	특수한 타동사: 주다, 드리다, 바치다, 넣다, 얹다, 삼다, 여기다, 간주하다, 가르치다 등(주어 + 목적어 + 필수 부사어)

8. 의문문

(1) 개념: 화자가 청자에게 질문하여 대답을 요구하는 문장

(2) 종류

설명 의문문	상대에게 구체적인 설명을 요구하는 의문문으로 의문사가 있음 예 무엇을 먹었니?
판정 의문문	청자에게 긍정 혹은 부정(Yes or No)의 대답을 요구하는 의문문 예 밥 먹었니?
수사 의문문	대답을 요구하지 않고 서술이나 명령, 감탄 등의 효과를 나타내는 의문문 예 그렇게 된다면 얼마나 좋을까?

9. 간접 높임법

(1) 개념: 높임의 대상과 관계된 '일, 소유물, 가족, 신체, 말씀, 생각' 등을 높임으로써 해당 인물을 높이는 방법

(2) '있다', '없다', '아프다'의 직·간접 높임

구분	있다	없다	아프다
직접 높임	계시다	안 계시다	편찮으시다
간접 높임	있으시다	없으시다	아프시다

10. 동음이의어와 다의어

(1) 동음이의어

개념	서로 다른 두 개 이상의 단어가 단지 우연히 소리만 같은 것
특징	① 단어들 사이에 의미적인 관련성이 없음 ② 뜻이 다르기 때문에 반의어가 다름 ③ 사전에 별도의 표제어로 등재됨

(2) 다의어

개념	하나의 형태가 밀접한 관련성이 있는 의미를 여러 개 지니는 단어
특징	① 단어들 사이에 의미적인 관련성이 있거나 어원적으로 관련이 있음 ② 한 단어가 가진 중심적 의미가 확장되어 주변적 의미가 됨 ③ 사전에 하나의 표제어로 등재됨

다음 글에서 추론한 내용으로 적절하지 않은 것은?

> '밤하늘'은 '밤'과 '하늘'이 결합하여 한 단어를 이루고 있는데, 이처럼 어휘 의미를 띤 요소끼리 결합한 단어를 합성어라고 한다. 합성어는 분류 기준에 따라 여러 방식으로 나눌 수 있다. 합성어의 품사에 따라 합성명사, 합성형용사, 합성부사 등으로 나누기도 하고, 합성의 절차가 국어의 정상적인 단어 배열법을 따르는지의 여부에 따라 통사적 합성어와 비통사적 합성어로 나누기도 하고, 구성 요소 간의 의미 관계에 따라 대등 합성어와 종속 합성어로 나누기도 한다.
>
> 합성명사의 예를 보자. '강산'은 명사(강)＋명사(산)로, '젊은이'는 용언의 관형사형(젊은)＋명사(이)로, '덮밥'은 용언 어간(덮)＋명사(밥)로 구성되어 있다. 명사끼리의 결합, 용언의 관형사형과 명사의 결합은 국어 문장 구성에서 흔히 나타나는 단어 배열법으로, 이들을 통사적 합성어라고 한다. 반면 용언 어간과 명사의 결합은 국어 문장 구성에 없는 단어 배열법인데 이런 유형은 비통사적 합성어에 속한다. '강산'은 두 성분 관계가 대등한 관계를 이루는 대등 합성어인데, '젊은이'나 '덮밥'은 앞 성분이 뒤 성분을 수식하는 종속 합성어이다.

① 아버지의 형을 이르는 '큰아버지'는 종속 합성어이다.

② '흰머리'는 용언 어간과 명사가 결합한 합성명사이다.

③ '늙은이'는 어휘 의미를 지닌 두 요소가 결합해 이루어진 단어이다.

④ 동사 '먹다'의 어간인 '먹'과 명사 '거리'가 결합한 '먹거리'는 비통사적 합성어이다.

해설

'흰머리'는 용언 '희다'의 어간 '희-'에 관형사형 어미 '-ㄴ'을 붙인 관형사형 '흰'이 명사 '머리'와 결합한 형태이다. 따라서 용언의 어간과 명사가 결합했다는 추론은 적절하지 않다.

오답 정리

① 제시된 글에서 "구성 요소 간의 의미 관계에 따라 대등합성어와 종속합성어로 나누기도 한다."라고 하였다. '큰'과 '아버지'가 결합한 '큰아버지'는 구성 요소 간의 의미 관계가 대등하지 않고, 종속적이기 때문에 '종속 합성어'라는 추론은 적절하다.

③ 2문단에서 "'젊은이'는 용언의 관형사형(젊은)＋명사(이)로 ~ 구성되어 있다."라고 하였다. '늙은이'도 '젊은이'와 동일한 구성이므로, 어휘 의미를 지닌 두 요소가 결합해 이루어진 단어, 즉 합성어라는 추론은 적절하다.

④ 2문단에서 "용언 어간과 명사의 결합은 국어 문장 구성에 없는 단어 배열법인데 이런 유형은 비통사적 합성어에 속한다."라고 하였다. '먹다'의 어간과 명사가 바로 결합했다는 점에서 '먹거리'가 비통사적 합성어라는 추론은 적절하다.

정답 ②

다음 글의 ㉠의 사례가 포함되어 있지 않은 것은?

> 존경 표현에는 주어 명사구를 직접 존경하는 '직접존경'이 있고, 존경의 대상과 긴밀한 관련을 가지는 인물이나 사물 등을 높이는 ㉠ '간접존경'도 있다. 전자의 예로 "할머니는 직접 용돈을 마련하신다."를 들 수 있고, 후자의 예로는 "할머니는 용돈이 없으시다."를 들 수 있다. 전자에서 용돈을 마련하는 행위를 하는 주어는 할머니이므로 '마련한다'가 아닌 '마련하신다'로 존경 표현을 한 것이다. 후자에서는 용돈이 주어이지만 할머니와 긴밀한 관련을 가진 사물이라서 '없다'가 아니라 '없으시다'로 존경 표현을 한 것이다.

① 고모는 자식이 다섯이나 있으시다.

② 할머니는 다리가 아프셔서 병원에 다니신다.

③ 언니는 아버지가 너무 건강을 염려하신다고 말했다.

④ 할아버지는 젊었을 때부터 수염이 많으셨다고 들었다.

해설

제시된 글에서 '존경의 대상과 긴밀한 관련을 가지는 인물이나 사물 등을 높이는 것'을 '간접 존경'이라고 하였다. 그런데 ③에는 존경의 대상인 '아버지'를 직접 높이고만 있을 뿐, '아버지'와 긴밀한 관련을 가지는 인물이나 사물을 높이는 '간접 존경'이 나타나지 않았다.

오답 정리

① '고모'를 높이기 위해 '고모'와 관련된 인물인 '고모의 자식'을 높이고 있다.

② '할머니'를 높이기 위해 '할머니'의 신체 일부인 '다리'를 높이고 있다.

④ '할아버지'를 높이기 위해 '할아버지'의 신체 일부인 '수염'을 높이고 있다.

정답 ③

'종속 합성어'는 앞 어근이 뒤 어근에 의미상 종속되는 합성어이다. '책가방'은 앞 어근 '책'이 뒤 어근 '가방'에 의미상 종속되어 '책을 넣는 가방'의 의미를 갖는다. 따라서 '가방'이 '책'에 의미상 종속된다는 추론은 적절하지 않다.

오답 정리
① '해[year]'를 의미하는 '연(年, 해 년)'과 '세(歲, 해 세)'가 합하여 '나이'의 높임말을 나타내는 제3의 의미가 도출되므로, 융합 합성어이다.
② '논밭'도 '앞뒤'처럼 '논과 밭'의 의미이므로, 대등 합성어이다.
③ '손발'이 '손과 발'의 의미라면 '대등 합성어'이다. 그런데 자기의 손이나 발처럼 마음대로 부리는 사람을 비유적으로 이르는 경우라면 '융합 합성어'이다.

정답 ④

01 다음 글에서 추론한 내용으로 적절하지 않은 것은? 2013년 국가직 9급 변형

합성어는 형성 방식에 있어서 앞의 어근과 뒤의 어근이 의미상 결합 방식이 어떠하냐에 따라 나눌 수 있다. 예를 들어 '앞뒤'는 두 어근의 결합 방식이 대등하므로 대등 합성어, '돌다리'는 앞 어근이 뒤 어근에 의미상 종속되어 있으므로 종속 합성어, '춘추'는 두 어근과는 완전히 다른 제삼의 의미가 도출되므로 융합 합성어라 할 수 있다.

① '연세'는 제3의 의미가 도출되므로 융합 합성어이다.
② '논밭'은 '논과 밭'이라는 의미이므로 대등 합성어이다.
③ '손발'은 문맥에 따라 대등 합성어가 될 수도 있고, 융합 합성어가 될 수도 있다.
④ '책가방'은 뒤 어근 '가방'이 앞 어근 '책'에 의미상 종속되므로 종속 합성어이다.

제시된 글은 '언어의 자의성'과 '언어의 사회성'에 대한 내용이다. 그런데 ④는 '언어의 자의성'에 상반되는 내용이다. 따라서 ④는 제시된 글을 바탕으로 추론한 내용으로 적절하지 않다.

오답 정리
① "소쉬르는 이처럼 하나의 기의가 서로 다른 기표에 대응되는 것을 두고 기호적 관계가 자의적이라고 주장하는 한편" 부분을 바탕으로 추론할 수 있는 내용이다.
② "이러한 자의성은 사회적 약속과 문화적 약호(code)에 따라 조율된다고 보았다." 부분을 바탕으로 추론할 수 있는 내용이다.
③ "문화적 약호(code)에 따라 조율된다고 보았다." 부분을 바탕으로 추론할 수 있는 내용이다.

정답 ④

02 다음 글에서 추론한 내용으로 적절하지 않은 것은? 2018년 국가직 7급 변형

소쉬르는 언어를, 기호의 형식에 상응하는 기표(記標)와 기호의 의미에 상응하는 기의(記意)의 기호적 조합이라고 전제한다. 예를 들어 '흑연과 점토의 혼합물을 구워 만든 가느다란 심을 속에 넣고, 겉은 나무로 둘러싸서 만든 필기도구'라는 의미를 표시하는 기표는 한국어에서 '연필'이다. 그런데 '연필'의 기의에 대응되는 영어 기표는 'pencil'이다. 각기 다른 기표가 동일한 기의를 표현한 것이다. 소쉬르는 이처럼 하나의 기의가 서로 다른 기표에 대응되는 것을 두고 기호적 관계가 자의적이라고 주장하는 한편, 이러한 자의성은 사회적 약속과 문화적 약호(code)에 따라 조율된다고 보았다.

① 표준어로 '부추'에 상응하는 표현이 지역에 따라 달리 나타나는 현상에서 기호의 자의성을 엿볼 수 있다.
② 어떤 개념을 새롭게 표현한 단어가 널리 쓰이려면 그 개념을 쓰는 사회 성원들의 공통된 합의가 필요하다.
③ 같은 종교를 믿으면서 문화적 약호가 유사한 지역에서는 같은 기표에 대응되는 개념이 비슷할 가능성이 높다.
④ 사랑이나 진리와 같이 사회 문화적으로 보편적인 개념을 지시하는 각각의 기표들에서 유사한 형식을 도출할 수 있다.

03 다음 글에서 추론한 내용으로 적절하지 않은 것은?

2019년 국가직 9급 변형

하나의 개념에 두 개 이상의 단어가 필요한 것은 아니다. 따라서 동의어는 서로 경쟁을 통해 하나가 없어지거나 각기 다른 의미 영역을 확보하는 등의 다양한 양상을 보인다. 현실 언어에서 동의어로 공존하면서 경쟁을 계속하는 경우가 있으며, 한쪽은 살아남고 다른 쪽은 소멸하는 경우가 있다. 동의 충돌의 결과 의미 영역이 바뀌는 경우도 있다. 이는 의미 축소, 의미 확대, 의미 교체 등으로 구분된다.

① '가을걷이'와 '추수'는 공존하며 경쟁하고 있다.

② '말미'는 쓰지 않고 '휴가'라는 말을 사용하고 있다.

③ '얼굴'은 '형체'의 뜻에서 '안면'의 뜻으로 의미가 축소되었다.

④ '겨레'는 '친척'의 뜻에서 '민족'의 뜻으로 의미가 확대되었다.

03

'말미'는 '일정한 직업이나 일 따위에 매인 사람이 다른 일로 말미암아 얻는 겨를'을 이르는 말로, 비슷한 말로는 '휴가(休暇)'가 있다. 현재 '말미'와 '휴가'가 모두 쓰이고 있다. 따라서 '말미'와 '휴가' 두 단어는 공존하며 경쟁하고 있다고 보아야 한다.

오답 정리

① '가을걷이'와 '추수(秋收)'는 동일한 의미로 쓰이고 있기 때문에 공존하며 경쟁하고 있다.

③ '얼굴'은 원래 '몸 전체'를 의미하는 '형체(形體)'라는 의미였다가, 현재는 '안면(顔面)'만을 의미한다는 점에서 그 의미가 축소되었다.

④ '겨레'는 '친척(親戚)'이라는 의미였다가, 현재는 더 큰 개념인 '민족(民族)'을 의미한다는 점에서 그 의미가 확대되었다.

정답 ②

04 다음 글의 사례로 적절하지 않은 것은?

2021년 국가직 9급

인간은 언어를 사용하며 언어는 인간의 사고, 사회, 문화를 반영한다. 인간의 지적 능력이 발달하게 된 것은 바로 언어를 사용하기 때문이다.

언어와 사고는 기본적으로 상호작용을 한다. 둘 중 어느 것이 먼저 발달하고 어떻게 영향을 주는지는 알 수 없다. 그러나 언어와 사고가 서로 깊은 관계를 맺고 있다는 사실은 여러 가지 근거를 통해서 뒷받침된다.

① 영어의 '쌀(rice)'에 해당하는 우리말에는 '모', '벼', '쌀', '밥' 등이 있다.

② 어떤 사람은 산도 파랗다고 하고, 물도 파랗다고 하고, 보행 신호의 녹색등도 파랗다고 한다.

③ 일상생활에서 어떠한 사물의 개념은 머릿속에서 맴도는데도 그 명칭을 떠올리지 못할 때가 있다.

④ 우리나라는 수박(watermelon)을 '박'의 일종으로 보지만 어떤 나라는 '멜론(melon)'에 가까운 것으로 파악한다.

04

머릿속의 개념(사고)을 말(언어)로 표현하지 못하는 경우가 있다는 말은, 언어가 없이도 사고할 수 있다는 의미이다. 즉 '언어'와 '사고' 중 '사고'가 더 중요하다는 '사고 우위론'의 사례이다. 따라서 ③은 언어에 사고, 사회, 문화 등이 반영되어 있다는 제시된 글의 사례로는 적절하지 않다.

오답 정리

① 우리는 '농경문화'가 발달해 있다. 따라서 영어로 'rice'에 해당하는 말이 '모', '벼', '쌀', '밥' 등으로 세분화된다. 이는 언어가 문화를 반영하는 사례로 적절하다.

② '산, 물, 녹색등'의 색을 두고 어떤 사람은 모두 '파랗다'고 표현하고, 어떤 사람은 각각 다른 단어로 표현한다. 모두 '파랗다'고 표현하는 사람은, 모두 '파랗다'고 생각하기 때문이다. 따라서 언어가 사고(생각)를 반영하는 사례로 적절하다.

④ '열매의 속살은 붉고 씨가 있는 과일'을 두고 우리는 '박'의 일종으로 보고 '수박'으로 표현하지만, 어떤 나라에서는 '멜론(melon)'의 일종으로 보고 'watermelon'으로 표현한다. 사회에 따라 같은 계열이라고 생각하는 과일이 다르기 때문에, 표현도 다른 것이다. 따라서 언어가 사회를 반영하는 사례로 적절하다.

정답 ③

제시된 ⓒ은 '특수한 영역에서 사용되던 말(바둑 용어 '묘수')이 '일반화(일상적인 영역에서 '좋은 방안')'된 경우이다. 그런데 ③의 '배꼽'은 그와 반대로, 일반적으로 쓰이던 '(신체의) 배꼽'이라는 낱말이 '특수한 영역의 바둑'에서 쓰이게 되면서 '특수한 의미(바둑판의 한가운데)를 획득하게 된' '특수화'의 경우이다. 따라서 ⓒ의 사례로 적절하지 않다. 다만 둘 모두, 언어의 의미 변화 이유 가운데 '사회적 원인(일반화와 특수화)'에 해당하는 사례이다.

오답 정리
① '콧물 〉 코'의 관계는 '콧물'이라는 의미가 '코'에 포함되어서 '코'만으로 '콧물'을 의미하게 된 경우로, '아침밥 〉 아침'의 관계가 '아침'만으로도 '아침밥'의 의미를 표현한 경우와 동일하기 때문에 ③의 사례로 적절하다. 이는 언어의 의미 변화 이유 가운데 '언어적 원인(생략)'에 속하는 사례이기도 하다. 물론 '코 묻은 돈'이라는 뜻은 '코'는 'nose' 그 자체보다는 '코구멍에서 흘러나오는 액체, 즉 '콧물'을 의미한다.

② '수세미'라는 언어 표현은 그대로인데 시대의 변화에 따라 지시 대상이 '식물'에서 '그릇을 씻는 데 쓰는 물건'으로 바뀌었다. 이것은 '바가지'라는 표현은 그대로인데, 과거에는 '박의 껍데기를 가른 물건'만을 가리키다가 오늘날에는 '플라스틱 바가지'를 가리키는 ⓒ의 사례로 적절하다. 이는 언어의 의미 변화 이유 가운데 '역사적 원인'에 해당하는 사례이기도 하다.

④ '천연두'가 무서운 전염병이기 때문에, 심리적인 이유로 '천연두'라는 표현을 피하려다 보니(금기어) 그것을 대신하여 '손님(완곡어)'으로 부르게 되었다. 이것은 '호랑이'를 꺼려하여(금기어) '산신령(완곡어)'로 부른 것과 동일한 것으로 ⓔ의 사례로 적절하다. 이는 언어의 의미 변화 이유 가운데 '심리적 원인'에 해당하는 사례이기도 하다.

정답 ③

　단어의 의미가 변화하는 양상은 다양하다. 첫째, "아침 먹고 또 공부하자."에서 '아침'은 본래의 의미인 '하루 중의 이른 시간'을 가리키지 않고, '아침에 먹는 밥'이라는 의미로 쓰인다. '밥'의 의미가 '아침'에 포함되어서 '아침'만으로도 '아침밥'의 의미를 표현하게 된 것으로, ⊙ <u>두 개의 단어가 긴밀한 관계여서 한쪽이 다른 한쪽의 의미까지 포함하는 의미로 변화하게 된 경우</u>이다. 둘째, '바가지'는 원래 박의 껍데기를 반으로 갈라 썼던 물건을 가리켰는데, 오늘날에는 흔히 플라스틱 바가지를 가리킨다. 이것은 ⓒ <u>언어 표현은 그대로인데 시대의 변화에 따라 지시 대상 자체가 바뀌어서 의미 변화가 발생한 경우</u>이다. 셋째, '묘수'는 본래 바둑에서 만들어진 용어이지만 일상적인 언어생활에서도 '쉽게 생각해 내기 어려운 좋은 방안'이라는 의미로 사용된다. 이는 ⓒ <u>특수한 영역에서 사용되던 말이 일반화되면서 단어의 의미가 변화한 경우</u>에 해당한다. 넷째, 호랑이를 두려워하던 시절에 사람들은 '호랑이'라는 이름을 직접 부르기 꺼려서 '산신령'이라고 부르기도 했는데, 이는 ⓔ <u>심리적인 이유로 특정 표현을 피하려다 보니 그것을 대신하는 단어의 의미에 변화가 생긴 경우</u>이다.

① ⊙: '아이들의 코 묻은 돈'에서 '코'는 '콧물'의 의미로 쓰인다.

② ⓒ: '수세미'는 원래 식물의 이름이었지만 오늘날에는 '그릇을 씻는 데 쓰는 물건'이라는 의미로 쓰인다.

③ ⓒ: '배꼽'은 일반적으로 '탯줄이 떨어지면서 배의 한가운데에 생긴 자리'를 가리키지만 바둑에서는 '바둑판의 한가운데'라는 의미로 쓰인다.

④ ⓔ: 무서운 전염병인 '천연두'를 꺼려서 '손님'이라고 불렀다.

06 ㉠의 사례가 포함되어 있지 않은 것은?

하나의 단어는 보통 하나의 품사 부류에 속한다. 하지만 하나의 단어가 문장에서의 쓰임에 따라 여러 가지 품사의 역할을 할 때가 있다. 이런 단어는 사전에서도 두 가지 이상의 품사로 처리된다. 예를 들어 "마라톤을 좋아하는 사람 다섯이 대회에 참가했다."에서의 '다섯'은 수사이지만 "마라톤을 좋아하는 다섯 사람이 대회에 참가했다."에서의 '다섯'은 관형사이다. 이처럼 하나의 단어가 두 가가 이상의 품사로 처리되는 것을 ㉠ 품사의 통용이라고 한다.

① 나도 철수만큼 잘할 수 있다.
　각자 먹을 만큼 먹어라.

② 뉴스에서 내일의 날씨를 예보하고 있다.
　오늘은 이만하고 내일 다시 시작합시다.

③ 어느새 태양이 솟아 밝은 빛을 비춘다.
　벽지가 밝아 집 안이 환해 보인다.

④ 키가 큰 나무는 우리에게 그늘을 주었다.
　철수야, 키가 몰라보게 컸구나.

07 ㉠의 사례로 묶인 것은?

㉠ 동음어는 의미상 서로 관련이 없거나 역사적으로 기원이 다른데 소리만 우연히 같게 된 말들의 집합이며, 국어사전에는 서로 다른 표제어로 등재된다.

① 지수는 빨래를 할 때 합성세제를 쓰지 않는다.
　이 일은 인부를 쓰지 않으면 하기 어렵다.

② 새로 구입한 의자는 다리가 튼튼하다.
　박물관에 가려면 한강 다리를 건너야 한다.

③ 이 방은 너무 밝아서 잠자기에 적당하지 않다.
　그는 계산에 밝은 사람이다.

④ 그 영화는 뒤로 갈수록 재미가 없었다.
　너의 일이 잘될 수 있도록 내가 뒤를 봐주겠다.

06

'밝다'는 동사와 형용사로 쓰이는 단어는 맞다. 그런데 ③의 두 예문에 쓰인 '밝다'의 품사는 모두 형용사이다. 따라서 〈보기〉에서 설명한 '품사 통용'의 사례로 적절하지 않다.

[비교] 동사 '밝다'의 예문: 벌써 새벽이 밝아 온다.

오답 정리

① '만큼'은 조사로도 쓰이고 의존 명사로도 쓰인다. 첫 번째 문장에서는 체언 '철수' 뒤에 쓰인 것을 보아 품사는 조사이다. 한편, 두 번째 문장에서는 관형어 '먹을'의 수식을 받는 것을 보아 품사는 의존 명사이다.

② '내일'은 명사로도 쓰이고 부사로도 쓰인다. 첫 번째 문장에서 관형격 조사 '의'와 결합한 것을 보아 품사는 명사이다. 한편 두 번째 문장에서는 부사 '다시'를 수식하는 것을 보아 품사는 부사이다.

④ '크다'는 'big'의 의미일 때는 형용사이고 'grow'의 의미일 때는 동사이다. 첫 번째 문장에서는 'big'의 의미로 쓰인 것을 보아 품사는 형용사이다. 한편 두 번째 문장에서는 'grow'의 의미로 쓰인 것을 보아 품사는 동사이다.

정답 ③

07

②의 첫 번째 '다리[脚]'와 두 번째 '다리[橋]'는 소리가 '다리'로 동일할 뿐 의미상 서로 관련이 없거나 역사적 기원이 다르기 때문에 국어사전에 서로 다른 표제어로 등재되어 있다. 따라서 제시된 글에서 설명한 '동음어'의 예로 적절하다.

오답 정리

②를 제외한 나머지는 '다의어'로, 국어사전에 하나의 표제어로 등재되어 있다.

① '쓰다[用, use]'의 의미이다.
　※ '쓰다'의 동음어로는 '쓰다[苦]', '쓰다[書]' 등이 있다.

③ 첫 번째 '밝다'는 '불빛 따위가 환하다.'의 의미이고, 두 번째 '밝다'는 '어떤 일에 대하여 잘 알아 막히는 데가 없다.'라는 의미이다. 의미적 관련성을 가진다는 점에서 하나의 표제어로 올라 있다.

④ '뒤[後, after]'의 의미이다.

정답 ②

01

제시된 글에서 영어의 경우 'bus'를 [버스]가 아닌 [뻐스]라고 발음하더라도 의사소통에 문제가 생기지 않는다고 하였다. 이는 영어에서 [ㅂ]과 [ㅃ]이 의미를 변별하는 기능을 하지 않기 때문이다. 따라서 'bus'를 [뻐스]로 발음하더라도 의미가 달라지지 않는다.

오답 정리
① 영어에서 [ㅂ]과 [ㅃ]이 의미를 변별하는 기능을 하지 않으므로, 영어 화자는 이 두 소리를 같은 음운으로 인식한다. 즉, 우리말에서는 [ㅂ]과 [ㅃ]이 서로 다른 두 개의 음운이지만 영어에서는 하나의 음운으로 인식한다는 것이다.

② '불'과 '뿔'을 통해 우리말에서 [ㅂ]과 [ㅃ]이 의미를 변별하는 기능을 함을 알 수 있다.

③ "우리말에서 '불', '뿔'은 다른 음운은 모두 같고 단지 초성에 [ㅂ], [ㅃ] 음 중에서 어느 것이 들어가느냐에 따라 그 의미가 달라진다." 부분을 통해 추론할 수 있다.

정답 ④

01 다음 글에서 추론한 내용으로 적절하지 않은 것은?

> 한 언어에서 어떤 음이 의미를 변별하여 주는 기능을 할 때, 이 음을 음운(音韻)이라고 한다. 가령, 우리말에서 '불', '뿔'은 다른 음운은 모두 같고 단지 초성에 [ㅂ], [ㅃ] 음 중에서 어느 것이 들어가느냐에 따라 그 의미가 달라진다. 그러나 영어의 경우 우리가 'bus'를 [버스]가 아닌 [뻐스]로 발음하더라도 의사소통에는 문제가 없다. 또한 음운은 언중이 같은 음으로 인식하는 추상적인 소리이기 때문에 사람들의 관념에 따라 그 수가 달라질 수 있다. 예를 들어 우리말의 'ㄹ'을 영어에서는 'l'과 'r'의 두 개의 음운으로 인식한다.

① 영어 화자는 [ㅂ]과 [ㅃ]을 같은 음운으로 인식한다.

② 우리말에서 [ㅂ]과 [ㅃ]은 의미를 변별해 주는 기능을 한다.

③ 우리말에서 '불'을 [뿔]로 발음하면 의사소통에 문제가 생긴다.

④ 영어의 'bus'를 [버스]가 아닌 [뻐스]로 발음하면 의미가 달라진다.

02

'뒤끓다'의 어근은 '끓-'이고 어간은 '뒤끓-'이므로, 어근과 어간의 형태가 다른 경우에 해당한다.

오답 정리
① '만들다'의 어근과 어간은 모두 '만들-'이다.

③ '짓이기다'의 어간은 '짓이기-', 어근은 '이기-'이다.

④ '휘감다'의 어간은 '휘감-', 어근은 '감-'이다.

정답 ②

02 다음 글의 ㉠과 ㉡의 사례로 적절하지 않은 것은?

> 단어를 형성할 때, 실질적인 의미를 나타내는 중심이 되는 부분을 어근이라고 하며, 어근에 붙어 그 뜻을 제한하는 주변 부분을 접사라고 한다. 한편 용언이 활용할 때, 형태가 변하지 않는 부분을 어간이라고 한다. 가령, '치솟-'의 경우 '치-'는 접사이고 '솟-'은 어근이며, '치솟-'은 어간에 해당한다. 용언 중에는 '잡다'와 같이 ㉠ <u>어근과 어간의 형태가 같은 경우</u>도 있지만, '치솟다'와 같이 ㉡ <u>어근과 어간의 형태가 다른 경우</u>도 있다.

① '그가 눈사람을 만들었다.'의 '만들-'은 ㉠의 사례이다.

② '흥분으로 가슴이 뒤끓는다.'의 '뒤끓-'은 ㉠의 사례이다.

③ '꼬마가 흙을 짓이겼다.'의 '짓이기-'는 ㉡의 사례이다.

④ '간호사가 붕대를 휘감았다.'의 '휘감-'은 ㉡의 사례이다.

03 다음 글의 ㉠의 사례가 포함되어 있지 않은 것은?

파생 접사는 새로운 단어를 만들어 내지만, 굴절 접사인 어미는 그렇지 않다. 예를 들면 '구경꾼'은 파생 접사 '꾼'이 어근 '구경'과 결합하여 만들어진 새로운 단어이고, 이렇게 만들어진 단어는 '구경'과는 별개의 단어로 사전에 표제어로 등재된다. 이에 비해 어간 '먹'에 어미가 결합한 '먹지, 먹자, 먹어서' 등은 사전에 표제어로 등재되지 않고, 기본형인 '먹다'만 사전에 표제어로 등재된다.

특히 ㉠ 파생 접사는 어근과 결합하여 새로운 단어를 만들 때 어근의 품사를 바꾸기도 하고 바꾸지 않기도 한다. 예를 들어 '군소리'에서 접두사 '군'은 '쓸데없는'이라는 뜻으로, 어근인 '소리'가 나타낼 수 있는 뜻을 일부 제한할 뿐 품사를 바꾸지 않는다. 하지만 '놀이'는 동사의 어간 '놀'을 어근으로 하여 접미사 '이'가 붙어 만들어진 명사이다. 즉 접미사 '이'는 새로운 단어를 만들 때 품사를 바꾸는 역할을 한다. 이처럼 '군'과 같이 어근의 품사를 바꾸지 않는 접사를 한정적 접사라 하고, '이'와 같이 어근의 품사를 바꾸는 접사를 지배적 접사라 한다.

① 그녀의 머릿결이 <u>찰랑거린다</u>.
② 그들은 <u>행복한</u> 가정을 꾸렸다.
③ 나와 그녀의 견해차를 <u>좁혔다</u>.
④ 구름이 있는 하늘이 <u>높다랗다</u>.

04 다음 글에서 추론한 내용으로 적절하지 않은 것은?

명령문은 말하는 이가 듣는 이에게 어떤 행동을 하도록 요구하는 문장이다. 그런데 '하게'체 이상의 높임에서는 권고나 제의로 해석될 때가 많다. 명령문의 주어는 반드시 듣는 이가 되며, 서술어는 동사로 한정되고, 명령문을 끝맺을 때에는 '-어라, -게, -십시오' 등의 종결 어미를 쓴다. 이와 같은 종결 어미는 듣는 이를 직접 보면서 명령하는 직접 명령문에서 사용되는 어미이다. 반면에 담화 현장에는 없는 누군가에게 명령하는 명령문은 간접 명령문이다. 간접 명령문을 만드는 명령형 종결 어미에는 '-(으)라.'와 같은 예가 있다.

① '알맞은 답을 쓰라.'는 간접 명령문에 해당한다.
② '철수야! 창문 좀 닫아라.'에서 주어는 '철수'이다.
③ '오! 아름다워라.'의 '-어라'는 명령형 종결 어미이다.
④ '내 말을 들어라.', '저리로 가게.'는 모두 직접 명령문이다.

03

㉠은 어근과 결합하여 새로운 단어를 만들 때 어근의 품사를 바꾸는 지배적 접사에 대한 설명이다. '높다랗다'는 형용사 어근 '높–'에 접미사 '–다랗–'가 붙어 이루어진 형용사로, 접미사 '–다랗–'는 품사를 바꾸지 않는 한정적 접사임을 알 수 있다.

오답 정리
① '찰랑거리다'는 부사어 어근 '찰랑'에 파생 접사 '–거리–'가 붙어 동사가 된 것이다.
② '행복하다'는 명사 '행복'에 파생 접사 '–하다'가 붙어 형용사가 된 것이다.
③ '좁히다'는 형용사 '좁다'의 어근 '좁–'에 파생 접사 '–히'가 붙어 동사가 된 것이다.

정답 ④

04

'오! 아름다워라.'의 어미 '–어라'가 외형상으로는 명령형 어미 '–어라'와 동일하다. 그러나 제시된 글에서 명령문의 서술어는 동사로 한정된다고 했다. 따라서 명령형 어미가 아니라 감탄형 어미에 해당된다.

오답 정리
① 간접 명령문을 만드는 어미에는 '–(으)라.'가 있다고 했으므로 '알맞은 답을 쓰라.'는 간접 명령문에 해당한다.
② '명령문의 주어는 반드시 듣는 이'가 된다고 했으므로 청자에 해당하는 '철수'가 문장의 주어가 된다.
④ 직접 명령문은 '–어라, –게'와 같은 명령형 어미를 사용한다고 되어 있으므로 예로 든 문장은 직접 명령문에 해당된다.

정답 ③

05

'영희야, 선생님이 너 교무실로 오래.'에서 주체는 '선생님'이다. 그러므로 주체인 '선생님'을 높이려면 주격 조사 '이'를 '께서'로 고치고, '오래'를 '오라셔'나 '오라고 하셔'처럼 선어말 어미 '-시-'를 넣어 고쳐야 한다. '오시래'로 고치면 '선생님'이 아니라 '영희'를 높이게 된다.

오답 정리
① '어머니는 누나에게 심부름을 시켰습니다.'에서 객체는 '누나'이다. '누나'는 따로 높이고 있지 않기 때문에, 객체 높임은 나타나지 않는다.

② 상대 높임 중 아주 낮춤의 '해라'체를 사용하였기 때문에, 청자는 화자와 동년배거나 아랫사람이라는 추론은 적절하다.

③ '아버지께서 할머니 데리고 병원에 가셨어요.'에서 높임의 대상은 문장의 주체인 '아버지'이다. '아버지'를 높이기 위해 '께서'와 '-시-'를 사용했다.

정답 ④

05 다음 글에서 추론한 내용으로 적절하지 않은 것은?

높임 표현이란 화자가 어떤 대상을 높이거나 높이지 않는 태도를 나타내는 문법 요소를 말하며 주체 높임, 상대 높임, 객체 높임 등으로 나뉜다. 주체 높임은 문장의 주체에 대해, 상대 높임은 청자에 대해, 객체 높임은 문장의 부사어나 목적어가 지시하는 대상에 대해 높임의 태도를 나타내는 것을 말한다.

① '어머니는 누나에게 심부름을 시켰습니다.'에서는 객체 높임이 나타나지 않는다.
② '할아버지 주무시니 조용히 해라.'에 사용된 '해라'로 보아 청자는 화자와 동년배거나 아랫사람이다.
③ '아버지께서 할머니 데리고 병원에 가셨어요.'에서는 문장의 주체인 '아버지'를 높이기 위해 '께서'와 '-시-'를 사용했다.
④ '영희야, 선생님이 너 교무실로 오래.'에서는 '선생님'이 주체 높임의 대상이므로 올바른 높임 표현이 되려면 '이'를 '께서'로, '오래'를 '오시래'로 바꾸어야 한다.

06

국어의 중의적 표현 발생의 원인으로 부정이 미치는 범위로 인한 중의성이 있다. 예를 들어 '친구들이 다 오지 않았다.'의 경우 '친구들이 한 명도 안 왔다.', '친구들 중 일부만 왔다.'로 해석될 수 있다. 그러므로 '친구들이 한 명도 안 왔다.'는 중의성이 없는 표현이다.

오답 정리
① 단어의 중의성으로 인해 발생한 중의적 표현이다. 포유류 동물인 '말'이 많은 것인지, 생각이나 느낌을 표현하는 '말'을 많이 하는 것인지 모호하다.

② 문장의 구조 중 '의'의 의미의 모호성으로 발생한 중의적 표현이다. 할아버지가 그린 그림이라는 뜻인지, 할아버지를 그린 그림이라는 뜻인지, 할아버지가 소유한 그림이라는 뜻인지 모호하다.

④ 문장의 구조 중 수식 관계의 모호성에서 발생한 중의적 표현이다. '게으른'이 '토끼'만 수식하는 것인지, '토끼와 거북이' 모두를 수식하는 것인지 모호하다.

정답 ③

06 다음 글의 ㉠의 사례가 포함되어 있지 않은 것은?

두 가지 이상의 뜻으로 해석될 수 있는 것을 ㉠ '중의적 표현'이라고 한다. 국어에서 중의적 표현이 발생하는 원인으로는 크게 보아 첫째, 단어의 중의성으로 인해 일어난 경우, 둘째, 문장의 구조에 인해 발생하는 경우, 셋째, 부정 표현에서 발생하는 경우로 나눌 수 있다.

① 와, 정말 말이 많다.
② 이것은 할아버지의 그림이다.
③ 모임에 친구들이 한 명도 안 왔다.
④ 게으른 토끼와 거북이가 한 마을에 산다.

07 <보기 1>을 근거로 <보기 2>를 추론한 내용으로 적절하지 않은 것은?

― 〈보기 1〉 ―

　일반적으로 하나의 말소리에는 여러 개의 의미가 결합되는 경우가 많은데, 이러한 단어를 '다의어(多義語)'라고 한다. 다의어의 의미는 가장 기본적이고 핵심적인 의미로 사용되는 중심적 의미와, 여기에서 확장된 주변적 의미로 나뉜다. 이와는 달리 '동음이의어(同音異議語)'는 둘 이상의 어휘가 서로 소리는 같지만 의미가 다른 경우로, 사전에서는 다른 표제어로 제시된다.

― 〈보기 2〉 ―

○ 1등 했다고 너무 ㉠ 재지 마라.
○ 간호사는 환자의 열을 ㉡ 재고 있다.
○ 그 아이는 걸음이 너무 ㉢ 재서 따라잡기 힘들다.
○ 그렇게 입이 ㉣ 재어서 어떻게 믿음을 줄 수 있겠니?
○ 너무 ㉤ 재다가 모처럼 온 좋은 기회를 놓치고 말았다.

① ㉠과 ㉡은 동음이의어이다.
② ㉠과 ㉤은 사전에 같은 표제어로 올라가 있다.
③ ㉡은 중심적 의미이고, ㉤은 주변적 의미이다.
④ ㉢과 ㉣은 다의 관계에 있다.

사전에 같은 표제어로 올라가려면, '다의어'여야 한다. 그런데 ㉠과 ㉤은 '동음이의어'이므로 같은 표제어로 제시되지 않고, 각각 다른 표제어로 올라가 있다.

오답 정리

① ㉠과 ㉡은 의미적 관련성이 없기 때문에 동음이의어이다.
③ ㉡은 '길이, 무게, 크기 등을 헤아려 보다'의 뜻으로 중심적 의미가 되고, 이것이 확장된 의미가 '일의 앞뒤를 헤아리다'란 뜻의 ㉤이다.
④ ㉢은 '동작이 재빠르고 날쌔다', ㉣은 '입이 가볍다'의 뜻으로, ㉢의 중심적 의미가 확장되어 ㉣의 주변적 의미가 된 것이므로 ㉢과 ㉣은 다의 관계에 있다고 할 수 있다.

정답 ②

유형 분석

예상 문제는 시 작품을 비평한 글을 읽고, 그에 대한 이해가 바른지 묻는 유형이다. 이전 기출과 달리 작품이 직접 제시되지 않고, 글로 설명되어 있다.

공략 방법

① 문학 문제로 보이기는 하지만, 문학 작품이 글감인 독해 문제로 봐도 무방하다. 따라서 선지의 판단 근거는 지문이어야 한다.

② 독해 '내용 일치 유형'과 마찬가지로, 발문의 유형에 따라 선지를 먼저 읽을지를 결정해도 된다.

③ 낯선 작품보다는 자주 출제되었던 작품이 글감으로 제시될 가능성이 높다. 따라서 자주 출제되었던 작품의 내용을 정리해 둔다면, 시험 현장에서 도움이 될 것이다.

관련 지식

1. 빈출 작품

(1) 김소월, <가는 길>

> 그립다
> 말을 할까
> 하니 그리워.
>
> 그냥 갈까
> 그래도
> 다시 더 한 번…….
>
> 저 산(山)에도 까마귀, 들에 까마귀,
> 서산(西山)에는 해 진다고
> 지저귑니다.
>
> 앞 강(江)물, 뒤 강(江)물,
> 흐르는 물은
> 어서 따라오라고 따라가자고
> 흘러도 연달아 흐릅디다려.

김소월의 <가는 길>은 사랑하는 임을 두고 떠나야 하는 화자의 안타까운 심정을 자연물에 의탁하여 7·5조 3음보의 민요조 율격과 간결한 구성의 언어로 섬세하게 표현한 작품이다.

[기출 선지를 통한 작품 정리]

① 작품의 주제는 '이별의 아쉬움과 그리움'이다.

② 2연에서 화자의 망설임이 표현되고 있다. (2015년 교육행정직 9급)

③ 3연의 '까마귀'는 화자에게 이별을 재촉하는 객관적 상관물이다. (2010년 법원직 9급)

④ 4연의 '흐릅디다려.'는 '흐릅디다그려'의 준말로, 평안북도 방언이다. (2010년 법원직 9급)

⑤ 시행의 길이와 속도, 어조를 통해 화자의 심리를 효과적으로 표현하고 있다.

(2) 박목월, <청노루>

> 머언 산 청운사(靑雲寺)
> 낡은 기와집
>
> 산은 자하산(紫霞山)
> 봄눈 녹으면,
>
> 느릅나무
> 속잎 피어 가는 열두 굽이를
>
> 청노루
> 맑은 눈에
>
> 도는
> 구름

박목월의 <청노루>는 간결한 리듬과 절제된 언어를 바탕으로 봄날의 정취를 그린 작품이다. 간결미와 절제미 덕에 마치 한 폭의 동양화를 보는 듯하고, 탈속적인 세계를 형상화하고 있다.

[기출 선지를 통한 작품 정리]
① 주제는 '봄의 정경과 정취'이다.

② 묘사된 자연은 상상적, 허구적이다. (2018년 지방직 9급)

③ 시선의 이동에 따라 시상이 전개되고 있다. (2014년 서울시 9급)

④ 시적 공간이 원경에서 근경으로 옮아오고 있다. (2018년 지방직 9급)

⑤ 동적 이미지와 정적 이미지가 조화를 이루고 있다.
   = 정중동(靜中動): 조용한 가운데 어떠한 움직임이 있음.

(3) 한용운, <나룻배와 행인>

나는 나룻배,
당신은 행인.

당신은 나를 흙발로 짓밟습니다.
나는 당신을 안고 물을 건너갑니다.
나는 당신을 안으면 깊으나 얕으나 급한 여울이나 건너갑니다.

만일 당신이 아니 오시면 나는 바람을 쐬고 눈비를 맞으며
밤에서 낮까지 당신을 기다리고 있습니다.
당신은 물만 건너면 나를 돌아보지도 않고 가십니다그려.
그러나 당신이 언제든지 오실 줄만은 알아요.
나는 당신을 기다리면서 날마다 날마다 낡아갑니다.

나는 나룻배,
당신은 행인.

한용운의 <나룻배와 행인>은 화자인 '나'와 대상인 '당신'의 관계를 '나룻배'와 '행인'의 관계로 비유하고 있다. 두 제재의 속성과 관계를 통해 주제를 형상화한 작품이다.

[기출 선지를 통한 작품 정리]

① 주제는 '참된 사랑의 본질인 희생과 믿음'이다.

② 높임법을 활용하여 주제 의식을 강화하고 있다. (2012년 국가직 9급)

③ 비유적 표현을 통해 주제 형상화에 이바지하고 있다. (2013년 서울시 7급)

④ 일상적 시어를 통해서도 시적 화자의 심정이 잘 드러나고 있다. (2013년 서울시 7급)

⑤ 수미상관의 방식으로 구조적 완결성을 높이고 있다. (2012년 국가직 9급, 2013년 서울시 7급)

(4) 백석, <여승>

여승은 합장하고 절을 했다
가지취의 내음새가 났다
쓸쓸한 낯이 옛날같이 늙었다
나는 불경(佛經)처럼 서러워졌다

평안도의 어늬 산 깊은 금점판
나는 파리한 여인에게서 옥수수를 샀다
여인은 나어린 딸아이를 때리며 가을밤같이 차게 울었다

섶벌같이 나아간 지아비 기다려 십년이 갔다
지아비는 돌아오지 않고
어린 딸은 도라지꽃이 좋아 돌무덤으로 갔다

산꿩도 설게 울은 슬픈 날이 있었다
산절의 마당귀에 여인의 머리오리가 눈물방울과 같이 떨어진
날이 있었다

백석의 <여승>은 일제 강점기를 배경으로, 어려운 현실을 살아갔던 한 여인이 여승이 되기까지의 삶을 역순행적 구성 방식으로 보여 줌으로써 민족의 비극적 현실을 반영한 작품이다.

[기출 선지를 통한 작품 정리]

① 주제는 '한 여인의 비극적인 삶'이다.

② 토속적인 시어를 사용하여 현장감을 높이고 있다. (2020년 국가직 7급)

③ 작품 내적 사건들을 역순행적으로 구성하여 제시하고 있다. (2021년도 지역인재 9급)

④ 감정을 드러내는 시어들을 통해 비애의 정서를 나타내고 있다. (2021년도 지역인재 9급)

⑤ 공감각적 이미지를 활용해 슬픔의 정서를 강조하고 있다.
　　(2021년도 지역인재 9급, 2020년 국가직 7급)

⑸ 윤동주, <서시>

> 죽는 날까지 하늘을 우러러
> 한 점 부끄럼이 없기를,
> 잎새에 이는 바람에도
> 나는 괴로워했다.
> 별을 노래하는 마음으로
> 모든 죽어 가는 것들을 사랑해야지
> 그리고 나한테 주어진 길을
> 걸어가야겠다.
>
> 오늘밤에도 별이 바람에 스치운다.

윤동주의 <서시>는 적절한 상징과 시각적 심상을 활용하여 일제 강점기를 살아가는 지식인의 도덕적 순결성에 대한 고뇌와 그것을 극복하려는 의지를 드러낸 작품이다.

[기출 선지를 통한 작품 정리]

① 주제는 '순수한 삶에 대한 간절한 소망과 의지'이다.

② 시상 전개 과정은 '과거 – 미래 – 현재' 순이다. (2008년 법원직 9급)

③ 1~4행은 지금까지 살아온 생활의 고백이고, 5~8행은 미래의 삶에 대한 신념의 표명이다.
　　(2013년 서울시 9급)

④ 1~8행과 9행 사이에는 '주관 : 객관'의 대립이 드러난다. (2013년 서울시 9급)

⑤ '별'은 화자가 추구하는 순수 이상적 가치를 의미한다. (2008년 법원직 9급)

해설

3문단의 "마지막 4연에서 시인은 3연까지 치달아 온 극한의 위기를 담담히 대면한 채, "이러매 눈감아 생각해" 보면서 현실을 새롭게 규정한다." 부분을 볼 때, 적절한 이해이다.

오답 정리

① '겨울'이라는 하나의 계절만 제시된다는 점에서, 계절의 변화가 뚜렷하다는 이해는 적절하지 않다.

③ 1문단의 "「절정」은 크게 두 부분으로 나누어지는데" 부분을 볼 때, 시의 구성이 두 부분으로 나누어진다는 이해는 옳다. 그러나 투사와 시인이 반목(시기)과 화해를 거듭한다는 이해는 적절하지 않다.

④ 1문단의 "투사가 처한 냉엄한 현실 ~ 시인이 품고 있는 인간과 역사에 대한 희망" 부분을 볼 때, 냉엄한 현실에 처해 있는 사람은 '투사'이고, 인간과 역사에 대한 희망을 놓지 않는 사람은 '시인'임을 알 수 있다. 또 냉엄한 현실이 등장하는 것은 맞지만 그 현실에 절망하는 모습이 드러나지는 않는다.

정답 ②

다음 글을 이해한 내용으로 가장 적절한 것은?

이육사의 시에는 시인의 길과 투사의 길을 동시에 걸었던 작가의 면모가 고스란히 담겨 있다. 가령, 「절정」은 크게 두 부분으로 나누어지는데, 투사가 처한 냉엄한 현실적 조건이 3개의 연에 걸쳐 먼저 제시된 후, 시인이 품고 있는 인간과 역사에 대한 희망이 마지막 연에 제시된다.

우선, 투사 이육사가 처한 상황은 대단히 위태로워 보인다. 그는 "매운 계절의 채찍에 갈겨 / 마침내 북방으로 휩쓸려" 왔고, "서릿발 칼날진 그 위에 서" 바라본 세상은 "하늘도 그만 지쳐 끝난 고원"이어서 가냘픈 희망을 품는 것조차 불가능해 보인다. 이러한 상황은 "한발 제겨 디딜 곳조차 없다"는 데에 이르러 극한에 도달하게 된다. 여기서 그는 더 이상 피할 수 없는 존재의 위기를 깨닫게 되는데, 이때 시인 이육사가 나서면서 시는 반전의 계기를 마련한다.

마지막 4연에서 시인은 3연까지 치달아 온 극한의 위기를 담담히 대면한 채, "이러매 눈감아 생각해" 보면서 현실을 새롭게 규정한다. 여기서 눈을 감는 행위는 외면이나 도피가 아니라 피할 수 없는 현실적 조건을 새롭게 반성함으로써 현실의 진정한 면모와 마주하려는 적극적인 행위로 읽힌다. 이는 다음 행, "겨울은 강철로 된 무지갠가보다"라는 시구로 이어지면서 현실에 대한 새로운 성찰로 마무리된다. 이 마지막 구절은 인간과 역사에 대한 희망을 놓지 않으려는 시인의 안간힘으로 보인다.

① 「절정」에는 투사가 처한 극한의 상황이 뚜렷한 계절의 변화로 드러난다.

② 「절정」에서 시인은 투사가 처한 현실적 조건을 외면하지 않고 새롭게 인식한다.

③ 「절정」은 시의 구성이 두 부분으로 나누어지면서 투사와 시인이 반목과 화해를 거듭한다.

④ 「절정」에는 냉엄한 현실에 절망하는 시인의 면모와 인간과 역사에 대한 희망을 놓지 않으려는 투사의 면모가 동시에 담겨 있다.

적중 실전 문제

01 다음 글을 이해한 내용으로 가장 적절한 것은?

시에는 시인의 개인사가 담겨 있기도 하다. 가령, 정지용의 「유리창 1」은 어린 자식을 잃고 아버지로서 느끼는 애절한 슬픔을 노래한 작품이다.

1 ~ 3행에서 화자는 유리창을 향해 입김을 불어 본다. 주변부터 지워지며 모양이 변하는 입김 자국은 마치 날개를 파닥이는 새를 연상시킨다. 그리고 그 새의 작고 병든 모습 속에서 아이의 마지막 모습을 생각한다.

4 ~ 6행에서는 입김이 사라지자 아이의 영상인 새도 날아가 버리고, 오직 컴컴한 어둠만이 보일 뿐이다. 일차적으로 이 '밤'은 아버지의 '허탈감과 상실감'을 상징한다. 어둠 저편에 작은 별이 보이고, 화자는 그 별에서 죽은 아이를 떠올리며 눈물짓는다.

7 ~ 8행에서는 화자가 홀로 밤에 유리를 닦는 심정을, '외로운 황홀한 심사'라는 역설적 표현을 통해 드러내고 있다. 자식의 죽음과 다시 만날 수 없는 둘 사이의 거리를 생각하면서 느끼는 '외로운' 감정과 그러면서도 입김이나 별과 같은 이미지를 통해 자식을 느낄 수 있다는 데서 오는 '황홀한' 감정을 복합적으로 표현한 것이다. 따라서 '유리창'은 둘 사이의 단절의 표상이면서 동시에 만남의 매개체가 되는 것이다.

9 ~ 10행에서는 '고흔'을 통해 어린아이의 부드럽고 약한 모습을, '폐혈관'을 통해 죽음의 원인을(실제로 시인의 아이는 폐렴으로 죽었다고 한다.), '찢어진'을 통해 '아이의 고통스러워하던 모습'을 연상할 수 있다. 지금까지 참고 있었던 화자의 슬픔이 '아아'라는 깊숙한 탄식을 통해 표출된다. 화자는 '늬(너)'라는 대명사로 아이를 직접 가리켜 절제했던 감정을 어느 정도 노출하면서, 잠시 머물다가 훌쩍 떠나 버린 어린 자식에 대한 안타까운 심정을 드러내고 있다.

① 「유리창 1」은 죽은 자식과 아버지의 대화가 반복되는 구성이다.

② 「유리창 1」에는 사투리를 사용하여 향토적인 정서를 부각하고 있다.

③ 「유리창 1」에서 아이를 죽음에 이르게 한 원인을 암시하는 시구가 있다.

④ 「유리창 1」에서 시인은 처음부터 자신의 감정을 직접적으로 드러내고 있다.

01

5문단의 "9 ~ 10행에서는 '고흔'을 통해 어린아이의 부드럽고 약한 모습을, '폐혈관'을 통해 죽음의 원인을(실제로 시인의 아이는 폐렴으로 죽었다고 한다.), '찢어진'을 통해 '아이의 고통스러워하던 모습'을 연상할 수 있다." 부분을 볼 때, 아이를 죽음에 이르게 한 원인을 암시하는 시구가 있다는 이해는 옳다.

오답 정리

① 제시된 글을 통해 아버지가 죽은 아이를 그리워하는 내용이라는 것은 알 수 있다. 그러나 둘의 대화가 반복되는 구성인지는 알 수 없다.

② 사투리를 사용하고 있다는 내용은 확인할 수 없다.

④ 5문단에서 "지금까지 참고 있었던 화자의 슬픔이 '아아'라는 깊숙한 탄식을 통해 표출된다."라고 하였다. 즉 초반에는 화자의 감정을 직접적으로 표출하지 않았다는 의미이다. 따라서 처음부터 자신의 감정을 직접적으로 드러내고 있다는 이해는 옳지 않다.

정답 ③

작품 정리

주제	죽은 아이에 대한 슬픔과 그리움
특징	① 역설법이 나타난다. ② 유리창은 단절과 매개의 의미를 동시에 지니고 있다.

작품 원문

유리(琉璃)에 차고 슬픈 것이 어른거린다.
열없이 붙어 서서 입김을 흐리우니
길들은 양 언 날개를 파닥거린다.
지우고 보고 지우고 보아도
새까만 밤이 밀려 나가고 밀려서 부딪히고,
물 먹은 별이, 반짝, 보석(寶石)처럼 박힌다.
밤에 홀로 유리(琉璃)를 닦는 것은
외로운 황홀한 심사이어니,
고운 폐혈관(肺血管)이 찢어진 채로
아아, 늬는 산(山) 새처럼 날아갔구나!
　　　　　　　　　　- 정지용, 〈유리창 1〉

02

2문단의 "전체 4연으로 이루어진 이 시는 분단의 현실을 '겨울', 통일의 시대를 '봄'으로 상징하여 시상을 전개하고 있다."라고 하였다. 이를 볼 때, 대립적이고 상징적인 시어를 바탕으로 시상을 전개하고 있다는 이해는 적절하다.

오답 정리

① 단정적 어조로 통일에 대한 화자의 확고한 믿음과 의지를 표현하고 있다는 점에서, 적절하지 않은 이해이다.

② '현재'는 분단된 상황이다. 화자가 긍정적으로 바라보는 상황은 '통일'이다. 따라서 현재를 긍정적으로 그리고 있다는 이해는 적절하지 않다.

④ 2문단에서 "3연에서는 통일이 외세가 아닌 분단의 고통을 체험한 '우리들 가슴속'에서 움터야 한다고 말하며 우리 민족의 힘으로 통일해야 함을 강조하고 있다."라고 하였다. 따라서 주변국의 도움이 필요하다고 생각한다는 이해는 적절하지 않다.

정답 ③

작품 정리

주제	자주적이고 평화적인 통일에 대한 염원
특징	'봄'과 '겨울'의 대립적이고 상징적인 이미지로 시상을 전개하고 있다.

작품 원문

봄은
남해에서도 북녘에서도
오지 않는다.

너그럽고
빛나는
봄의 그 눈짓은.
제주에서 두만까지
우리가 디딘
아름다운 논밭에서 움튼다.

겨울은,
바다와 대륙 밖에서
그 매운 눈보라 몰고 왔지만
이제 올
너그러운 봄은. 삼천리 마을마다
우리들 가슴속에서 움트리라.

움터서, 강산을 덮은 그 미움의 쇠붙이들
눈 녹이듯 흐물흐물
녹여 버리겠지.
– 신동엽, 〈봄은〉

02 다음 글을 이해한 내용으로 가장 적절한 것은?

시인은 시에 자신의 염원이나 바람을 드러내기도 한다. 가령, 신동엽의 「봄은」은 통일에 대한 뜨거운 염원을 적절한 상징과 비유를 사용하여 노래한 작품이다.

전체 4연으로 이루어진 이 시는 분단의 현실을 '겨울', 통일의 시대를 '봄'으로 상징하여 시상을 전개하고 있다. 1연에서 화자는 통일의 주체가 우리 민족임을 단정적인 어조로 밝히고 있다. 여기서 '봄'은 통일이 이루어진 날로 민족의 동질성이 회복되는 날이다. 2연에서는 우리 국토를 비유하는 시어들('제주에서 두만', '아름다운 논밭')을 통해 자주적 통일은 우리 민족이 살고 있는 이 땅에서 이루어져야 함을 말하고 있다. 3연에서는 통일이 외세가 아닌 분단의 고통을 체험한 '우리들 가슴속'에서 움터야 한다고 말하며 우리 민족의 힘으로 통일해야 함을 강조하고 있다. 4연에서는 통일된 우리의 미래를 예언하며, 통일이 이루어져 '미움의 쇠붙이'로 상징되는 동족 사이의 증오와 대결은 사라지고 민족의 새로운 화합이 이루어지기를 간절히 소망하고 있다.

① 「봄은」의 화자는 통일에 대한 확고한 믿음을 갖고 있지는 않다.

② 「봄은」의 화자는 현재를 긍정적으로, 과거를 부정적으로 그리고 있다.

③ 「봄은」은 대립적이고 상징적인 시어를 바탕으로 시상을 전개하고 있다.

④ 「봄은」에서 시인은 통일을 이루기 위해서는 주변국의 도움이 필요하다고 생각한다.

03 다음 글을 이해한 내용으로 가장 적절하지 않은 것은?

박목월의 「이별가」는 죽음으로 인한 이별의 안타까움과 그리움을 대화체를 통해 형상화하고 있다. 특히 이승과 저승의 거리감이 반복적 표현을 통해 강조되고 있는 점이 특징적이다.

이 시에서 삶과 죽음 사이의 간격은 강에 비유된다. 강의 저편이 저승이라면 이쪽은 이승이다. 강 저쪽에 있는 누군가는 이쪽에 있는 화자를 향해 무엇이라고 말하는 듯하다. 그러나 그 소리는 바람에 날려서 잘 들리지 않는다. 여기에서 그가 누구인지는 확실하지 않지만 화자와 인연이 있는 사람으로 짐작할 뿐이다. 그와 맺었던 '동아밧줄'은 '뭐락카노 뭐락카노'라고 애타게 되묻는 상황에서 삭아 내린다.

그러나 '나'는 '하직을 말자'라고 말하고 있다. 비록 이 세상에서 맺은 여러 관계는 죽음 앞에서 허무하게 썩어 내린다 해도 인연이란 끈질기게 이어지는 것이기 때문이다. 그리하여 6연에서는 저쪽에 있는 그의 말이 희미하게 들린다. 그래서 나는 대답한다. '오냐. 오냐. 오냐. / 이승 아니믄 저승에서라도……' 다시 만나자고. 죽음과 삶 사이의 강은 넓고 깊은 것이지만, 사람들이 맺은 인연의 '바람'은 그것도 넘어간다고 화자는 노래하고 있는 것이다.

① 「이별가」에서 '동아밧줄'은 이승에서의 인연을 상징한다.

② 「이별가」에는 죽은 대상의 실체가 분명하게 나타나 있다.

③ 「이별가」는 이승에 있는 시적 화자와 저승에 있는 시적 대상이 서로 대화를 나누는 듯한 형식으로 시상을 전개하고 있다.

④ 「이별가」에서 '하직을 말자'는 표현은 이승에서의 인연을 저승에까지 계속 연장하고 싶어 하는 안타까운 모습의 표현이다.

03

2문단에서 "여기에서 그가 누구인지는 확실하지 않지만 화자와 인연이 있는 사람으로 짐작할 뿐이다."라고 하였다. 따라서 죽은 대상의 실체가 분명하다는 이해는 적절하지 않다.

오답 정리

①, ④ '동아밧줄'이 삭아내리는 것을 안타까워하며 '하직을 말자'라고 하고 있다. 이를 볼 때, '동아밧줄'은 이승에서의 인연을, '하직을 말자'는 계속해서 인연을 연장하고 싶어하는 모습을 표현한 것임을 알 수 있다.

③ 1문단의 "박목월의 「이별가」는 죽음으로 인한 이별의 안타까움과 그리움을 대화체를 통해 형상화하고 있다."와 2문단과 3문단의 내용을 볼 때, 대화를 나누는 듯한 형식으로 전개된다는 이해는 적절하다.

정답 ②

작품 정리

주제	생사를 초월한 이별의 정한
특징	① 대화 형식을 통해 주제 의식을 드러내고 있다. ② 경상도 사투리를 통해 이별의 애절함을 더하고 있다.

작품 원문

뭐락카노, 저편 강기슭에서
니 뭐락카노, 바람에 불려서

이승 아니믄 저승으로 떠나는 뱃머리에서
나의 목소리도 바람에 날려서

뭐락카노 뭐락카노
썩어서 동아밧줄은 삭아 내리는데

하직을 말자 하직 말자
인연은 갈밭을 건너는 바람

뭐락카노 뭐락카노 뭐락카노
니 흰 옷자라기만 펄럭거리고...

오냐. 오냐. 오냐.
이승 아니믄 저승에서라도...

이승 아니믄 저승에서라도
인연은 갈밭을 건너는 바람

뭐락카노, 저편 강기슭에서
니 음성은 바람에 불려서

오냐. 오냐. 오냐.
나의 목소리도 바람에 날려서.

– 박목월, 〈이별가〉

유형 9   독해와 어휘의 융합

예상 문제는 문맥적 의미가 동일하게 쓰인 단어를 찾는 유형, 문맥상 의미가 비슷한 고유어나 한 자어로 바꿔 쓸 말을 찾는 유형, 지시 대상이 동일한 것끼리 묶는 유형으로 출제되었다. 세 유형의 공통점은 단독 문제로 출제된 것이 아니라, 독해 문제의 부차적인 문제로 출제되었다는 점이다.

공략 방법

1. 문맥적 의미
① 밑줄이 서술어에 있다면 주어나 목적어를, 밑줄이 주어나 목적어에 있다면 서술어를 선지 의 밑줄에 직접 넣어 보자.

② 문맥적 의미를 묻는 유형의 선지로는 '다의어'나 '동음이의어'가 제시된다. '동음이의어'는 의미적 관련성이 아예 없기 때문에, 선지에서 과감하게 삭제하자.

③ 밑줄을 비슷한 말이나 영어로 바꿔 보자.

2. 바꿔 쓰기
① 선지에 제시된 단어를 직접 밑줄 부분에 넣어 보자. 넣었을 때 어색한 것을 고르자.

② 하나의 고유어에 대응하는 한자어는 여러 가지일 수 있다. 바꿔 쓰기는 기존에도 자주 출제 되었던 유형이다. 기출 어휘를 중심으로, 고유어에 대응하는 한자 유의어를 정리해 두자.

3. 지시 대상
① 지시 대상의 위치는 가까이에 있음을 명심하자.

② 대상이 동일한 것끼리 동일한 기호로 표시하면서 읽어 보자.

1. 문맥적 의미

(1) 쓰다

> 쓰다¹ 「동사」
> ① 붓, 펜, 연필과 같이 선을 그을 수 있는 도구로 종이 따위에 획을 그어서 일정한 글자의 모양이 이루어지게 하다.
> 　예 연습장에 붓글씨를 쓰다.
> ②【…에 –고】머릿속의 생각을 종이 혹은 이와 유사한 대상 따위에 글로 나타내다.
> 　예 그는 조그마한 수첩에 일기를 써 왔다.
>
> 쓰다² 「동사」
> ① 모자 따위를 머리에 얹어 덮다.
> 　예 모자를 쓰다.
> ② 얼굴에 어떤 물건을 걸거나 덮어쓰다.
> 　예 얼굴에 마스크를 쓰다.
>
> 쓰다³ 「동사」
> ① 어떤 일을 하는 데에 재료나 도구, 수단을 이용하다.
> 　예 수염을 깎는 데 전기면도기를 쓴다.
> ②【…을 …으로】사람에게 어떤 일을 하게 하다.
> 　예 하수도 공사에 인부를 쓴다.
>
> 쓰다⁴ 「동사」
> 시체를 묻고 무덤을 만들다.
> 예 공원묘지에 묘를 쓰다.
>
> 쓰다⁵ 「동사」
> 장기나 윷놀이 따위에서 말을 규정대로 옮겨 놓다.
> 예 윷놀이는 말을 잘 쓰는 것이 제일 중요하다.
>
> 쓰다⁶ 「형용사」
> ① 혀로 느끼는 맛이 한약이나 소태, 씀바귀의 맛과 같다.
> 　예 나물이 쓰다.
> ② 달갑지 않고 싫거나 괴롭다.
> 　예 여러 번 실패를 경험했지만 언제나 그 맛은 썼다.

(2) 타다

> 타다¹ 「동사」
> ① 불씨나 높은 열로 불이 붙어 번지거나 불꽃이 일어나다.
> 　예 벽난로에서 장작이 활활 타고 있었다.
> ② 피부가 햇볕을 오래 쬐어 검은색으로 변하다.
> 　예 땡볕에 얼굴이 새까맣게 탔다.
>
> 타다² 「동사」
> ① 탈것이나 짐승의 등 따위에 몸을 얹다.
> 　예 비행기에 타다.
> ② 도로, 줄, 산, 나무, 바위 따위를 밟고 오르거나 그것을 따라 지나가다.
> 　예 원숭이는 나무를 잘 탄다.

타다³ 「동사」
다량의 액체에 소량의 액체나 가루 따위를 넣어 섞다.
예 커피를 <u>타다</u>.

타다⁴ 「동사」
① 몫으로 주는 돈이나 물건 따위를 받다.
　예 경연 대회에서 상을 <u>타다</u>.
② 【…을】복이나 재주, 운명 따위를 선천적으로 지니다.
　예 좋은 팔자를 <u>타고</u> 태어나다.

타다⁵ 「동사」
① 박 따위를 톱 같은 기구를 써서 밀었다 당겼다 하여 갈라지게 하다.
　예 톱으로 박을 <u>타다</u>.
② 줄이나 골을 내어 두 쪽으로 나누다.
　예 밭에 골을 <u>탄</u> 다음 씨를 뿌렸다.

타다⁶ 「동사」
악기의 줄을 퉁기거나 건반을 눌러 소리를 내다.
예 가야금을 <u>타다</u>.

타다⁷ 「동사」
① 먼지나 때 따위가 쉽게 달라붙는 성질을 가지다.
　예 이 옷은 때가 잘 <u>탄다</u>.
② 몸에 독한 기운 따위의 자극을 쉽게 받다.
　예 옻을 <u>타다</u>.

타다⁸ 「동사」
목화를 씨아로 틀어서 씨를 빼내고 활줄로 튀기어 퍼지게 하다.
　예 이불솜이 한쪽으로 뭉치는 것을 보니 솜을 탈 때가 되었나 보다.

타다⁹ 「동사」
① 사람이나 물건이 많은 사람의 손길이 미쳐 약하여지거나 나빠지다.
　예 우리 집 강아지는 동네 사람들의 손을 자주 <u>타서인지</u> 잘 자라지 않는다.
② 물건 따위가 가져가는 사람이 있어 자주 없어지다.
　예 마늘이고 파고 동네에서 좀 한갓진 텃밭 곡식은 언제 손을 <u>타는지</u> 모른다.

(3) 걸다

걸다¹ 「형용사」
① 흙이나 거름 따위가 기름지고 양분이 많다.
　예 논이 <u>걸어서</u> 벼가 잘 자란다.
② 액체 따위가 내용물이 많고 진하다.
　예 풀을 너무 <u>걸게</u> 쑤어서 풀질하기가 어렵다.
③ 음식 따위가 가짓수가 많고 푸짐하다.
　예 이 식당은 반찬이 <u>걸게</u> 나온다.

걸다² 「동사」
① 벽이나 못 따위에 어떤 물체를 떨어지지 않도록 매달아 올려놓다.
　예 벽에 그림을 <u>걸다</u>.
② 자물쇠, 문고리를 채우거나 빗장을 지르다.
　예 정문에 자물쇠를 <u>걸다</u>.
③ 솥이나 냄비 따위를 이용할 수 있도록 준비하여 놓다.
　예 아궁이에 냄비를 <u>걸다</u>.

2. 바꿔 쓰기

(1) 고치다

개선(改善)하다	잘못된 것이나 부족한 것, 나쁜 것 따위를 고쳐 더 좋게 만들다. 예 생활 환경을 개선하다.
정정(訂正)하다	글자나 글 따위의 잘못을 고쳐서 바로잡다. 예 숫자를 정정하다.
개조(改造)하다	고쳐 만들거나 바꾸다. 예 부엌을 거실로 개조하다.
교정(矯正)하다	틀어지거나 잘못된 것을 바로잡다. 예 치아를 고르게 교정하다.
수리(修理)하다	고장 나거나 허름한 데를 손보아 고치다. 예 자전거를 수리하다

(2) 말하다

논평(論評)하다	어떤 글이나 말 또는 사건 따위의 내용에 대하여 논하여 비평하다. 예 특수한 예를 가지고 전체를 논평하지는 말아야 한다.
보고(報告)하다	일에 관한 내용이나 결과를 말이나 글로 알리다. 예 논문을 정리해서 학계에 보고하였다.
언급(言及)하다	어떤 문제에 대하여 말하다. 예 그는 자신의 강한 생활력을 언급했다.
의미(意味)하다	말이나 글이 무엇을 뜻하다. 예 이 단어가 의미하는 바가 무엇인지 말해 보십시오.
의논(議論)하다	어떤 일에 대하여 서로 의견을 주고받다. 예 부모님과 진학 문제를 의논했다.

(3) 바꾸다

변화(變化)하다	사물의 성질, 모양, 상태 따위가 바뀌어 달라지다. 예 아이는 점차 모범생으로 변화해 가고 있다.
교체(交替)하다	사람이나 사물을 다른 사람이나 사물로 대신하다. 예 부식된 낡은 상수도관을 새것으로 교체하였다.
교환(交換)하다	서로 바꾸다. 예 쌀을 한 되 퍼서 땔감과 교환했다.
경질(更迭)하다	어떤 직위에 있는 사람을 다른 사람으로 바꾸다. 예 정부는 이번 사건의 책임을 물어 관계 장관을 경질할 방침이라고 발표했다.
전환(轉換)하다	다른 방향이나 상태로 바꾸다. 예 우리는 우울한 기분을 즐거운 마음으로 전환하기 위해 오락 시간을 갖기로 했다.

문맥상 ㉠의 의미와 가장 가까운 것은?

> '크로노토프'는 그리스어로 시간과 공간을 뜻하는 두 단어를 결합한 것으로, 시공간을 통합적으로 이해하기 위한 개념이다. 크로노토프의 관점에서 보면 고소설과 근대소설의 차이를 명확하게 파악할 수 있다.
>
> 고소설에는 돌아가야 할 곳으로서의 원점이 존재한다. 그것은 영웅소설에서라면 중세의 인륜이 원형대로 보존된 세계이고, 가정소설에서라면 가장을 중심으로 가족 구성원들이 평화롭게 공존하는 가정이다. 고소설에서 주인공은 적대자에 의해 원점에서 분리되어 고난을 겪는다. 그들의 목표는 상실한 원점을 회복하는 것, 즉 그곳에서 향유했던 이상적 상태로 ㉠ 돌아가는 것이다. 주인공과 적대자 사이의 갈등이 전개되는 시간을 서사적 현재라 한다면, 주인공이 도달해야 할 종결점은 새로운 미래가 아니라 다시 도래할 과거로서의 미래이다. 이러한 시공간의 배열을 '회귀의 크로노토프'라고 한다.
>
> 근대소설 「무정」은 회귀의 크로노토프를 부정한다. 이것은 주인공인 이형식과 박영채의 시간 경험을 통해 확인된다. 형식은 고아지만 이상적인 고향의 기억을 갖고 있다. 그것은 박 진사의 집에서 영채와 함께하던 때의 기억이다. 이는 영채도 마찬가지기에, 그들에게 박 진사의 집으로 표상되는 유년의 과거는 이상적 원점의 구실을 한다. 박 진사의 죽음은 그들에게 고향의 상실을 상징한다. 두 사람의 결합이 이상적 상태의 고향을 회복할 수 있는 유일한 방법이겠지만, 그들은 끝내 결합하지 못한다. 형식은 새 시대의 새 인물이 되어야 한다고 생각하며 과거로의 복귀를 거부한다.

① 전쟁은 연합군의 승리로 <u>돌아갔다</u>.

② 사과가 한 사람 앞에 두 개씩 <u>돌아간다</u>.

③ 그는 잃어버린 동심으로 <u>돌아가고</u> 싶었다.

④ 그녀는 자금이 잘 <u>돌아가지</u> 않는다며 걱정했다.

해설

㉠은 '원래 있던 곳으로 다시 가거나 다시 그 상태가 되다'라는 의미이다. '이상적 상태로'라는 부사어를 볼 때, '잃어버린 동심으로'라는 부사어가 쓰인 ③의 '돌아가다'와 의미가 가장 유사하다.

오답 정리

① '일이나 형편이 어떤 상태로 끝을 맺다.'라는 의미이다.

② '차례나 몫, 승리, 비난 따위가 개인이나 단체, 기구, 조직 따위의 차지가 되다.'라는 의미이다.

④ '돈이나 물건 따위의 유통이 원활하다.'라는 의미이다.

정답 ③

㉠ ~ ㉣과 바꿔 쓸 수 있는 유사한 표현으로 적절하지 않은 것은?

한국 신화에 보이는 신과 인간의 관계는 다른 나라의 신화와 ㉠ 견주어 볼 때 흥미롭다. 한국 신화에서 신은 인간과의 결합을 통해 결핍을 해소함으로써 완전한 존재가 되고, 인간은 신과의 결합을 통해 혼자 할 수 없었던 존재론적 상승을 이룬다.

한국 건국신화에서 주인공인 신은 지상에 내려와 왕이 되고자 한다. 천상적 존재가 지상적 존재가 되기를 ㉡ 바라는 것인데, 인간들의 왕이 된 신은 인간 여성과의 결합을 통해 자식을 낳음으로써 결핍을 메운다. 무속신화에서는 인간이었던 주인공이 신과의 결합을 통해 신적 존재로 ㉢ 거듭나게 됨으로써 존재론적으로 상승하게 된다. 이처럼 한국 신화에서 신과 인간은 서로의 존재를 필요로 한다는 점에서 상호의존적이고 호혜적이다.

다른 나라의 신화들은 신과 인간의 관계가 한국 신화와 달리 위계적이고 종속적이다. 히브리 신화에서 피조물인 인간은 자신을 창조한 유일신에 대해 원초적 부채감을 지니고 있으며, 신이 지상의 모든 일을 관장한다는 점에서 언제나 인간의 우위에 있다. 이러한 양상은 북유럽이나 바빌로니아 등에 ㉣ 퍼져 있는 신체 화생 신화에도 유사하게 나타난다. 신체 화생 신화는 신이 죽음을 맞게 된 후 그 신체가 해체되면서 인간 세계가 만들어지게 된다는 것인데, 신의 희생 덕분에 인간 세계가 만들어질 수 있었다는 점에서 인간은 신에게 철저히 종속되어 있다.

① ㉠: 비교해

② ㉡: 희망하는

③ ㉢: 복귀하게

④ ㉣: 분포되어

해설
신적 존재로 '새로 태어나게' 된다는 의미이다. 따라서 '본디의 자리나 상태로 되돌아가다.'라는 의미를 가진 '복귀(復歸)하다'와 바꿔 쓰기에 적절하지 않다.

정답 ③

문맥상 ㉠ ~ ㉢ 중 지시 대상이 같은 것만으로 묶인 것은?

영국의 유명한 원형 석조물인 스톤헨지는 기원전 3,000년경 신석기시대에 세워졌다. 1960년대에 천문학자 호일이 스톤헨지가 일종의 연산장치라는 주장을 하였고, 이후 엔지니어인 톰은 태양과 달을 관찰하기 위한 정교한 기구라고 확신했다. 천문학자 호킨스는 스톤헨지의 모양이 태양과 달의 배열을 나타낸 것이라는 의견을 제시해 관심을 모았다.

그러나 고고학자 앳킨슨은 ㉠ 그들의 생각을 비난했다. 앳킨슨은 스톤헨지를 세운 사람들을 '야만인'으로 묘사하면서, ㉡ 이들은 호킨스의 주장과 달리 과학적 사고를 할 줄 모른다고 주장했다. 이에 호킨스를 옹호하는 학자들이 진화적 관점에서 앳킨슨을 비판하였다. ㉢ 이들은 신석기시대보다 훨씬 이전인 4만 년 전의 사람들도 신체적으로 우리와 동일했으며 지능 또한 우리보다 열등했다고 볼 근거가 없다고 주장했다.

하지만 스톤헨지의 건설자들이 포괄적인 의미에서 현대인과 같은 지능을 가졌다고 해도 과학적 사고와 기술적 지식을 가지지는 못했다. ㉣ 그들에게는 우리처럼 2,500년에 걸쳐 수학과 천문학의 지식이 보존되고 세대를 거쳐 전승되어 쌓인 방대하고 정교한 문자 기록이 없었다. 선사시대의 생각과 행동이 우리와 똑같은 식으로 전개되지 않았으리라는 점은 매우 중요하다. 지적 능력을 갖췄다고 해서 누구나 우리와 같은 동기와 관심, 개념적 틀을 가졌으리라고 생각하는 것은 잘못이다.

① ㉠, ㉢

② ㉡, ㉣

③ ㉠, ㉡, ㉢

④ ㉠, ㉡, ㉣

신유형 맞춤 기출 변형 문제

01 문맥상 ㉠의 의미와 가장 가까운 것은?

2010년 국가직 9급 변형

> 과학사(科學史)를 살피면, 과학이 가치중립적이란 ㉠ 신화는 무너지고 만다. 어느 시대가 낳은 과학 이론은 과학자의 인생관, 자연관은 물론 당대의 시대사조나 사회·경제·문화적 제반 요소들이 상당히 긴밀하게 상호 작용한 총체적 산물로 드러나기 때문이다. 말하자면 어느 시대적 분위기가 무르익어 어떤 과학 이론을 출현시키는가 하면, 그 배출된 이론이 다시 문화의 여러 영역에서 되먹임되어 직접 또는 간접의 영향을 미친다는 얘기이다. 다윈의 진화론으로부터 사회적 다원주의가 출현한 것은 그 가장 극적인 예이고, '엔트로피 법칙'이 현존 과학 기술 문명에 깔린 발전 개념을 비판하고 새로운 세계관을 모색하는 틀이 되는 것도 그 같은 맥락이다.

① 기상천외한 그들의 행적은 하나의 신화로 남았다.
② 아시아의 몇몇 국가들은 짧은 기간 동안 고도성장의 신화를 이룩하였다.
③ 월드컵 4강 신화를 떠올려 본다면 국민 소득 2만 달러 시대도 불가능한 것은 아니다.
④ 미식축구 선수 하인스 워드의 인간 승리를 보면서 단일 민족이라는 신화가 얼마나 많은 혼혈 한국인들을 소외시켜 왔는지 절실히 깨달았다.

02 문맥상 ㉠의 의미와 가장 가까운 것은?

2007년 국가직 7급 변형

> 일상생활 속에서 우리는 심신이 지치고 육체가 피로해지는 경험을 자주 한다. 홀로 한가하게 자신을 돌보고 휴식을 취할 수 있는 방학은 일종의 보너스다. 이 한가한 틈을 ㉠ 타서 잠깐 동안이나마 일상에서 떠나 사람과 일을 잊고, 풀과 나무와 하늘과 바람과 더불어 호흡하고 느끼고 노래한다면 정신은 한층 풍요로워질 것이다.

① 그는 나무를 잘 탄다.
② 어둠을 타고 도망쳤다.
③ 타는 듯한 색채를 그리다.
④ 비가 오지 않아 밀이 탄다.

01
단어 자체의 의미보다 문맥적 의미를 파악하는 문제이다. 밑줄 친 '신화'는 '잘못된 생각, 신념, 믿음'이란 부정적 의미로 쓰였다. 이와 유사하게 쓰인 것은 ④이다. "소외시켜 왔는지"를 통해 부정적인 맥락에서 쓰인 것을 알 수 있다.

오답 정리
나머지는 사전적 의미로 쓰였고, ㉠이나 ④와 달리 긍정적 의미로 쓰였다.

정답 ④

02
㉠ '타다'는 '어떤 조건이나 시간, 기회 등을 이용하다.'라는 뜻이다. 이와 유사한 것은 ②이다.

오답 정리
① '밟고 오르거나 따라 지나가다.'의 의미이다.
③ '불이 붙다.'의 의미이다.
④ '말라 죽다.'의 의미이다.

정답 ②

03

'나누다'라는 서술어 앞에 '~으로'라는 부사격 조사를 제시하여 '종류'를 분류하고 있다. 문화의 특성과 인간의 성격을 '종류에 따라 구분하여 (2개로) 분류하다.'의 의미로 '나누다'를 쓰고 있다. 이와 의미가 가장 유사한 것은 ②의 '나누다'이다.

오답 정리
① '말이나 이야기, 인사 따위를 주고받다.'의 의미로 쓰였다.

③ '같은 핏줄을 타고나다.'의 의미로 쓰였다.

④ '하나를 둘 이상으로 가르다[divide].'의 의미로 쓰였다.

정답 ②

04

상치되는 → 상응하는/일치하는: '相値(상치: 서로 상, 값 치)되다'는 '두 가지 일이 공교롭게 마주치게 되다.'라는 의미이다. ㉣의 '들어맞다'는 '정확히 맞다'라는 의미를 갖고 있으므로, 바꾸어 쓰기에 적절한 말이 아니다. ㉣과 바꾸어 쓸 수 있는 말은 '相應(상응: 서로 상, 응할 응)하다' 혹은 '一致(일치: 하나 일, 이룰 치)하다'이다.

오답 정리
① 의논(議論: 의논할 의, 논할 론)하다: 어떤 일에 대하여 서로 의견을 주고받다.

② 백의(白衣: 흰 백, 옷 의): 흰옷 = 베옷 = 포의(布衣)

③ 관원(官員: 벼슬 관, 인원 원): 벼슬아치

정답 ④

---

03 ㉠의 문맥적 의미와 가장 가까운 것은? 2020년 소방직

> 문화의 특성도 인간의 성격도 크게 나누어 보면 '심근성(深根性)'과 '천근성(淺根性)'으로 ㉠ 나누어 볼 수 있다. 심근성의 문화는 이념이나 정통에 깊이 뿌리를 박고 있는 대륙형 문화이며, 천근성의 문화는 이식과 수용·적응이 잘되는 해양성 섬 문화이다. 소나무 가지는 한번 꺾이고 부러지면 재생 불가능이지만 버들은 아무 데서나 새 가지가 돋는다. 이렇게 고지식하고 융통성이 없는 깐깐한 소나무 문화와는 달리 버드나무는 뿌리가 얕으므로 오히려 덕을 본다.

① 우리는 그 문제에 대해서 의견을 나누었으나 결론을 내지는 못했다.

② 학생들은 청군과 백군으로 나누어 편을 갈랐다.

③ 형제란 한 부모의 피를 나눈 사람들이다.

④ 이 사과를 세 조각으로 나누자.

04 ㉠ ~ ㉣과 바꿔 쓸 수 있는 유사한 표현으로 적절하지 않은 것은? 2014년 국회직 8급 변형

> 세상에서 가장 가까운 친구로는 궁핍할 때 사귄 벗을 꼽고, 친구의 가장 깊은 도리로는 가난할 때 ㉠ 의견을 주고받는 일을 꼽는다. 높은 뜻과 벼슬을 지닌 선비가 더러 쑥이나 가시덤불로 간신히 지붕을 이은 가난한 선비의 집을 찾는 일도 있고, 낡은 ㉡ 베옷을 걸친 보잘것없는 선비가 더러 소맷자락을 끌며 권세가 높은 ㉢ 벼슬아치의 집을 드나드는 일도 있다. 그토록 간절하게 친구를 구해 찾아다니지만, 서로 마음이 ㉣ 들어맞는 사람을 만나기란 여간 어렵지 않다.

① ㉠: 의논(議論)하는

② ㉡: 백의(白衣)

③ ㉢: 관원(官員)

④ ㉣: 상치(相値)되는

05 문맥상 ㉠ ~ ㉣을 바꾸어 쓴 것으로 적절하지 않은 것은?

2015년 교육행정직 9급

오늘날에는 다양한 미감(美感)들이 공존하고 있다. 일상 세계에서는 '가벼운 미감'이 향유되는가 하면, 다른 한편에서는 전통예술과는 매우 다른 현대예술의 반미학적 미감 또한 넓게 ㉠ 표출되고 있다. 그러면 이들 사이의 관계를 어떻게 받아들일 것인가?

먼저 순수예술의 미감에 대해서 생각해 보자. 현대예술은 의식보다는 무의식을, 필연보다는 우연을, 균제보다는 파격을, 인위성보다는 자연성을 내세운다. 따라서 얼핏 보면 전통예술과 현대예술은 서로 ㉡ 대립하는 것처럼 보이지만, 이 둘은 겉보기와는 달리 상호 보완의 가능성을 품고 있다. 현대 예술이 주목하는 것들 또한 인간과 세계의 또 다른 본질적인 부분이기 때문이다. 실제로 이런 가능성이 ㉢ 실현되고 있다. 오늘날 현대무용은 성립 시기에 배제했던 고전발레의 동작을 자기 속에 녹여 넣고 있으며, 현대음악도 전통적 리듬과 박자를 받아들여 풍성한 표현 형식을 얻고 있다.

순수예술의 미감과 일상적 미감의 관계도 마찬가지이다. 디지털카메라는 가벼운 미감의 확산에 큰 몫을 한다. 누구라도 예쁜 사진을 찍어서 일상을 작품으로 만들 수 있다. 물론 이것은 '요리사가 만든 제대로 된 요리가 아니라 냉장고에서 꺼내 데우기만 하면 되는 음식'이라는 비판을 받기도 하지만, 메모리카드가 실현시킨 촬영의 즉시성은 장차 사진예술의 감성과 내용을 넓히는 데 도움을 줄 수도 있다. 이런 추측의 근거는 무엇보다 현대 사진예술이 이미 일상을 소재로 활용하고 있을 뿐 아니라, 즉시성을 창조의 중요한 요소로 ㉣ 인정하고 있기 때문이다.

① ㉠: 나타나고

② ㉡: 맞서는

③ ㉢: 비롯되고

④ ㉣: 받아들이고

05

'비롯되다'는 '시작되다'의 의미이다. 그러나 ㉢의 '실현되다'는 '드러나다/나타나다/이루어지다'의 의미이므로 바꿔 쓰기 적절하지 않은 것은 ③이다.

오답 정리
① '표출되다'는 '나타나다'의 의미이므로 바꿔 쓸 수 있다.
② '대립하다'는 '맞서다'의 의미이므로 바꿔 쓸 수 있다.
④ '인정하다'는 '받아들이다'의 의미이므로 바꿔 쓸 수 있다.

정답 ③

01 문맥상 ㉠의 의미와 가장 가까운 것은?

> 냉장고는 압축기, 팽창 밸브, 응축기, 증발기의 네 개의 중요한 부분으로 구성되어 있다. 압축기[compressor]는 냉장고의 바닥에 있는데, 냉매 가스를 압축시켜 압력을 높여 주는 기계적 장치이다. 냉매는 냉장실을 거치면서 저압의 기체로 변하는데, 압축기는 전기 모터의 구동력을 이용하여 저압의 냉매 가스를 고압의 냉매 가스로 변환시켜 응축기로 보낸다. 응축기[condenser]는 고온·고압의 냉매 가스를 저온·고압의 액화 가스로 변환시키는 장치이다. 압축기에서 나온 냉매 가스는 위로 이동하여 냉장고 뒷면에 넓게 퍼져 있는 와이어 응축기를 통과하게 되는데, 응축기의 좁고 긴 관을 통과하는 과정에서 압력을 받아 고압의 액체 상태가 된다. 이 과정에서 숨은열[latent heat]이 주변으로 방출되는데, 이때 냉장고 뒤편의 팬을 ㉠ 돌려, 이 열을 여러 방향으로 분산시킨다.

① 마음을 돌려 노여움을 풀어라.
② 아이들이 마당에서 팽이를 돌리고 있다.
③ 잡지사는 허위 정보를 돌리는 수법을 썼다.
④ 그는 손해를 감수하고 계속 공장을 돌리고 있다.

01
'팬을 돌려'에서 '돌리다'는 '회전하게 하다'의 뜻이다. 이와 문맥상 의미가 유사한 것은 ②이다.

오답 정리
① '돌다'의 사동으로, '뜻이나 마음을 바꾸다'의 뜻이다.
③ '돌다'의 사동으로, '소문 따위를 퍼뜨리다'의 뜻이다.
④ '돌다'의 사동으로, '기계나 공장 따위를 가동하게 하다'의 뜻이다.

정답 ②

02 문맥상 ㉠의 의미와 가장 가까운 것은?

> 1945년 2월 미국 해병대는 도쿄에서 약 1,200킬로미터 떨어진 작은 화산섬 이오지마 섬을 점령했다. 당시 일본군은 이오지마 섬에 주둔하고 있던 흑인 병사와 백인 장교로 편성된 부대에 백인을 위해 흑인이 희생당할 필요가 없으니 투항하라는 내용을 담은 전단지를 ㉠ 뿌렸다. 그런데 실제로 그 전단지의 내용에 영향을 받은 것은 흑인 병사들이 아니라 백인 장교들로, 이들은 그 전단지의 내용에 영향을 받은 흑인 병사들의 탈주가 우려되어 이튿날 부대를 철수시켰다.

① 농부가 밭에 씨앗을 뿌리고 있다.
② 아침에 빗방울이 뿌리기 시작하였다.
③ 그분은 추한 염문을 뿌릴 사람이 아니다.
④ 선거에 돈을 과하게 뿌린 후보자가 낙선했다.

02
㉠은 '곳곳에 흩어지도록 던지거나 떨어지게 하다.'의 뜻이다. 이와 문맥적 의미가 유사한 것은 ①이다.

오답 정리
② '눈이나 비 따위가 날려서 떨어지다. 또는 그리 되게 하다.'의 뜻으로 썼다.
③ '좋지 아니한 소문을 사람들의 입에 오르내리게 하다.'의 뜻으로 썼다.
④ '여기저기 마구 돈을 쓰고 낭비하다.'의 뜻으로 썼다.

정답 ①

03 문맥상 ㉠의 의미와 가장 가까운 것은?

> 빛은 물결이 퍼지듯이 파동에 의해 전파된다. 이 파동에서 물결의 한 꼭짓점부터 다음 꼭짓점까지의 거리를 파장이라고 한다. 빛은 파장에 따라 적외선, 가시광선, 자외선 등의 광선들로 나뉘는데, 인간은 가시광선만을 시각으로 느낄 수 있다. 가시광선보다 파장이 긴 적외선이나, 짧은 자외선은 눈으로 인식하지 못한다. 이 중에서 가시광선은 파장이 가장 긴 빨간빛부터 가장 짧은 보랏빛까지 수많은 빛들로 구별되는데, 이 빛들과 관련된 대표적인 현상으로 '분산'과 '산란'을 ㉠ 들 수 있다.

① 그는 잠자리에 들어서도 계속 책을 보았다.

② 밥만 잡수시지 말고 나물 반찬도 들어 보세요.

③ 편지에는 친구들의 소식이 자세하게 들어 있었다.

④ 선생님은 보기를 들어 이해하기 쉽게 설명을 하셨다.

04 문맥상 ㉠의 의미로 쓰이지 않은 것은?

> 원래 물리학의 실험 기구였던 NMR 분광계를 유기 화학 연구의 핵심 장치로 만드는 데 중추적인 역할을 담당한 사람이 미국의 화학자 로버츠였다. 이 기구는 당시에 유일하게 배리언사에서 제작하고 있었는데, 로버츠는 이것의 가치를 남들보다 ㉠ 일찍이 인식하고 1950년대부터 이 기구로 미지의 분자 구조를 밝혀내기 시작했다. 로버츠는 '선도 사용자'로서 유기 화학계에 이 기구의 유용성을 열심히 알렸다. 그는 NMR을 이용한 연구를 수행하는 한편 학생들에게 이 기구를 사용하여 연구하는 방법을 가르쳤고 그 내용을 정리하여 교재로 출판했다. 로버츠의 노력에 힘입어 이 기구를 사용하는 연구자의 수가 빠르게 늘어났다.

① 나는 오늘 일찍이 학교로 출발했다.

② 그녀는 아침 일찍이 밥을 해 먹었다.

③ 나는 일찍이 와서 오늘 업무를 준비했다.

④ 그런 일은 일찍이 경험하지 못했던 일이다.

03

㉠의 '들다'는 '설명하거나 증명하기 위하여 사실을 가져다 대다.'라는 의미를 갖고 있다. 이와 유사한 의미로 사용된 것은 ④이다.

오답 정리
① '수면을 취하기 위한 장소에 가거나 오다'는 의미이다.
② '먹다'의 높임말이다.
③ '안에 담기거나 그 일부를 이루다'는 뜻이다.

정답 ④

04

'일찍이'는 다의어로, '일정한 시간보다 이르게', '예전에. 또는 전에 한 번'이라는 의미를 가지고 있다. ㉠은 '일정한 시간보다 이르게.'라는 의미이다. 그런데 ④만 '예전에'라는 의미로 쓰였다. 따라서 ㉠의 의미로 쓰이지 않은 것은 ④이다.

오답 정리
④를 제외한 나머지는 모두 '일정한 시간보다 이르게'라는 의미로 쓰였다.

정답 ④

05

'점유하다'는 '(사람이나 사물이 일정한 지역이나 영역 따위를) 차지하여 자기의 지배하에 두다'의 뜻이다. 따라서 ©의 (절대적인 차이와 무한한 잠재성을) 가지고 있다'는 '소유하고 있다'로 바꾸는 것이 적절하다.

오답 정리

① ③: 새로운 방식을 '처음으로 생각해냈으며'의 뜻이므로 '창안하였으며'는 적절하다.

② ©: 새로운 도식을 '(없던 것을) 만들어낼 수 있다'의 뜻이므로 '창조할 수 있다'는 적절하다.

④ ②: 충격을 '줄 수 있다'의 뜻이므로 '가할 수 있다'는 적절하다.

정답 ③

06

©이 포함된 문장은 구체적인 사물이 아닌 IP 주소를 숫자로 표를 하여 외부로 드러냄으로써 다른 것과 분간할 수 있도록 하는 방식에 대해 설명한 것이다. 그러므로 이 문장의 서술어인 ©은 외부로 드러낸다는 의미로 쓰인 것이고, 이는 '표를 하여 외부에 드러내 보이다'의 뜻을 가진 '표시(標示)하다'로 바꾸어 쓸 수 있다.

오답 정리

① '제조(製造)되다'는 '공장에서 큰 규모로 물건이 만들어지다.' 혹은 '원료에 인공이 가하여져 정교한 제품이 만들어지다.'의 의미이다. ③이 포함된 문장은 컴퓨터들이 인터넷에 연결되기 위해서는 고유 IP 주소를 가져야 한다는 내용이다. 그런데 이 고유 IP 주소는 IP에 따라 만들어지는(③) 것이다. 이때 ③은 없던 것이 새로 생겨나는 것이므로 '사물이 생겨나다'의 뜻을 지닌 '생성되는'으로 바꿔 쓰는 것이 적절하다.

③ '인정(認定)하다'는 '확실히 그렇다고 여기다.'의 뜻이다. 그런데 문맥상 ©은 '몰랐던 것을 알게 된다'는 의미를 지니고 있다. 따라서 '인정하다'와 바꿔 쓰기에 적절하지 않다.

④ '비교(比較)하다'는 '둘 이상의 사물을 견주어 서로 간의 유사점, 차이점, 일반 법칙 따위를 고찰하다.'라는 뜻이다. 문맥상 네임서버와 클라이언트가 패킷을 주고받을 때 UDP 프로토콜의 '방식에 따라' 혹은 '그 방식을 이용하여'라는 뜻이다. 따라서 '비교하다'와 바꿔 쓰기에 적절하지 않다.

정답 ②

05 ③ ~ ②과 바꿔 쓸 수 있는 유사한 표현으로 적절하지 않은 것은?

들뢰즈는 또 다른 인상주의 화가인 폴 세잔의 작품 '생빅투아르 산'에서도 '다양성'을 찾고 있다. 산과 마을의 모습이 다소 기하학적인 모습을 띠고 있는 그의 그림은 우리가 익히 알고 있는 산의 '개념'으로부터 벗어나 있다. 들뢰즈는 세잔이 자신만의 상상력으로 새로운 산의 형상을 만들었고, 사물을 보는 새로운 방식을 ③ 열었으며, 사물에 대한 새로운 도식을 창출했다고 생각했다. 상상력이 개념으로부터 벗어날 경우 기존의 인식 활동이나 개념과는 전혀 다른 새로운 도식을 © 만들 수 있다는 것이다.

들뢰즈는 음악에도 자신의 철학을 접목시켰는데, 특히 세상 모든 것은 절대적인 차이와 무한한 잠재성을 © 가지고 있다는 '다양체'의 의미를 다음과 같은 예로 설명한다. 피아노를 쳐서 듣게 되는 '도' 음도 '라'와 '미' 사이에 끼면 6도 마이너 화음으로 단조의 분위기가 나는 반면, '솔'과 '미' 사이에 끼면 1도 화음으로 맑은 분위기가 난다. 이렇게 배치에 따라 '도' 음이 다른 소리가 될 수 있는 이유는 '도' 음 자체가 하나의 단일한 소리가 아닌 무한한 소리를 지니고 있는 '다양체'이기 때문이다.

들뢰즈는 영화 예술에서 카메라의 역할에도 주목했다. 카메라로 대표되는 영화적 테크놀로지 역시 인간의 지각과 마찬가지로 무한한 이미지의 일부만을 취할 수밖에 없지만, 인간의 지각처럼 어떤 특정한 시점에 구속되지 않아 자유롭기 때문에 자연적 지각과는 전혀 다른 메커니즘으로 이미지를 생산한다는 것이다. 그래서 들뢰즈는 영화를 인간의 지각에 감지되지 않는 미세한 실재들을 포착해 내는 새로운 사유의 길로 본다. 인간의 눈이 아닌 카메라라는 기계의 눈에 담긴 지각을 바탕으로 한다는 점에서 개념과 관습, 진부한 도식에 의해 지배된 우리의 사고에 새로운 충격을 ② 던질 수 있다고 믿었다.

① ③: 창안하였으며

② ©: 창조할 수 있다는

③ ©: 점유하고 있다는

④ ②: 가할 수 있다고

06 ③ ~ ②과 바꿔 쓸 수 있는 유사한 표현으로 적절한 것은?

인터넷에 연결된 컴퓨터들이 서로를 식별하고 통신하기 위해서 각 컴퓨터들은 IP(인터넷 프로토콜)에 따라 ③ 만들어지는 고유 IP 주소를 가져야 한다. 프로토콜은 컴퓨터들이 연결되어 서로 데이터를 주고받기 위해 사용하는 통신 규약으로 소프트웨어나 하드웨어로 구현된다. 현재 주로 사용하는 IP 주소는 '***.126.63.1'처럼 점으로 구분된 4개의 필드에 숫자를 사용하여 © 나타낸다. 이 주소를 중복 지정하거나 임의로 지정해서는 안 되고 공인 IP 주소를 부여받아야 한다. (중략) 클라이언트는 이렇게 © 알아낸 IP 주소로 사이트를 찾아간다. 네임서버와 클라이언트는 UDP라는 프로토콜에 ② 맞추어 패킷을 주고받는다. UDP는 패킷의 빠른 전송 속도를 확보하기 위해 상대에게 패킷을 보내기만 할 뿐 도착 여부는 확인하지 않으며, 특정 질의 패킷에 대해 처음 도착한 응답 패킷을 신뢰하고 다음에 도착한 패킷은 확인하지 않고 버린다. DNS 스푸핑은 UDP의 이런 허점들을 이용한다.

① ③: 제조(製造)되는

② ©: 표시(標示)한다

③ ©: 인정(認定)한

④ ②: 비교(比較)해

07 다음 중 '진리의 절대성'을 주장한 사람끼리 묶인 것은?

"주관적인 것이 진리인가" 하는 질문은 언뜻 보기에 허무맹랑한 물음으로 여겨질 수 있다. 왜냐하면 일반적으로 철학의 전통에 있어 주관적인 것은 진리보다 못한 것으로 간주되었기 때문이다. "진리란 절대적이며 주관성이란 오류와 환상이다."라는 믿음을 공유했던 철학자들은 주관적인 사고보다는 보편적인 사고로 나아가는 것을 목표로 했다. 그렇다면 과연 주관적인 것은 진리가 될 수 없는 것일까?

㉠ 플라톤은 이데아와 형상이 존재하는 세계만이 진리이며 현상 세계와 경험 세계는 모두 이데아의 모방에 지나지 않는다고 보았다. 진리란 이성에 의해서만 인지될 수 있으며 수많은 감각의 흐름은 우리에게 보편적 무지만을 안겨 줄 뿐이라는 것이다. 반면 ㉡ 프로타고라스를 비롯한 소피스트들은 플라톤과는 달리 인간의 시각은 모두 다르고 인간에 따라 진리는 상대적일 수 있다는 주장을 펼쳤다. 그리고 이 경우 인간에 대한 고찰은 더 이상 보편적인 시각에서 이루어질 수 없고 개개인의 특수성을 강조하는 방향으로 발전하게 된다.

하지만 이런 소피스트들의 주관성에 대한 옹호는 심각한 회의론을 야기할 수 있다. 소피스트들의 주장에 따르면 진리란 결국 관점에 불과한 것으로 더 이상 절대적 진리의 기준이 없고 변화하는 진리들만 있어서 진리 자체가 존폐의 위험에 놓이게 될 것이다. 이러한 주관적 진리의 한계 때문에 우리는 주관성을 넘어서는 객관성과 보편성을 지향한다. ㉢ 소크라테스는 인간이 만물의 척도이고 주관성 자체가 진리라면 돼지나 원숭이들도 척도로 삼아야 하지 않겠느냐고 말했다. 소크라테스는 소피스트들의 상대주의를 극복하고자 했으며 그들에 반대하여 보편적 절대적 진리의 존재를 신임할 것을 권고했다.

그러나 주관적 견해들의 모순을 피하고 최대한 객관성을 추구한다 해도 우리가 기대했던 것과 달리 객관적 사고에 이르는 것은 사실상 불가능하다. 절대적인 객관적 사고가 불가능한 것은 무엇보다 그런 사고를 추구하는 인간이 실존이라는 주관적 상황에 놓여 있기 때문이다. ㉣ 칸트는 개개인의 감각과 정신의 필수불가결한 관계에서만 인식과 진리가 존재한다는 사실을 명시했다. 말하자면 나를 거치지 않고 독자적으로 존재하는 진리는 없다는 것이다. ㉤ 키르케고르는 실존은 인간의 본질 그 자체이기 때문에 실존 없는 본질은 의미 없는 것이라고 주장했다. 키르케고르 역시 나'를 포함하지 않는 진리는 의미가 없다고 본 것이다.

① ㉠, ㉢
② ㉡, ㉣
③ ㉠, ㉡, ㉢
④ ㉠, ㉣, ㉤

07
㉠ 플라톤은 수많은 감각은 우리에게 보편적 무지만을 안겨준다고 했으므로 진리란 절대적이라는 관점을 가지고 있음을 알 수 있다.

㉢ 3문단에서 소크라테스는 소피스트들의 주장에 반대하여 절대적 진리의 존재를 신임할 것을 권고했다고 했으므로 소크라테스 또한 진리의 절대성을 추구한 것으로 볼 수 있다.

오답 정리
㉡ 프로타고라스와 소피스트들은 진리의 상대성을 주장하였다.

㉣, ㉤ 칸트와 키르케고르는 실존 없는 진리는 의미 없는 것이라고 했으므로 진리의 주관성을 어느 정도 인정한 철학자로 볼 수 있다.

정답 ①

해커스공무원 혜원국어 **신유형 독해 마스터**

PART 3

추론

유형 10 견해의 강화와 약화

유형 분석

예상 문제는 지문의 주장을 '강화'하는 내용인지, '약화'하는 내용인지 판단하는 유형으로, 총 2문제가 출제되었다. 그중 한 문제는 <보기>에서 모두 고르는 유형으로, 또 다른 하나는 적절한 것 하나를 고르는 유형으로 출제되었다. 특히 <보기> 제시 후 모두 고르는 형태는 다른 영역에서도 출제될 수 있다. 또 '강화'나 '약화'라는 용어가 나오지 않더라도, 비판이나 반박으로 적절한 것을 고르라는 식으로 출제될 수도 있음에 유의하자.

공략 방법

① '강화'와 '약화'라는 낯선 이름에 겁낼 필요 없다. '강화'는 일치, '약화'는 불일치로 생각하면 된다.

② <보기>에서 모두 고르는 유형을 낯설고 어렵게 생각할 수도 있다. 그러나 확실히 아닌 것을 고른다면 더 수월하게 풀 수 있기에 편하게 생각하자.

관련 지식

1. 논지의 강화

(1) 개념: 자신의 논지, 즉 결론을 보다 그럴듯하게 만드는 것

(2) 강화 방법

   ① 전제가 참이라는 것을 입증하기

   ② 전제와 결론의 관련성을 강조하기

   ③ 전제가 사실적 참임을 보증하는 근거를 제시하기

2. 논지의 약화

(1) 개념: 논증에 대한 반박이라고도 하며, 논증의 근거나 전제가 틀렸음을 밝히거나 반대로 논증의 전제나 근거가 참이라고 할 때 그 전제나 근거에서 결론이 도출되지 않거나 틀렸다는 것을 입증하는 것

(2) 강화 방법

   ① 전제를 반박하기

      ㉠ 전제 중 하나가 참이 아니라는 것을 밝히기

      ㉡ 논증의 한 전제가 다른 전제와 모순이 된다는 것을 밝히기

   ② 논거를 반박하기

   ③ 논증 방식에 대해 반박하기

01 ㉠을 평가한 내용으로 적절한 것만을 <보기>에서 모두 고르면?

흔히 '일곱 빛깔 무지개'라는 말을 한다. 서로 다른 빛깔의 띠 일곱 개가 무지개를 이루고 있다는 뜻이다. 영어나 프랑스어를 비롯해 다른 자연언어들에도 이와 똑같은 표현이 있는데, 이는 해당 자연언어가 무지개의 색상에 대응하는 색채 어휘를 일곱 개씩 지녔기 때문이라고 할 수 있다.

언어학자 사피어와 그의 제자 워프는 여기서 어떤 영감을 얻었다. 그들은 서로 다른 언어를 쓰는 아메리카 원주민들에게 무지개의 띠가 몇 개냐고 물었다. 대답은 제각각 달랐다. 사피어와 워프는 이 설문 결과에 기대어, 사람들은 자신의 언어에 얽매인 채 세계를 경험한다고 판단했다. 이 판단으로부터, "우리는 모국어가 그어 놓은 선에 따라 자연세계를 분단한다."라는 유명한 발언이 나왔다. 이에 따르면 특정 현상과 관련한 단어가 많을수록 해당 언어권의 화자들은 그 현상에 대해 심도 있게 경험하는 것이다. 언어가 의식을, 사고와 세계관을 결정한다는 이 견해는 ㉠ 사피어–워프 가설이라 불리며 언어학과 인지과학의 논란거리가 되어왔다.

─────── 〈보기〉 ───────

ㄱ. 눈[雪]을 가리키는 단어를 4개 지니고 있는 이누이트족이 1개 지니고 있는 영어 화자들보다 눈을 넓고 섬세하게 경험한다는 것은 ㉠을 강화한다.

ㄴ. 수를 세는 단어가 '하나', '둘', '많다' 3개뿐인 피라하족의 사람들이 세 개 이상의 대상을 모두 '많다'고 인식하는 것은 ㉠을 강화한다.

ㄷ. 색채 어휘가 적은 자연언어 화자들이 색채 어휘가 많은 자연언어 화자들에 비해 색채를 구별하는 능력이 뛰어나다는 것은 ㉠을 약화한다.

① ㄱ
② ㄱ, ㄴ
③ ㄴ, ㄷ
④ ㄱ, ㄴ, ㄷ

해설

㉠은 '언어'가 '의식, 사고'에 영향을 준다는 견해이다. 따라서 언어가 사고에 영향을 주는 사례는 ㉠을 강화할 것이고, 그렇지 않은 사례는 ㉠을 약화할 것이다.

ㄱ. '눈'을 가리키는 단어를 더 많이 지니고 있는 쪽이 눈을 더 넓고 섬세하게 경험한다는 내용이다. 언어가 사고에 영향을 주는 것을 보여준 사례라는 점에서 ㉠을 강화할 것이다.

ㄴ. 수를 세는 단어가 3개뿐인 부족 사람들은 3개 이상의 대상을 모두 '많다'고 인식한다는 내용이다. 언어가 사고에 영향을 준 사례이므로 ㉠을 강화할 것이다.

ㄷ. 색채 어휘가 적은 화자들이 그 반대인 경우보다 색채를 구별하는 능력이 뛰어나다는 내용이다. 이는 언어가 사고에 영향을 준다는 견해와는 상반된 사례이기 때문에, ㉠을 약화할 것이다.

정답 ④

02 다음 글에 대해 평가한 내용으로 가장 적절한 것은?

영국의 유명한 원형 석조물인 스톤헨지는 기원전 3,000년경 신석기시대에 세워졌다. 1960년대에 천문학자 호일이 스톤헨지가 일종의 연산장치라는 주장을 하였고, 이후 엔지니어인 톰은 태양과 달을 관찰하기 위한 정교한 기구라고 확신했다. 천문학자 호킨스는 스톤헨지의 모양이 태양과 달의 배열을 나타낸 것이라는 의견을 제시해 관심을 모았다.

그러나 고고학자 앳킨슨은 그들의 생각을 비난했다. 앳킨슨은 스톤헨지를 세운 사람들을 '야만인'으로 묘사하면서, 이들은 호킨스의 주장과 달리 과학적 사고를 할 줄 모른다고 주장했다. 이에 호킨스를 옹호하는 학자들이 진화적 관점에서 앳킨슨을 비판하였다. 이들은 신석기시대보다 훨씬 이전인 4만 년 전의 사람들도 신체적으로 우리와 동일했으며 지능 또한 우리보다 열등했다고 볼 근거가 없다고 주장했다.

하지만 스톤헨지의 건설자들이 포괄적인 의미에서 현대인과 같은 지능을 가졌다고 해도 과학적 사고와 기술적 지식을 가지지는 못했다. 그들에게는 우리처럼 2,500년에 걸쳐 수학과 천문학의 지식이 보존되고 세대를 거쳐 전승되어 쌓인 방대하고 정교한 문자 기록이 없었다. 선사시대의 생각과 행동이 우리와 똑같은 식으로 전개되지 않았으리라는 점은 매우 중요하다. 지적 능력을 갖췄다고 해서 누구나 우리와 같은 동기와 관심, 개념적 틀을 가졌으리라고 생각하는 것은 잘못이다.

① 스톤헨지가 제사를 지내는 장소였다는 후대 기록이 발견되면 호킨스의 주장은 강화될 것이다.

② 스톤헨지 건설 당시의 사람들이 숫자를 사용하였다는 증거가 발견되면 호일의 주장은 약화될 것이다.

③ 스톤헨지의 유적지에서 수학과 과학에 관련된 신석기시대 기록물이 발견되면 글쓴이의 주장은 강화될 것이다.

④ 기원전 3,000년경 인류에게 천문학 지식이 있었다는 증거가 발견되면 앳킨슨의 주장은 약화될 것이다.

01 갑 ~ 병에 대한 평가로 적절한 것만을 <보기>에서 모두 고르면?

2022년 지방직 7급

갑: 일상적인 언어생활에서 가족이 아닌 이들과 대화할 때 '우리 엄마'라는 표현을 자주 쓰곤 하는데, 좀 이상하지 않아? '우리 동네'라는 표현과 비교하면 무엇이 문제인지 분명하게 알 수 있어. '우리 동네'는 화자의 동네이기도 하면서 청자의 동네이기도 한 특정한 하나의 동네를 지칭하잖아. 그런 식이라면 '우리 엄마'는 형제가 아닌 화자와 청자가 공유하는 엄마를 지칭하는 이상한 표현이 되는 셈이지. 그러니까 이 경우의 '우리 엄마'는 잘못된 어법이고 '내 엄마'라고 하는 것이 올바른 어법이라고 할 수 있어.

을: 청자가 사는 동네와 화자가 사는 동네가 다른 경우에도 '우리 동네'라는 표현을 쓸 수 있어. 물론 이 표현이 의미하는 것은 청자가 사는 동네와 다른, 화자가 사는 동네가 되겠지. 이 경우 '우리 동네'라는 표현은 '그 표현을 말하는 사람이 사는 동네' 정도를 의미할 거야. 갑이 문제를 제기한 '우리 엄마'의 경우도 마찬가지라고 볼 수 있어.

병: '우리 엄마'와 '내 엄마'가 같은 뜻을 갖는 것은 아니야. '내 동네'라고 하지 않고 '우리 동네'라고 하는 것은 동네를 공유하는 공동체가 존재하기 때문이겠지. 마찬가지로 '내 엄마'라고 하지 않고 '우리 엄마'라고 하는 것은 우리가 늘 가족 공동체 속에서의 엄마를 생각하기 때문일 거야. 즉, 가족 구성원 중의 한 명인 엄마를 공유하는 공동체가 존재한다는 것이지.

〈보기〉

ㄱ. 갑은 '우리 엄마'라는 표현이 화자와 청자 모두의 엄마를 가리킨다고 보는 입장이다.

ㄴ. 형제가 서로 대화하면서 '우리 엄마'라는 표현을 쓸 때 이 표현이 형과 동생 모두의 엄마를 가리킨다는 것은 을의 입장을 약화한다.

ㄷ. 무인도에 혼자 살아온 사람이 그 섬을 '우리 마을'이라고 말하면 어색하게 느껴진다는 것은 병의 입장을 약화하지 않는다.

① ㄱ

② ㄱ, ㄷ

③ ㄴ, ㄷ

④ ㄱ, ㄴ, ㄷ

01

ㄱ. '갑'의 "'우리 동네'는 화자의 동네이기도 하면서 청자의 동네이기도 한 특정한 하나의 동네를 지칭하잖아. 그런 식이라면 '우리 엄마'는 형제가 아닌 화자와 청자가 공유하는 엄마를 지칭하는 이상한 표현이 되는 셈이지."라는 말을 볼 때, 갑은 '우리 엄마'라는 표현이 화자와 청자 모두의 엄마를 가리킨다고 보는 입장임을 알 수 있다.

ㄷ. 무인도에 혼자 살아왔다는 것은 가족 구성원이 혼자뿐이라는 의미이다. 따라서 '무인도에 혼자 살아온 사람이 그 섬을 '우리 마을'이라고 말하면 어색하게 느껴진다'는 것은 '병'의 입장을 약화하지 않는다.

오답 정리

ㄴ. '을'이 '갑'의 주장 전체를 부정하고 있는 것은 아니다. 따라서 형제가 서로 대화하면서 '우리 엄마'라는 표현을 쓸 때 이 표현이 형과 동생 모두의 엄마를 가리킨다는 것이 '을'의 입장을 강화하지 않을 뿐, 약화하지도 않는다.

정답 ②

01

ㄴ. 말파리가 실제로 흡혈한 피의 99% 이상이 검은색이나 진한 갈색 몸통의 말의 것이라는 연구결과는 말 모형에 대한 행동반응 연구결과에 부합하는 것으로 ㉠을 강화한다.

ㄷ. 말 모형에 대한 말파리의 행동반응 결과는 검은색 말 모형에 562마리, 갈색에는 334마리, 흰색에는 22마리의 말파리가 붙은 데 비해 얼룩무늬에는 8마리가 붙었을 뿐이었다는 것이다. 그런데 실제 말에 대한 말파리의 행동반응이 이와 다르다는 연구결과는 '얼룩무늬 말의 얼룩무늬가 말의 피를 빼는 말파리를 피하는 방향으로 진행된 진화의 결과'라는 가설을 약화한다.

오답 정리

ㄱ. 얼룩무늬 때문에 포식자의 눈에 잘 띈다는 연구결과는 A의 가설과는 무관한 정보이다. 따라서 A의 가설을 강화하지도 약화하지도 않는다.

정답 ③

01 ㉠을 평가한 내용으로 적절한 것만을 <보기>에서 모두 고르면?

얼룩말의 얼룩무늬가 어떻게 생겨났는지는 과학계의 오랜 논쟁거리다. 월러스는 "얼룩말이 물을 마시러 가는 해질녘에 보면 얼룩무늬가 위장 효과를 낸다."라고 주장했지만, 다윈은 "눈에 잘 띌 뿐"이라며 그 주장을 일축했다. 검은 무늬는 쉽게 더워져 공기를 상승시키고 상승한 공기가 흰 무늬 부위로 이동하면서 작은 소용돌이가 일어나 체온조절을 돕는다는 가설도 있다. 위험한 체체파리나 사자의 눈에 얼룩무늬가 잘 보이지 않는다거나, 고유의 무늬 덕에 얼룩말들이 자기 무리를 쉽게 찾는다는 견해도 있다. 최근 A는 실험을 토대로 ㉠ 새로운 가설을 제시했다. 그는 얼룩말과 같은 속(屬)에 속하는 검은 말, 갈색 말, 흰 말을 대상으로 몸통에서 반사되는 빛의 특성을 살펴보았다. 검정이나 갈색처럼 짙은 색 몸통에서 반사되는 빛은 수평 편광으로 나타났다. 수평 편광은 물 표면에서 반사되는 빛의 특성이기도 한데, 물에서 짝짓기를 하고 알을 낳는 말파리가 아주 좋아하는 빛이다. 편광이 없는 빛을 반사하는 흰색 몸통에는 말파리가 훨씬 덜 꼬였다. A는 몸통 색과 말파리의 행태 간에 상관관계가 있다고 생각하고, 말처럼 생긴 일정 크기의 모형에 검은색, 흰색, 갈색, 얼룩무늬를 입힌 뒤 끈끈이를 발라 각각에 말파리가 얼마나 꼬이는지를 조사했다. 이틀간의 실험 결과 검은색 말 모형에는 562마리, 갈색에는 334마리, 흰색에 22마리의 말파리가 붙은 데 비해 얼룩무늬를 가진 모형에는 8마리가 붙었을 뿐이었다. 이것은 실제 얼룩말의 무늬와 유사한 얼룩무늬가 말파리를 가장 덜 유인한다는 결과였다. A는 이를 바탕으로 얼룩말의 얼룩무늬가 말의 피를 빠는 말파리를 피하는 방향으로 진행된 진화의 결과라는 가설을 제시했다.

─── 〈보기〉 ───

ㄱ. '얼룩말 고유의 무늬 때문에 초원 위의 얼룩말이 사자 같은 포식자 눈에 잘 띈다는 연구결과'는 ㉠을 강화한다.

ㄴ. '말파리가 실제로 흡혈한 피의 99 % 이상이 검은색이나 진한 갈색 몸통을 가진 말의 것이라는 연구결과'는 ㉠을 강화한다.

ㄷ. '실제 말에 대한 말파리의 행동반응이 말 모형에 대한 말파리의 행동반응과 다르다는 연구결과'는 ㉠을 약화한다.

① ㄱ

② ㄱ, ㄴ

③ ㄴ, ㄷ

④ ㄱ, ㄴ, ㄷ

02 ⏤을 평가한 내용으로 적절한 것만을 <보기>에서 모두 고르면?

김 과장은 아들 철수가 최근 출시된 디아별로 게임에 몰두한 나머지 학업을 소홀히 하고 있다는 것을 알았다. 그러던 중 컴퓨터 게임과 학업 성적에 대한 다음과 같은 ⏤ 연구 결과를 접하게 되었다. 그 연구 결과에 의하면, 하루 1시간 이내로 게임을 하는 아이들은 1시간 이상 게임을 하는 아이들보다 성적이 높았고 상위권에 속했으나, 하루 1시간 이상 게임을 하는 아이들의 경우 게임을 더 오래 하는 아이들이 성적이 더 낮은 것으로 나타났다. 연구 보고서는 아이들이 게임을 하는 시간을 부모가 1시간 이내로 통제한다면, 아이들의 학교 성적이 상위권에서 유지될 것이라고 결론을 내리고 있다.

〈보기〉

ㄱ. 평균 이하의 성적을 보이는 아이들이 대부분 하루에 3시간 이상씩 게임을 하였다면, 연구 결과는 강화된다.
ㄴ. 아이들의 게임 시간을 하루 1시간 이상으로 늘려도 성적에 변화가 없었다면, 연구 결과는 약화된다.
ㄷ. 하루 2시간 이상 3시간 이내 게임을 하던 아이들의 게임 시간을 줄였더니 성적이 올랐다면, 연구 결과는 약화된다.

① ㄱ
② ㄱ, ㄴ
③ ㄴ, ㄷ
④ ㄱ, ㄴ, ㄷ

03 다음 글의 논지를 반박하는 것으로 가장 적절한 것은?

어린이는 의료 실험과 관련하여 제한적인 동의 능력만을 가지고 있다. 동의 능력이란, 충분히 자율적인 존재가 제안된 실험의 특성이나 위험성 등에 대한 적절한 정보를 인식하고 그것에 기초하여 그 실험을 자발적으로 받아들일 수 있는 능력을 일컫는다. 어린이를 실험 대상에서 배제시키면, 어린이 환자 집단에 대해 충분한 실험을 하지 않은 약품들로 어린이를 치료하게 되어 어린이를 더욱 커다란 위험에 몰아넣게 된다. 따라서 어린이를 실험 대상에서 배제시키는 것은 도덕적으로 올바르지 않다. 반면, 어린이를 실험 대상에서 배제시키지 않으면, 제한적인 동의 능력만을 가진 존재를 실험 대상에 포함시키게 된다. 제한된 동의 능력만을 가진 이를 실험 대상에 포함시키는 것은 도덕적으로 올바르지 않다. 따라서 어린이를 실험 대상에 포함시키는 것은 도덕적으로 올바르지 않다. 우리의 선택지는 어린이를 실험 대상에서 배제시키거나 배제시키지 않는 것뿐이다. 결국 어떠한 선택을 하든 도덕적인 잘못을 저지를 수밖에 없다.

① 어린이의 동의 능력이 부모나 법정대리인에 의해 적합하게 보완되지 않을 수도 있다.
② 법률을 제정하여 제한적인 동의 능력만을 가진 어린이가 의료 실험 대상에서 배제되지 않도록 해야 한다.
③ 어린이를 실험 대상으로 하는 연구는 그 위험성의 여부와는 상관없이 모두 거부되어야 한다. 왜냐하면 적합한 사전 동의 없이 행해지는 어떠한 실험도 도덕적 잘못이기 때문이다.
④ 동물실험이나 성인에 대한 임상 실험을 통해서도 어린이 환자를 위한 안전한 약물을 만들어낼 수 있다. 따라서 어린이를 실험 대상에 포함시키지 않더라도 어린이 환자가 안전하게 치료받지 못하는 위험에 빠지지 않을 수 있다.

02

ㄱ. 제시된 글에서는 게임 시간과 성적과의 유의미한 상관관계가 있다고 보고 있다. 따라서 평균 이하의 성적을 보이는 아이들의 게임 시간이 3시간 이상이었다면 '연구 결과'는 강화될 것이다.

ㄴ. 제시된 글에서는 게임 시간과 성적과의 유의미한 상관관계가 있다고 보고 있는데, 만약 게임 시간을 늘렸음에도 성적에 변화가 없었다면 '연구 결과'는 약화될 것이다.

오답 정리

ㄷ. 게임 시간을 줄였더니 성적이 올랐다는 것은 '연구 결과'와 부합하는 내용이다. 따라서 이는 연구 결과를 '약화'하는 것이 아니라 '강화'하는 것이다.

정답 ②

03

제시된 글에서는 어린이를 실험 대상에서 배제시키면, 어린이 환자 집단에 대해 충분한 실험을 하지 않은 약품들로 어린이를 치료하게 되어 어린이를 더욱 커다란 위험에 몰아넣게 되기 때문에 어린이를 실험 대상에서 배제시키는 것은 도덕적으로 올바르지 않다고 하였다. 따라서 동물실험이나 성인에 대한 임상 실험을 통해서도 어린이 환자를 위한 안전한 약물을 만들어낼 수 있으므로, 어린이를 실험 대상에 포함시키지 않더라도 어린이 환자가 안전하게 치료받지 못하는 위험에 빠지지 않을 수 있다는 ④의 내용으로 논지를 반박할 수 있다.

정답 ④

유형 분석

예상 문제는 주어진 명제를 근거로 진술의 적절성을 판단하는 유형, 결론을 추론하는 유형, 숨겨진 전제를 찾는 유형으로 출제되었다. 예상 문제는 모두 문장의 형태로 제시되었지만, 이전 기출에 비추어 볼 때, 명제가 짧은 문장이 아닌, 긴 글이나 문단 형태로 제시될 수도 있다.

공략 방법

① '명제 추론'에서 가장 중요한 것은 '대우 활용'이다. 명제의 '참/거짓'은 오직 '대우'만이 함께 함을 기억해 두자.

② '모든'과 '어떤' 중 '모든'이 나온다면, 사실상 '모든'을 지우고 이해해도 무방하다. 예를 들어 '모든 A는 B이다.'가 나왔다면, 'A는 B이다.'로 이해해도 무방하다는 의미이다.

1. 명제 사이의 관계

(1) '명제'의 기호화

명제의 타당성을 판별하기 위해 'A ○ → B ○' 또는 'p → q'와 같이 명제를 단순화하여 정리하면, 문제를 푸는 데 용이하다. 자신이 알아볼 수 있는 단어나 기호를 사용해도 되지만, 일반적으로 명제를 기호화하는 데 사용하는 다섯 가지 기호의 의미는 다음과 같다.

기호	의미	표현
→	조건	p이면 q이다. (p → q)
~	부정	p가 아니다(거짓이다). (~p)
∧	그리고	p 그리고 q (p∧q)
∨	또는	p 또는 q (p∨q)
↔	필요충분조건	p일 때, 그리고 오직 그때만 q이다. (p ↔ q)

(2) '명제' 사이의 관계

① 명제가 참이라면, 그 명제의 '대우'도 항상 참이 된다.

② 명제가 참이더라도, 그 명제의 '역', '이'의 참과 거짓은 확신할 수 없다.

역 · 이 · 대우의 관계

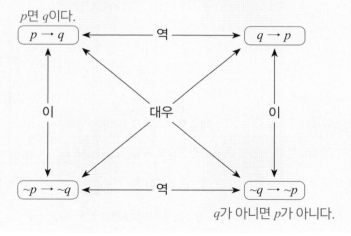

유형 11 - 1 | '명제 3개 제시 → 선지 진술의 진위 판단'

다음 진술이 모두 참일 때 반드시 참인 것은?

○ 오 주무관이 회의에 참석하면, 박 주무관도 참석한다.
○ 박 주무관이 회의에 참석하면, 홍 주무관도 참석한다.
○ 홍 주무관이 회의에 참석하지 않으면, 공 주무관도 참석하지 않는다.

① 공 주무관이 회의에 참석하면, 박 주무관도 참석한다.

② 오 주무관이 회의에 참석하면, 홍 주무관은 참석하지 않는다.

③ 박 주무관이 회의에 참석하지 않으면, 공 주무관은 참석한다.

④ 홍 주무관이 회의에 참석하지 않으면, 오 주무관도 참석하지 않는다.

해설

제시된 진술을 ㄱ ~ ㄷ으로 두고 기호화한다면 다음과 같다.

	명제	대우
ㄱ	오 ○→박 ○	~박 ○→~오 ○
ㄴ	박 ○→홍 ○	~홍 ○→~박 ○
ㄷ	~홍○→~공○	공 ○→홍 ○

이를 통해 다음의 내용을 이끌어낼 수 있다.

~홍 ○→~박 ○→~오 ○

즉 ㄴ의 대우, ㄱ의 대우를 연결하면 ④의 진술이 참임을 알 수 있다.

정답 ④

유형 11 - 2 | 전제를 통해 결론 추론(어떤, 일부)

(가)와 (나)를 전제로 할 때 빈칸에 들어갈 결론으로 가장 적절한 것은?

(가) 노인복지 문제에 관심이 있는 사람 중 일부는 일자리 문제에 관심이 있는 사람이 아니다.
(나) 공직에 관심이 있는 사람은 모두 일자리 문제에 관심이 있는 사람이다.
따라서 _____.

① 노인복지 문제에 관심이 있는 사람 중 일부는 공직에 관심이 있는 사람이 아니다

② 공직에 관심이 있는 사람 중 일부는 노인복지 문제에 관심이 있는 사람이 아니다

③ 공직에 관심이 있는 사람은 모두 노인복지 문제에 관심이 있는 사람이 아니다

④ 일자리 문제에 관심이 있지만 노인복지 문제에 관심이 없는 사람은 모두 공직에 관심이 있는 사람이 아니다

해설

제시된 전제 (가)와 (나)를 기호화한다면 다음과 같다.

	전제	대우
(가)	노인복지 문제 α ∧ ~일자리 문제 α	
(나)	공직 → 일자리 문제	~일자리 문제 → ~공직

(나)의 대우와 (가)를 연결해 볼 때, '노인복지 문제 α → ~공직', 즉 '노인복지 문제에 관심이 있는 사람 중 일부는 공직에 관심이 있는 사람이 아니다'라는 결론을 이끌어낼 수 있다.

정답 ①

다음 글의 밑줄 친 결론을 이끌어내기 위해 추가해야 할 것은?

> 문학을 좋아하는 사람은 모두 자연의 아름다움을 좋아하는 사람이다. 자연의 아름다움을 좋아하는 어떤 사람은 예술을 좋아하는 사람이다. 따라서 <u>예술을 좋아하는 어떤 사람은 문학을 좋아하는 사람이다.</u>

① 자연의 아름다움을 좋아하는 사람은 모두 문학을 좋아하는 사람이다.

② 문학을 좋아하는 어떤 사람은 자연의 아름다움을 좋아하는 사람이다.

③ 예술을 좋아하는 어떤 사람은 자연의 아름다움을 좋아하는 사람이다.

④ 예술을 좋아하지만 문학을 좋아하지 않는 사람은 모두 자연의 아름다움을 좋아하는 사람이다.

해설

제시된 글을 명제로 정리하면 다음과 같다.

전제	문학 好 → 자연의 아름다움 好
	자연의 아름다움 好 α ∧ 예술 好 α
결론	예술 好 α ∧ 문학 好 α

'문학을 좋아하는 사람'이라는 결론을 이끌어내기 위해 두 번째 전제인 '자연의 아름다움 好 α ∧ 예술 好 α'를 고려할 때, '자연 好 → 문학 好', 즉 '자연의 아름다움을 좋아하는 사람은 모두 문학을 좋아하는 사람이다.'라는 전제가 추가되면, 밑줄 친 결론을 이끌어낼 수 있다.

정답 ①

01

지원금을 받을 수 있는 조건은 다음과 같다.

증빙서류 불필요	증빙서류 필요
㉠ 사회적 거리두기 2단계의 실시로 출입이 금지된 집합금지 및 집합 제한 업종의 자영업자 ㉡ 사회적 거리두기 2.5단계부터 운영이 제한된 수도권의 카페나 음식점 운영자	집합금지 및 집합 제한 업종에 속하지 않더라도 ㉢ 연 매출 4억 원 이하 ㉣ 코로나 19 확산으로 매출이 감소했음

'㉠ 또는 ㉡'이면 증빙서류 필요 없이 지원금을 받을 수 있다. 또 '㉢ 그리고 ㉣'이면 증빙서류를 제출하면 지원금을 받을 수 있다. 이를 기호로 나타내면, '(㉠∨㉡) → 지원금 ○', '(㉢∧㉣) → 지원금 ○'이다. A씨가 운영하는 문구점은 집합금지 및 집합 제한 업종에 해당하지 않는다고 했기 때문에, 지원금을 받기 위해서는 '㉢∧㉣'가 되어야 한다. 따라서 빈칸에는 ⑤가 들어가는 것이 가장 적절하다.

정답 ⑤

---

01 다음 대화의 빈칸에 들어갈 내용으로 가장 적절한 것은? 2020년 국가직 7급 모의평가

> 갑: 아시는 바와 같이 코로나 19로 인한 위기 상황 속에서 어려움을 겪는 국민의 생계를 지원하기 위해 정부가 지난 5월에 전 국민을 대상으로 긴급 재난 지원금을 지급했습니다. 그런데 정부는 코로나 19로 영업이 어려워진 소상공인 및 자영업자, 생계가 어려운 가구 등을 대상으로 지원금을 다시금 지급하기로 8월에 결정했습니다. 이 소식을 듣고 지원금 수령 가능 여부를 문의하는 민원인들이 많습니다. 문구점을 운영하는 A씨는 소상공인 및 자영업자에게 주는 지원금을 신청할 수 있는지 문의했습니다.
>
> 을: 이번에는 소상공인 및 자영업자의 일부, 생계 위기 가구 등에 지원금을 주게 되어 있습니다. 사회적 거리두기 2단계의 실시로 출입이 금지된 집합금지 및 집합 제한 업종의 자영업자는 특별한 증빙서류 없이 소상공인 및 자영업자 대상 지원금을 받을 수 있습니다. 또 사회적 거리두기 2.5단계부터 운영이 제한된 수도권의 카페나 음식점 등도 집합 제한 업종에 해당하여 지원금을 받을 수 있습니다. 집합금지 및 집합 제한 업종에 속하지 않더라도 연 매출 4억 원 이하라는 사실을 증명할 수 있는 자료와 함께 코로나 19 확산으로 매출이 감소했음을 증빙하는 자료를 제출하면 지원금을 받을 수도 있습니다. A씨가 운영하는 가게가 집합금지 및 집합 제한 업종에 해당하는지 확인하셨습니까?
>
> 갑: 네, A씨가 운영하는 문구점은 집합금지 및 집합 제한 업종에 해당하지 않는 것으로 확인되었습니다.
>
> 을: 그렇다면 제가 말씀드린 내용을 바탕으로 A씨에게 적절한 답변을 해주시기 바랍니다.
>
> 갑: 잘 알겠습니다. 민원인 A씨에게 [   ]고 말씀드리겠습니다.

① 문구점은 일반 업종에 해당하지 않으므로 긴급 재난 지원금을 신청할 수 없다

② 지난 5월에 긴급 재난 지원금을 받았다는 사실을 증명하는 서류를 제출해야 한다

③ 문구점은 집합금지 및 집합 제한 업종에 해당하지 않는 것으로 확인되었기 때문에 지원금을 받을 수 없다

④ 사회적 거리두기 2.5단계부터 운영이 제한되거나 금지된 업종이 아니면 긴급재난지원금을 받을 수 없다

⑤ 연 매출 4억 원에 미치지 못하고 코로나 19로 매출이 감소한 자영업자라면 증빙서류를 갖추어 신청할 수 있다

02 다음 글의 빈칸에 들어갈 내용으로 가장 적절한 것은?

2021년 국가직 9급

민간 문화 교류 증진을 목적으로 열리는 국제 예술 공연의 개최가 확정되었다. 이번 공연이 민간 문화 교류 증진을 목적으로 열린다면, 공연 예술단의 수석대표는 정부 관료가 맡아서는 안 된다. 만일 공연이 민간 문화 교류 증진을 목적으로 열리고 공연 예술단의 수석대표는 정부 관료가 맡아서는 안 된다면, 공연 예술단의 수석대표는 고전음악 지휘자나 대중음악 제작자가 맡아야 한다. 현재 정부 관료 가운데 고전음악 지휘자나 대중음악 제작자는 없다. 예술단에 수석대표는 반드시 있어야 하며 두 사람 이상이 공동으로 맡을 수도 있다. 전체 세대를 아우를 수 있는 사람이 아니라면 수석대표를 맡아서는 안 된다. 전체 세대를 아우를 수 있는 사람이 극히 드물기에, 위에 나열된 조건을 다 갖춘 사람은 모두 수석대표를 맡는다.

누가 공연 예술단의 수석대표를 맡을 것인가와 더불어, 참가하는 예술인이 누구인가도 많은 관심의 대상이다. 그런데 아이돌 그룹 A가 공연 예술단에 참가하는 것은 분명하다. 왜냐하면 만일 갑이나 을이 수석대표를 맡는다면 A가 공연 예술단에 참가하는데, ☐☐☐☐☐☐☐☐☐ 때문이다.

① 갑은 고전음악 지휘자이며 전체 세대를 아우를 수 있기

② 갑이나 을은 대중음악 제작자 또는 고전음악 지휘자이기

③ 갑과 을은 둘 다 정부 관료가 아니며 전체 세대를 아우를 수 있기

④ 을이 대중음악 제작자가 아니라면 전체 세대를 아우를 수 없을 것이기

⑤ 대중음악 제작자나 고전음악 지휘자라면 누구나 전체 세대를 아우를 수 있기

02

제시문을 명제 형식으로 정리하면 다음과 같다.

> ㉠ 수석대표 → ~ 정부관료(≡ 정부관료 → ~ 수석대표)
> ㉡ 수석대표 → 고전음악 지휘자∨대중음악 제작자
> ㉢ 수석대표 → 전체 세대(≡ ~전체 세대 → ~수석대표)

즉 '수석대표 → ㉡∧㉢'이어야 한다. 따라서 빈칸에는 ①이 들어가는 것이 가장 적절하다.

정답 ①

1문단에서 "논리실증주의자들에 따르면, 만약 어떤 것이 과학일 경우 거기에서 사용되는 문장은 유의미하다."라고 하였다. 여기에서 '어떤 것이 과학이라면(p) 거기에 사용되는 문장은 유의미하다(q).'라는 명제를 확인할 수 있다. 명제와 그 명제의 '대우'는 참, 거짓을 함께한다. 해당 명제의 '대우'는 '문장이 유의미하지 않다면(~q), 과학이 아니다(~p).'이다. 문장이 유의미하지 않다는 것은 결국 무의미하다는 것이다. 따라서 ①의 내용을 추론할 수 있다.

오답 정리
② 제시된 글을 통해 '과학의 문장'이 유의미하다는 것은 확인할 수 있다. 그러나 오직 '과학의 문장'만이 유의미한지는 추론할 수 없다.
③ '달의 다른 쪽 표면에 산이 있다.'는 문장은 아직 경험하지 않은 것임에도 '유의미한 문장'이라고 판단하고 있다. 따라서 무의미하다는 추론은 적절하지 않다.
④ 1문단에서 "검증 원리란, 경험을 통해 참이나 거짓을 검증할 수 있는 문장은 유의미하고 그렇지 않은 문장은 유의미하지 않다는 것이다."라고 하였다. 따라서 '거짓'을 검증할 수 있는 문장은 유의미하다고 봐야 한다.

정답 ①

03 다음 글에서 추론한 내용으로 가장 적절한 것은?

논리실증주의자들에 따르면, 만약 어떤 것이 과학일 경우 거기에서 사용되는 문장은 유의미하다. 그들은 유의미한 문장의 기준으로 소위 '검증 원리'라고 불리는 것을 제안했다. 검증 원리란, 경험을 통해 참이나 거짓을 검증할 수 있는 문장은 유의미하고 그렇지 않은 문장은 유의미하지 않다는 것이다. 다음 두 문장을 예로 생각해 보자.

> (가) 달의 다른 쪽 표면에 산이 있다.
> (나) 절대자는 진화와 진보에 관계하지만, 그 자체는 진화하거나 진보하지 않는다.

위 두 문장 중 경험을 통해 검증할 수 있는 것은 무엇인가? 비록 현실적으로 큰 비용이 들기는 하지만 (가)는 분명히 경험을 통해 진위를 밝힐 수 있다. 즉 우리는 (가)의 진위를 확정하기 위해서 무엇을 경험해야 하는지 알고 있다는 것이다. 이런 점에 근거하여 논리실증주의자들은 (가)는 검증할 수 있고, 유의미한 문장이라고 판단한다. 그럼 (나)는 어떠한가? 우리는 무엇을 경험해야 (나)의 진위를 확정할 수 있는가? 논리실증주의자들은 그런 것은 없다고 주장하고, 이에 (나)는 검증할 수 없고 과학에서 사용될 수 없는 무의미한 문장이라고 말한다.

① 논리실증주의자들에 따르면 무의미한 문장을 사용하는 것은 과학이 아니다.
② 논리실증주의자들에 따르면 과학의 문장들만이 유의미하다.
③ 검증 원리에 따르면 아직까지 경험되지 않은 것을 언급한 문장은 무의미하다.
④ 검증 원리에 따르면 거짓인 문장은 무의미하다.

04 다음 글에서 추론할 수 있는 것만을 〈보기〉에서 모두 고르면?

컴퓨터에는 자유의지가 있을까? 나아가 컴퓨터에 도덕적 의무를 귀속시킬 수 있을까? 컴퓨터는 다양한 전기회로로 구성되어 있고, 물리법칙, 프로그래밍 방식, 하드웨어의 속성 등에 따라 필연적으로 특정한 초기 상태로부터 다음 상태로 넘어간다. 마찬가지로 두 번째 상태에서 세 번째 상태로 이동하고, 이러한 과정이 계속해서 이어진다. 즉 컴퓨터는 결정론적 법칙의 지배를 받는 시스템이라는 것이다. 그럼 이러한 시스템에는 자유의지가 있을까?

결정론적 법칙의 지배를 받는 시스템의 중요한 특징은 주어진 조건에 따라 결과가 하나로 고정된다는 점이다. 다시 말해, 이러한 시스템에는 항상 하나의 선택지만 있을 뿐이다. 그런 뜻에서 결정론적 지배를 받는다는 것과 자유의지를 가진다는 것은 양립할 수 없음이 분명하다. 어떤 선택을 할 때 그것과 다른 선택을 할 수도 있다는 것은 자유의지의 필요조건이기 때문이다. 결국 결정론적 법칙의 지배를 받는 시스템은 자유의지를 가지지 않는다. 또한 자유의지를 가지지 않는 시스템에 도덕적 의무를 귀속시킬 수 없음은 당연하다.

〈보기〉

ㄱ. 컴퓨터는 자유의지를 가지지 않으며 도덕적 의무의 귀속 대상일 수도 없다.

ㄴ. 도덕적 의무를 귀속시킬 수 있는 시스템은 결정론적 법칙의 지배를 받지 않는다.

ㄷ. 어떤 선택을 할 때 그것과 다른 선택을 할 수 없는 시스템은 자유의지를 가지지 않는다.

① ㄱ, ㄴ

② ㄱ, ㄷ

③ ㄴ, ㄷ

④ ㄱ, ㄴ, ㄷ

04

ㄱ. 2문단의 "자유의지를 가지지 않는 시스템에 도덕적 의무를 귀속시킬 수 없음은 당연하다."를 볼 때, 적절한 추론이다.

ㄴ. ㄴ이 옳은 추론이라면, 그 '대우'도 옳다. '도덕적 의무를 귀속시킬 수 있는 시스템은(p) 결정론적 법칙의 지배를 받지 않는다(q).'의 '대우'는 '결정론적 법칙의 지배를 받으면(~q) 도덕적 의무를 귀속시킬 수 없다(~q).'가 된다. 2문단에서 "결정론적 법칙의 지배를 받는 시스템은 자유의지를 가지지 않는다. 또한 자유의지를 가지지 않는 시스템은 도덕적 의무를 귀속시킬 수 없음은 당연하다."라고 하였다. 이는 ㄴ의 '대우'와 부합하는 내용이므로, ㄴ은 옳은 추론이다.

ㄷ. p → q가 참일 때, p는 q이기 위한 충분조건이라 하고 q는 p이기 위한 필요조건이라 한다. 2문단에서 "어떤 선택을 할 때 그것과 다른 선택을 할 수도 있다는 것은 자유의지의 필요조건이기 때문이다."라고 하였다. 즉 '자유의지가 있으면(p), 어떤 선택을 할 때 그것과 다른 선택을 할 수 있다(q).'는 명제가 성립된다. 명제가 참이면, 그 명제의 '대우'도 참이 된다. 즉 '어떤 선택을 할 때 그것과 다른 선택을 할 수 없으면(~q), 자유의지가 없다(~p).'도 참이 된다. 따라서 ㄷ은 적절한 추론이다.

정답 ④

적중 실전 문제

01

냉면을 좋아하는 사람은 여름을 좋아하고, 여름을 좋아하는 사람은 호빵을 좋아하지 않는다. 따라서 이의 대우 명제인 ③이 적절하다.

정답 ③

01 다음 진술이 모두 참일 때 반드시 참인 것은?

○ 냉면을 좋아하는 사람은 여름을 좋아한다.
○ 호빵을 좋아하는 사람은 여름을 좋아하지 않는다.

① 여름을 좋아하는 사람은 냉면을 좋아한다.
② 냉면을 좋아하는 사람은 호빵을 좋아한다.
③ 호빵을 좋아하는 사람은 냉면을 좋아하지 않는다.
④ 호빵을 좋아하지 않는 사람은 냉면을 좋아하지 않는다.

02

'채소를 좋아한다.'를 A, '해산물을 싫어한다.'를 B, '디저트를 싫어한다.'를 C라고 하면 전제는 'A→B'이고, 결론은 '~C→~A'이므로 이의 대우 명제는 'A→C'이다. 따라서 중간에는 'B→C'가 나와야 하므로 이의 대우 명제인 ③이 적절하다.

정답 ③

02 다음 글의 밑줄 친 결론을 이끌어내기 위해 추가해야 할 것은?

채소를 좋아하는 사람은 해산물을 싫어한다. 따라서 <u>디저트를 좋아하는 사람은 채소를 싫어한다</u>.

① 채소를 싫어하는 사람은 해산물을 좋아한다.
② 채소를 싫어하는 사람은 디저트를 싫어한다.
③ 디저트를 좋아하는 사람은 해산물을 좋아한다.
④ 디저트를 싫어하는 사람은 해산물을 싫어한다.

03

참인 명제는 그 대우 명제도 참이므로 두 번째 명제의 대우 명제인 '배를 좋아하지 않으면 귤을 좋아하지 않는다.' 역시 참이다. 이를 첫 번째, 세 번째 명제를 통해 '사과를 좋아함 → 배를 좋아하지 않음 → 귤을 좋아하지 않음 → 오이를 좋아함'이 성립한다. 따라서 '사과를 좋아하면 오이를 좋아한다.'가 성립한다.

정답 ②

03 다음 진술이 모두 참일 때 반드시 참인 것은?

○ 사과를 좋아하면 배를 좋아하지 않는다.
○ 귤을 좋아하면 배를 좋아한다.
○ 귤을 좋아하지 않으면 오이를 좋아한다.

① 귤을 좋아하면 사과를 좋아한다.
② 사과를 좋아하면 오이를 좋아한다.
③ 배를 좋아하지 않으면 사과를 좋아한다.
④ 사과를 좋아하면 오이를 좋아하지 않는다.

04 (가) ~ (라)를 전제로 할 때 빈칸에 들어갈 결론으로 가장 적절한 것은?

> (가) 현명한 사람은 거짓말을 하지 않는다.
> (나) 건방진 사람은 남의 말을 듣지 않는다.
> (다) 거짓말을 하지 않으면 다른 사람의 신뢰를 얻는다.
> (라) 남의 말을 듣지 않으면 친구가 없다.
> 따라서 [   ]

① 건방진 사람은 친구가 있다.

② 거짓말을 하지 않으면 현명한 사람이다.

③ 현명한 사람은 다른 사람의 신뢰를 얻는다.

④ 다른 사람의 신뢰를 얻으면 거짓말을 하지 않는다.

04
현명한 사람은 거짓말을 하지 않고, 거짓말을 하지 않으면 다른 사람의 신뢰를 얻는다. 따라서 현명한 사람은 다른 사람의 신뢰를 얻는다.

정답 ③

05 다음 진술이 모두 참일 때 반드시 참인 것은?

> ○ 연차를 쓸 수 있으면 제주도 여행을 한다.
> ○ 회를 좋아하면 배낚시를 한다.
> ○ 다른 계획이 있으면 배낚시를 하지 않는다.
> ○ 다른 계획이 없으면 연차를 쓸 수 있다.

① 연차를 쓸 수 있으면 배낚시를 한다.

② 다른 계획이 있으면 연차를 쓸 수 없다.

③ 배낚시를 하지 않으면 제주도 여행을 하지 않는다.

④ 제주도 여행을 하지 않으면 배낚시를 하지 않는다.

05
A: 연차를 쓸 수 있다.
B: 제주도 여행을 한다.
C: 회를 좋아한다.
D: 배낚시를 한다.
E: 다른 계획이 있다.
제시된 명제들을 간단히 나타내면, 'A→B', 'C→D', 'E→~D', '~E→A'이다. 이를 연립하면 'D→~E→A→B'가 되므로 'D→B'가 성립한다. 따라서 그 대우 명제인 '제주도 여행을 하지 않으면 배낚시를 하지 않는다.'가 옳다.

정답 ④

06

어미 양이 검은 양이면 새끼 양도 검은 양이고, 검은 양은 더위를 많이 탄다. 따라서 어미 양이 검은 양이면 새끼 양은 더위를 많이 탈 것이라는 결론을 내릴 수 있다.

정답 ①

07

두 번째 조건의 '의사는 스포츠카와 오토바이를 가지고 있다.'가 참이므로, 그의 대우 명제인 '스포츠카 또는 오토바이를 가지고 있지 않으면 의사가 아니다.' 역시 참이다. 따라서 철수가 스포츠카를 가지고 있지 않다면 철수는 의사가 아니라는 명제가 성립하고, 철수는 의사 또는 변호사 둘 중 하나에 반드시 해당되므로 변호사라는 추론이 가능하다.

정답 ①

08

전제 (가)와 (나)를 통해 '어떤 안경은 유리로 되어 있다.'는 결론을 도출할 수 있다. 따라서 유리로 되어 있는 것 중 안경이 있다고 할 수 있다.

정답 ③

06 (가)와 (나)를 전제로 할 때 빈칸에 들어갈 결론으로 가장 적절한 것은?

> (가) 검은 양은 더위를 많이 탄다.
> (나) 어미 양이 검은 양이면 새끼 양도 검은 양이다.
> 따라서 _____

① 어미 양이 검은 양이면 새끼는 더위를 많이 탄다.

② 어미 양이 검은 양이 아니면 새끼 양도 검은 양이 아니다.

③ 새끼 양이 검은 양이 아니면 어미 양은 검은 양이다.

④ 어미 양이 더위를 많이 타면 새끼 양도 더위를 많이 탄다.

07 다음 진술이 모두 참일 때 반드시 참인 것은?

> ○ 철수는 의사이거나 변호사이다.
> ○ 의사는 스포츠카와 오토바이를 가지고 있다.
> ○ 변호사는 스포츠카를 가지고 있지 않거나 오토바이를 가지고 있지 않다.

① 철수가 스포츠카를 가지고 있지 않다면 철수는 변호사이다.

② 철수가 스포츠카나 오토바이를 가지고 있다면 철수는 변호사가 아니다.

③ 철수가 변호사라면 오토바이를 가지고 있지 않다.

④ 철수는 의사이면서 변호사이다.

08 (가) ~ (다)를 전제로 할 때 빈칸에 들어갈 결론으로 가장 적절한 것은?

> (가) 어떤 안경은 바다를 좋아한다.
> (나) 바다를 좋아하는 것은 유리로 되어 있다.
> (다) 모든 유리로 되어 있는 것은 열쇠이다.
> 따라서 _____

① 모든 안경은 열쇠이다.

② 바다를 좋아하는 모든 것은 안경이다.

③ 유리로 되어 있는 어떤 것 중 안경이 있다.

④ 바다를 좋아하는 어떤 것은 유리로 되어 있지 않다.

09 다음 글의 밑줄 친 결론을 이끌어내기 위해 추가해야 할 것은?

> 낡은 것을 버려야 새로운 것을 채울 수 있다. 그러므로 새로운 것을 채우지 않는다면 더 많은 세계를 경험할 수 없다.

① 새로운 것을 채운다면 낡은 것을 버릴 수 있다.
② 낡은 것을 버리지 않는다면 새로운 것을 채울 수 없다.
③ 낡은 것을 버리지 않는다면 더 많은 세계를 경험할 수 없다.
④ 더 많은 세계를 경험하지 못한다면 새로운 것을 채울 수 없다.

PART 3

09
'낡은 것을 버리다.'를 A, '새로운 것을 채우다.'를 B, '더 많은 세계를 경험하다.'를 C라고 하면, 첫 번째 명제는 A→B이며, 마지막 명제는 ~B→~C이다. 이때, 첫 번째 명제의 대우는 ~B→~A이므로 마지막 명제가 참이 되기 위해서는 ~A→~C이 필요하다. 따라서 빈칸에 들어갈 명제는 ~A→~C의 ③이다.

정답 ③

10 다음 글의 밑줄 친 결론을 이끌어내기 위해 추가해야 할 것은?

> 아이스크림을 좋아하면 피자를 좋아하지 않는다. 갈비탕을 좋아하지 않으면 피자를 좋아한다. 그러므로 아이스크림을 좋아하면 짜장면을 좋아한다.

① 피자를 좋아하면 짜장면을 좋아한다.
② 갈비탕을 좋아하면 짜장면을 좋아한다.
③ 피자와 갈비탕을 좋아하면 짜장면을 좋아한다.
④ 짜장면을 좋아하지 않으면 피자를 좋아하지 않는다.

10
아이스크림을 좋아함 = p, 피자를 좋아함 = q, 갈비탕을 좋아함 = r, 짜장면을 좋아함 = s라 하면, 첫 번째, 두 번째, 네 번째 명제는 각각 p→~q, ~r→q, p→s이다. 두 번째 명제의 대우와 첫 번째 명제에 따라 p→~q→r이 되어 p→r이 성립하고, 결론이 p→s가 되기 위해서는 r→s가 추가로 필요하다. 따라서 추가해야 할 명제는 '갈비탕을 좋아하면 짜장면을 좋아한다.'이다.

정답 ②

논리적 오류

2018년 국가직 9급 시험에서 신유형과 유사한 형식으로 출제된 적이 있지만, 예상 문제에 '논리적 오류'를 묻는 유형은 출제되지 않았다. 그러나 '추론' 유형이 대폭 강화된 것을 볼 때, 충분히 출제 가능성이 있는 영역이다. 기존 기출에 비추어 볼 때, 따로 개념 설명 없이 동일한 오류 유형을 찾으라는 식으로 출제될 수도 있다.

공략 방법

① 2018년 국가직 9급처럼 오류의 개념을 제시하고 사례를 든 후에, 추가적인 사례를 찾는 유형이 출제될 수 있다. 이때는 개념도 중요하지만, 사례가 큰 힌트이다. 따라서 사례의 오류에 초점을 맞춰서 정답을 찾는 것도 하나의 방법이다.

② '논리적 오류'의 개념이 직접 제시되지 않을 수도 있다. 따라서 '논리적 오류'의 종류와 개념을 미리 숙지해 두자.

관련 지식

1. 심리적 오류

어떤 논지에 대하여 논리적으로 타당한 근거를 들지 않고 상대방을 심리적으로 설득시키려 할 경우 범하게 되는 오류

인신공격의 오류	주장하는 사람의 인품, 직업, 과거 정황의 비난받을 만한 점을 트집 잡아 주장 자체를 비판하는 것 예 얘, 너는 그 아이의 말을 믿니? 그 아이는 며칠 전에 교무실에 가서 혼 났잖아.
역공격의 오류 (피장파장의 오류)	자신이 비판받는 바가 상대방에게도 역시 적용될 수 있음을 내세워 공격 함으로써 범하는 오류 예 내가 뭘 잘못했다고 그래! 내가 보니까 오빠는 더하더라 뭐.
정황에 호소하는 오류	어떤 사람이 처한 정황을 비난하거나 논리의 근거로 내세움으로써 자신의 주장이 타당하다고 믿게 하려는 오류 예 얘, 빨리 일어나. 고등학생이 되어가지고 일요일이라고 이렇게 늦잠을 자도 되는 거니?
동정에 호소하는 오류	상대방의 동정심이나 연민의 정을 유발하여 자신의 주장을 정당화하려 는 오류 예 선생님, 딱 한 번만 봐 주세요. 제가 벌 받느라 집에 늦게 가면 부모님 께서 걱정하세요.
공포(위력)에 호소하는 오류	상대방을 윽박지르고 증오심을 표현하여 자신의 주장을 받아들이게 하 여 범하는 오류 예 떠들지 마! 시끄럽게 떠들면 죽어!
쾌락, 유머에 호소하는 오류	사람의 감정이나 쾌락, 재미 등을 내세워 논지를 받아들이게 하여 범하 는 오류 예 인류가 원숭이로부터 진화해 왔다고 하시는데, 그렇다면 당신네 조상 은 원숭이입니까?(깔깔깔)
사적 관계에 호소하는 오류	개인적인 친분 관계를 내세워 자신의 논지를 받아들이게 하여 범하는 오류 예 내가 그렇게 야단맞는데도 보고만 있니? 그러고도 네가 친구야?
아첨에의 호소	아첨에 의하여 논지를 받아들이게 하여 범하는 오류 예 야, 네가 나가서 항의해 봐. 너만큼 똑똑한 사람이 아니면 누가 그걸 항 의하니?
군중에 호소하는 오류	타당한 근거를 제시하지 않으면서, 많은 사람이 그렇게 행동하거나 생각한 다고 내세워 군중 심리를 자극하여 범하는 오류 예 야, 영화 <아바타> 보러 가자. 아직까지 <아바타> 못 본 사람은 거 의 없다더라.
부적합한 권위에 호소하는 오류	논지와 직접적인 관련이 없는 권위자의 견해를 근거로 들거나 논리적인 타 당성과는 무관하게 권위자의 견해라는 것을 내세워 주장의 타당성을 입 증하려는 오류 예 교황이 천동설이 옳다고 했다. 따라서 천체들이 지구를 돌고 있음에 틀림없다.
원천 봉쇄의 오류 (우물에 독 뿌리기)	자신의 주장에 반론의 가능성이 있는 요소를 비난하여 반론 자체를 원천 적으로 봉쇄하는 오류 예 혜원아, 이제 가 자라. 일찍 자야 착한 어린이지.
거짓 원인의 오류	어떤 사건이나 사물의 원인이 아닌 것을 그것의 원인으로 여김으로써 발 생하는 오류 예 시험에 붙은 것은 아침에 미역국을 먹지 않았기 때문이야.

2. 자료적 오류

논거로 든 어떤 자료에 대해 잘못 판단하여 결론을 이끌어 내거나, 원래 적합하지 않은 것임을 알면서도 의도적으로 논거로 삼아 범하게 되는 오류

우연과 원칙 혼동의 오류	일반적으로 적용되므로 특수한 경우에도 적용될 수 있다고 생각해서 빚어지는 오류. 상황에 따라 적용되어야 할 원칙이 다른데도 이를 혼동해서 생기는 오류 예 거짓말은 죄악이다. 의사는 환자를 안심시키려고 거짓말을 하였다. 그러므로 의사는 죄악을 범했다.
성급한 일반화의 오류(귀납의 오류)	제한된 정보, 부적합한 증거, 대표성이 결여된 사례 등을 근거로 이를 성급하게 일반화한 오류 예 하나를 보면 열을 안다고, 너 지금 행동하는 것을 보니 형편없는 애로구나.
잘못된 유추의 오류	일부분이 비슷하다고 해서 나머지도 비슷할 것이라고 생각하는, 즉 유추를 잘못해서 생기는 오류 예 컴퓨터와 사람은 유사한 점이 많다. 그러니 컴퓨터도 사람처럼 감정이 있을 거야.
무지에 호소하는 오류	어떤 사실을 증명할 수 없거나 알 수 없다는 것을 근거로 그것이 참 혹은 거짓이라고 주장하는 오류 예 백 년 뒤에 이 지구가 멸망할 것이라는 제 말이 거짓이라고요? 그렇지 않다면 어디 그렇지 않다는 증거를 대 보세요.
의도 확대의 오류	의도하지 않은 결과에 대해서 원래는 의도를 갖고 있기 때문에 책임이 있다고 판단하여 생기는 오류 예 그 사람이 무단 횡단하는 바람에 그 사람을 피하려던 차가 교통사고를 내서 두 사람이 죽었다. 그 사람은 살인자이다.
잘못된 인과 관계의 오류	전혀 인과 관계가 없는 것을 인과 관계가 있는 것으로 잘못 판단하여 범하는 오류 예 넌 경기장에 오지 마라. 네가 경기를 관전하면 우리 팀이 꼭 지잖아.
발생학적 오류	어떤 사실의 기원이 갖는 속성을 그 사실도 그대로 지니고 있다고 잘못 생각하는 오류 예 부전자전이라는 말도 몰라? 그 친구는 직장마다 말썽을 부렸어. 그런 친구의 아들을 채용하다니, 분명히 그 아들도 말썽을 부릴 거야.
합성의 오류(결합의 오류)	개체로서 진실인 것이 다만 그 이유만으로 개체의 집합인 전체에서도 진실이라고 봄으로써 발생하는 오류 예 연수는 국어를 잘한다. 준하도 국어를 잘한다. 연수와 준하로 구성된 모둠은 국어를 잘할 것이다.
분할의 오류(분해의 오류)	어떤 대상에 대하여 집단적으로 진실인 것을 그 부분이나 구성 요소에 대해 그대로 적용함으로써 발생하는 오류 예 일류 대학으로 알려져 있는 S대학에 입학했으니, 영희도 공부 잘하고 훌륭한 학생이다.
흑백 사고의 오류	어떤 집합의 원소가 두 개밖에 없다고 생각하여 이것 아니면 저것이라고 단정적으로 추론하는 오류로 중간 항을 허용하지 않아 생기는 오류 예 그동안 왜 한 번도 전화를 안 한 거야? 내가 싫어진 거지?
복합 질문의 오류	둘 이상으로 나누어야 할 것을 하나로 묶어 질문함으로써, 대답 여하에 관계없이 수긍하고 싶지 않은 사실도 수긍할 수밖에 없는 오류 예 너 요즘은 담배 안 피우지?

순환 논증의 오류 (선결 문제 요구의 오류)	주장에 대한 근거가 충분하지 못하여 발생하며, 같은 내용을 되풀이하게 되어 범하는 오류. 즉 결론에서 주장하는 바를 논거로 제시하는 경우가 해당됨. 예 그가 하는 말은 도무지 믿을 수가 없어. 왜냐하면 그는 믿을 수 없는 말 만 하기 때문이야.
논점 일탈의 오류	주장을 뒷받침하기 위해 관계없는 논거를 가져와 제시하여 생기는 오류 예 이번 시험을 틀림없이 어려울 거야. 왜냐하면 선생님이 항상 수학은 어 렵다고 말했기 때문이야.
공통 원인의 오류	발생한 두 사건의 공통 원인이 따로 있는데도 어느 한 사건이 다른 사건의 원인이라고 생각하는 오류 예 숯이 타서 붉게 변하면 고기가 익는다. 따라서 숯의 붉은색은 고기를 익게 한다.

3. 언어적 오류

어떤 개념에 대해 잘못 이해하는 데서 발생하는 오류

애매어의 오류	두 가지 이상의 의미를 가진 말을 동일한 의미의 말인 것처럼 애매하게 사 용하여 발생하는 오류 예 모든 죄인은 감옥에 가야 해. 그러므로 우리 모두는 감옥에 가야 해. 왜 냐하면 목사님께서 인간은 모두 죄인이라고 하셨거든.
모호한 문장의 오류	문법 구조 때문에 뜻이 모호해짐으로써 발생하는 오류 예 예쁜 순이의 옷을 보았다.
강조의 오류	문장의 어느 한 부분을 강조함으로써 발생하는 오류 예 원수를 사랑하라고 했는데, 너는 원수가 아니니 나는 너를 사랑할 수 가 없다.
은밀한 재정의의 오류	용어의 의미를 자의적으로 재정의하여 사용함으로써 생기는 오류 예 정신이 나가지 않고서야 어떻게 교장 선생님께 말대꾸를 할 수 있니? 그 런 녀석은 정신병자니까 정신병원으로 보내야 해.
범주의 오류	단어의 범주를 혼동하는 데서 생기는 오류 예 교실도 봤고, 운동장도 봤는데, 왜 학교는 안 보여 주니?

⊙ ~ ⓔ의 예를 추가할 때 가장 적절한 것은?

논리학에서 비형식적 오류 유형에는 우연의 오류, 애매어의 오류, 결합의 오류, 분해의 오류 등이 있다.

우선 ⊙ 우연의 오류란 거의 대부분의 경우에 적용되는 일반적인 원리나 규칙을 우연적인 상황으로 인해 생긴 예외적인 특수한 경우에까지도 무차별적으로 적용할 때 생기는 오류이다. 그 예로 "인간은 이성적인 동물이다. 중증 정신 질환자는 인간이다. 그러므로 중증 정신 질환자는 이성적인 동물이다."를 들 수 있다. ⓛ 애매어의 오류는 동일한 한 단어가 한 논증에서 맥락마다 서로 다른 의미를 지니는 것으로 사용될 때 생기는 오류를 말한다. "김 씨는 성격이 직선적이다. 직선적인 모든 것들은 길이를 지닌다. 고로 김 씨의 성격은 길이를 지닌다."가 그 예이다. 한편 각각의 원소들이 개별적으로 어떤 성질을 지니고 있다는 내용의 전제로부터 그 원소들을 결합한 집합 전체도 역시 그 성질을 지니고 있다는 결론을 도출하는 경우가 ⓒ 결합의 오류이고, 반대로 집합이 어떤 성질을 지니고 있다는 내용의 전제로부터 그 집합의 각각의 원소들 역시 개별적으로 그 성질을 지니고 있다는 결론을 도출하는 경우가 ⓔ 분해의 오류이다. 전자의 예로는 "그 연극단 단원들 하나하나가 다 훌륭하다. 고로 그 연극단은 훌륭하다."를, 후자의 예로는 "그 연극단은 일류급이다. 박 씨는 그 연극단 일원이다. 그러므로 박 씨는 일류급이다."를 들 수 있다.

① ⊙ - 모든 사람은 죽는다. 소크라테스는 사람이다. 그러므로 소크라테스는 죽는다.

② ⓛ - 부패하기 쉬운 것들은 냉동 보관해야 한다. 세상은 부패하기 쉽다. 고로 세상은 냉동 보관해야 한다.

③ ⓒ - 미국 아이스하키 선수단이 이번 올림픽에서 금메달을 차지했다. 그러므로 미국 선수 각자는 세계 최고 기량을 갖고 있다.

④ ⓔ - 그 학생의 논술 시험 답안은 탁월하다. 그의 답안에 있는 문장 하나하나가 탁월하기 때문이다.

해설

'부패(腐敗)하다'에는 '정치, 사상, 의식 따위가 타락하다.'라는 의미와 '미생물에 의하여 불완전 분해를 하여 악취가 나고 유독성 물질이 생기다.'라는 의미가 있다. 그런데 ②의 경우에 이 두 가지 의미를 동일한 의미로 이해하여 첫 번째 문장 "부패하기 쉬운 것들은 냉동 보관해야 한다."에서는 두 번째 의미(미생물 분해)로, 두 번째 문장 '세상은 부패하기 쉽다.'에서는 첫 번째 의미(타락하다)로 사용하여 언어적 오류가 발생했다. ②는 '부패하다'라는 말을 애매하게 사용하여 발생한 '애매어의 오류'의 예로 적절하다.

오답 정리

① "모든 사람은 죽는다. 소크라테스는 사람이다. 그러므로 소크라테스는 죽는다."는 논리적 오류를 범한 사례로 적절하지 않다. 이는 '연역적 추론(정언적 삼단 논법)'에 의해 바르게 논리를 전개한 것이다.

③ '미국 아이스하키 선수단'이라는 '집단'의 기량이 뛰어나다는 전제로부터, 개별 선수들 역시 기량이 뛰어날 것이라는 결론을 도출하고 있다. 따라서 이는 ⓒ '결합의 오류'가 아닌 ⓔ '분해의 오류'의 사례에 해당한다.

④ 답안의 문장 하나하나가 뛰어나다는 '개별적' 전제로부터, 그 문장이 결합한 답안 전체의 내용 역시 뛰어날 것이라는 결론을 도출하고 있다. 따라서 이는 ⓔ '분해의 오류'가 아닌 ⓒ '결합의 오류'의 사례에 해당한다.

정답 ②

신유형 맞춤 기출 변형 문제

01 〈보기〉와 같은 유형의 논리적 오류에 해당하는 것은?

2018년 서울시 9급(3월)

─────〈보기〉─────

네가 내게 한 약속을 지키지 않은 것은 곧 나를 사랑하지 않는다는 증거야.

① 항상 보면 이등병들이 말썽이더라.

② 내 부탁을 거절하다니, 넌 나를 싫어하는구나.

③ 김씨는 참말만 하는 사람이다. 왜냐하면 그는 거짓말을 하지 않는 사람이기 때문이다.

④ 거짓말을 하는 것은 죄악이다. 그러므로 의사가 환자에게 거짓말을 하는 것은 당연히 죄악이다.

01

〈보기〉에서 '약속을 지키지 않는 것'을 '사랑하지 않는 것'과 같다고 보고 있다. 다른 경우의 수가 있을 수 있지만, '나'는 경우의 수가 단 두 가지(사랑하는 것 / 사랑하지 않는 것)밖에 없다고 생각하고 있다. 따라서 〈보기〉는 '흑백 사고의 오류'를 범하고 있다. 〈보기〉처럼 '흑백 사고의 오류'를 범하고 있는 것은 ②이다. ②의 '나'도 '부탁을 거절하는 것'을 '싫어하는 것(그 반대면 좋아하는 것)'으로 인식하고 있다.

오답 정리

① 몇몇의 이등병의 사례만을 가지고, 모든 이등병들은 말썽을 피운다는 결론을 내리고 있다. 따라서 몇 가지 특수한 일부의 사례로 일반화된 결론에 성급하게 결론을 내리는 '성급한 일반화의 오류'를 범한 예이다.

③ '그'가 거짓말을 하지 않는 사람이기 때문에 참말만 하는 사람이라고 판단하는 것은 전제와 결론이 순환적으로 서로의 논거가 될 때 나타나는 '순환 논증의 오류'를 범한 예이다.
   ※ 순환 논증의 오류는 선결 문제(요구)의 오류, 또는 순환 논리의 오류라고도 한다.

④ 일반적으로 거짓말이 나쁜 것은 맞다. 그러나 의사는 상황에 따라 환자에게 거짓말을 해야 할 수도 있다. 일반적으로 거짓말이 나쁘다는 것을 근거로, 특수한 상황은 고려하지 않은 채 환자에게 거짓말을 한 의사를 죄악이라고 하는 것은 '우연과 원칙 혼동의 오류'를 범한 예이다.
   ※ '우연과 원칙 혼동의 오류'는 '원칙 혼동의 오류', '우연의 오류'라고도 한다.

정답 ②

02

SNS에서 '많은' 사람들이 언급하는 식당이기 때문에 음식의 맛이 괜찮을 거라 생각하는 것은 '군중에 호소하는 오류'를 범한 것이다. 즉 타당한 근거를 제시하지 않으면서, '많은' 사람이 그렇게 행동하거나 생각함을 내세워 맛이 괜찮을 거라 판단하는 것이다. 이와 같은 유형의 오류를 범한 것은 ①이다. ① 역시 '많은' 사람들이 이야기하는 식당이기 때문에 맛이 괜찮을 거라 생각하고 있기 때문이다.

오답 정리
② 이 식당이 맛없다고 말한 사람이 없다는 것을 근거로, 이 식당의 음식이 맛있다는 주장을 하고 있다. 따라서 '무지에 호소하는 오류'를 범했다.
③ '개그맨이 유명한 것'과 '식당의 음식 맛'은 직접적인 관련이 없다. 그런데도 유명한 개그맨이 맛있다고 했기 때문에 그 식당의 음식 맛이 좋을 거라 판단하고 있다. 따라서 '부적합한 권위에 호소하는 오류'를 범했다.
④ 이 식당에서 밥을 먹기를 간절히 바랐다는 말을 하면서 상대를 설득하고 있다. 따라서 '동정에 호소하는 오류'를 범했다.

정답 ①

02 다음 예문과 같은 유형의 논리적 오류가 나타난 것은?

> 이 식당은 요즘 SNS에서 굉장히 뜨고 있어. 그러니까 엄청 맛있을 거야.

① 이 식당 음식을 꼭 먹어보도록 해. 만나는 사람들마다 이 집 이야기를 하는 걸 보니 맛이 괜찮은가 봐.
② 누구도 이 식당이 맛없다고 말한 사람은 없어. 그러니까 엄청 맛있는 집이란 소리지.
③ 여기는 유명한 개그맨이 맛있다고 한 식당이니까 당연히 맛있겠지. 그러니까 꼭 여기서 먹어야 해.
④ 이번에는 이 식당에서 밥을 먹자. 내가 얼마나 여기서 먹어 보고 싶었는지 몰라. 꼭 한번 오게 되기를 간절하게 바랐어.

03

근거에 주장과 같은 내용이 되풀이되고 있다는 점에서 제시문은 '순환 논증의 오류'를 범하고 있다. 이와 유사한 오류를 범한 것은 ①이다.

오답 정리
② '미확인 비행 물체(UFO)가 없다는 주장이 입증되지 않았음'을 근거로 내세우고 있다. 따라서 어떤 사실을 증명할 수 없거나 알 수 없다는 것을 근거로 그것이 참 혹은 거짓이라고 주장하는 오류인 '무지에 호소하는 오류'를 범하고 있다.
③ '찬성'이 아니면 '반대'라 생각하고 있다. 따라서 어떤 집합의 원소가 두 개밖에 없다고 생각하여 이것 아니면 저것이라고 단정적으로 추론하는 오류로 중간 항을 허용하지 않아 생기는 오류인 '흑백 사고의 오류'를 범하고 있다.
④ 두 지역의 정보만을 가지고 성급하게 일반화를 하고 있다. 즉 제한된 정보, 부적합한 증거, 대표성을 결여한 사례 등을 근거로 이를 성급하게 일반화한 오류인 '성급한 일반화의 오류'를 범하고 있다.

정답 ①

03 다음 글의 논리적 오류와 같은 종류의 오류가 있는 것은?

> 규칙적인 생활을 하고 운동을 열심히 하는 사람은 건강합니다. 왜냐하면, 건강한 사람은 규칙적인 생활을 하고 운동을 열심히 하기 때문입니다.

① 분열은 화합으로 극복할 수 있다. 화합한 사회에서는 분열이 일어나지 않는다.
② 미확인 비행 물체(UFO)가 없다는 주장이 입증되지 않았으므로 미확인 비행 물체는 존재한다.
③ 지금 서른 분 가운데 열 분이 손을 들어 반대하셨습니다. 손을 안 드신 분은 모두 제 의견에 찬성하는 것으로 알겠습니다.
④ A 지역에서 생산한 사과도 맛이 없고, B 지역에서 생산한 사과도 맛이 없습니다. 따라서 올해는 맛있는 사과를 맛볼 수 없을 것입니다.

적중 실전 문제

01 <보기>의 오류와 관련이 있는 것은?

―――――――〈보기〉―――――――

어떤 주장이 참(거짓)임을 입증할 수 있는 방도를 모른다는 것을 근거로 그것이 거짓(참)이라고 논증하는 오류

① 세상에는 손이 큰 사람과 작은 사람, 두 종류밖에 없다.

② '나는 아직도 배가 고프다.'는 히딩크 감독은 식사를 잘 거르나 보다.

③ 저는 그를 때리지 않았어요. 제가 그를 때리는 걸 아무도 못 봤다고 하잖아요.

④ 소금과 간장은 짜다. 따라서 소금과 간장이 함께 들어간 음식은 먹을 수 없을 만큼 짤 것이다.

01
〈보기〉에서 설명하고 있는 것은 '무지에 호소하는 오류'이다. 이를 범하고 있는 것은 ③이다.

오답 정리
① 흑백 논리의 오류를 범하고 있다.
② 애매어의 오류를 범하고 있다.
④ 결합의 오류를 범하고 있다.

정답 ③

02 <보기>의 오류와 관련이 있는 것은?

―――――――〈보기〉―――――――

자신의 주장에 반론의 가능성이 있는 요소를 비난하여 반론 자체를 못하게 원천적으로 막아버리는 오류

① 너 요즘은 동생 안 때리니?

② 베스트셀러 1위이니, 틀림없이 훌륭한 책일 거야.

③ 올림픽에서 우리나라를 응원하지 않는 사람은 민족의 반역자이다.

④ 서민을 위해 일하겠다고 한 국회의원이 그런 고급 옷을 입는 게 말이 되니?

02
〈보기〉에서 설명하고 있는 것은 '원천 봉쇄의 오류'이다. 이를 범하고 있는 것은 ③이다.

오답 정리
① 복합 질문의 오류를 범하고 있다.
② 군중에 호소하는 오류를 범하고 있다.
④ 인신공격의 오류를 범하고 있다.

정답 ③

03 〈보기〉와 같은 유형의 논리적 오류에 해당하는 것은?

─────〈보기〉─────

모래알 하나하나는 가볍다. 따라서 모래 한 트럭도 가벼울 것이다.

① 비가 오면 땅이 젖는다. 땅이 젖어 있는 것을 보니, 비가 왔구나.

② 철수야, 어서 가서 공부해라! 공부 안 하면 나쁜 어린이가 된단다.

③ 바보 중에 착한 사람은 없다. 그러므로 천재 중에도 착한 사람은 없다.

④ 최고의 축구 선수 손흥민과 최고의 배구 선수 김연경이 결혼하면 최고의 운동선수가 탄생할 것이다.

04 〈보기〉와 동일한 오류를 범하고 있는 것은?

─────〈보기〉─────

A라는 책은 재미없는 책이다. 내 친구 철수가 재미없다고 했기 때문이다. 철수는 거짓말을 하지 않는 친구이다.

① 넌 나랑 더 친한데, 어떻게 쟤 편을 들어줄 수 있어?

② 왜 점심을 안 먹는다는 거니? 밥도 안 먹고 굶어 죽으려고 작정했구나.

③ 신랑과 신부 모두 훌륭한 인재들이므로 가정을 화목하고 지혜롭게 꾸려나갈 것이다.

④ 모르핀은 왜 고통을 느끼지 못하게 하는가. 모르핀에는 고통을 못 느끼게 하는 효과가 있기 때문이다.

05 다음 중 '중대장'이 범하고 있는 오류와 유형상 동일한 것은?

> 중대장: 자네는 왜 그렇게 목소리에 군기가 없는가?
> 병 사: 감기에 걸려서 목소리에 힘이 없습니다.
> 중대장: 그게 무슨 말인가? 목소리에 군기가 빠져 있고 힘이 없으니 감기 따위에 걸리는 게 아닌가!

① 내가 쓰는 휴대폰이 가장 좋아! 왜냐하면 가장 많이 팔렸으니까.

② 내가 본 모든 골초들은 나중에 폐렴을 앓았어. 오늘 만나 철수도 골초더라. 철수도 폐렴을 앓게 될 거야.

③ CEO는 직원보다 뉴스 시청 시간이 많다는 연구 결과가 있다. 당신은 CEO가 되길 원하는가? 그렇다면 뉴스를 자주 시청하라.

④ 급격한 원화 절상은 수출 감소를 초래하며, 수출 감소는 고용 부진으로 이어진다. 원화가 갑자기 절상했다. 따라서 틀림없이 고용 부진이 나타날 것이다.

05
'중대장'이 범하는 오류의 유형은 자료적 오류 중 하나인 '논점 일탈의 오류'이다. 이처럼 '논점 일탈의 오류'를 범하고 있는 것은 ③이다.

오답 정리
① 대중에 호소하는 오류를 범하고 있다.
②, ④ 성급한 일반화의 오류를 범하고 있다.

정답 ③

해커스공무원 혜원국어 **신유형 독해 마스터**

실전모의고사

문제풀이 시작과 종료 시각을 정하여 실전처럼 모의고사를 모두 푼 뒤, 실제로 문제풀이에 소요된 시간과 맞힌 문항 수를 기록하여 자신의 실력을 점검해 보시기 바랍니다.

실전모의고사 1회

01 <보기 1>에 따라 <보기 2>의 ㉠ ~ ㉢을 수정한 것으로 적절하지 않은 것은?

───── 〈보기 1〉 ─────

○ 전체 내용을 고려할 것.
○ 중복 표현을 삼갈 것.
○ 접속 부사의 쓰임이 바를 것.
○ 필요한 문장 성분이 생략되지 않도록 할 것.

───── 〈보기 2〉 ─────

　사실 ㉠ 단위 민족 간의 갈등은 과거의 문제만은 아니다. 오늘날에는 그것이 지역 국가 간의 갈등 요인으로 작용하기도 한다. 최근 한국 사회에서도 이 문제가 사회 문제가 되고 있다. 동남아에서 산업연수생으로 한국에 취업한 근로자들이 부당한 대우를 받는 사례가 빈발하여 문제가 되고 있다.
　그들은 한국에서 '코리안 드림'을 꿈꾸게 되는데 그 때문에 불법 체류에 따른 처벌을 감수하고 일을 한다. 한국인들이 유럽 등지의 근로자로 나가 일하며 부당한 대우를 받았던 ㉡ 지나간 과거를 생각하면 불법 체류를 묵인해야겠지만 ㉢ 불법을 용인하는 일이 되므로 진퇴양난이 아닐 수 없다. ㉣ 그러다 보니 그들이 이민족이기 때문에 부당한 대우를 받는 것이라면 이는 시급히 시정되어야 한다.

① ㉠: 인종 간의 갈등
② ㉡: 과거
③ ㉢: 그것은 불법을 용인하는 일이 되므로
④ ㉣: 그러나

02 다음 글에서 추론한 내용으로 적절하지 않은 것은?

　반의 관계란 둘 이상의 단어가 의미상 서로 짝을 이루어 대립하는 단어 관계를 의미한다. 그리고 이러한 관계에 있는 단어들을 반의어라고 부른다. 반의어에는 '참-거짓'처럼 한쪽을 부정하면 다른 쪽 말의 의미가 되는 상보적 반의어와, '많다-적다'처럼 한쪽 말의 부정이 반드시 다른 쪽 말을 의미하는 것은 아닌 단계적 반의어가 있다. 상보적 반의어는 '참'과 '거짓'의 중간 단계가 존재하지 않고, 정도 부사의 수식을 받을 수 없으며 비교 표현도 불가능하다. 반면 단계적 반의어는 중간 단계가 존재하고 정도 부사의 수식 및 비교 표현이 가능하다.

① '참-거짓'은 '참이 아니다.'는 곧 '거짓이다.'를 의미하므로 상보적 반의어이다.
② '뜨겁다-차갑다'는 '뜨겁다'와 '차갑다'의 중간 단계가 존재하지 않으므로 상보적 반의어이다.
③ '무겁다-가볍다'는 '이것은 저것보다 무겁다/가볍다.'와 같은 비교 표현이 가능하므로 단계적 반의어이다.
④ '살다-죽다'는 '소나무가 매우 죽었다.'와 같이 정도를 나타내는 부사의 수식을 받지 못하므로 상보적 반의어이다.

03 다음 글의 ㉠의 사례에 해당하는 것은?

　복합어는 둘 이상의 어근이 결합하여 이루어진 합성어와 어근과 접사로 이루어진 파생어로 구분한다. 그런데 복합어 중에는 합성어에 접사가 결합한 경우와 ㉠ 파생어에 어근이 결합한 경우도 있다.

① 아침부터 부슬비가 내리고 있다.
② 저녁이 되자 놀이터에 아이들이 모였다.
③ 한옥 집은 대문이 대부분 여닫이로 되어 있다.
④ 언니와 오빠는 술에 취하기만 하면 싸움질을 일삼았다.

04 다음 글의 ㉠ ~ ㉢에 들어갈 말을 적절하게 나열한 것은?

단어의 의미를 사전의 뜻풀이로 보는 관점이 있다. 예를 들면 '눈, 코, 입이 있는 머리의 앞면'이라는 국어사전의 뜻풀이를 '얼굴'이라는 단어의 의미로 보는 것이다. 그러나 이와 같은 사전적 뜻풀이는 순환적이 될 수밖에 없다는 문제점을 지니고 있다. 즉 모르는 어떤 단어의 뜻풀이를 찾아가다 보면 결국에는 원래의 모르는 단어가 다른 단어의 뜻풀이 속에 나타난다. 이러한 관점의 또 다른 문제는 맥락이 의미 해석에 미치는 영향을 무시한다는 것이다. 가령 소풍날 비가 올 때 '날씨가 좋군.'이라고 말한 경우 사전적 뜻풀이만 놓고 보면 이 문장은 맞지 않는 문장이 된다.

단어의 의미에 관한 다른 입장의 하나는 의미를 단어가 지시하는 사물, 즉 지시체와 동일시하는 관점이다. '어제 손흥민이 영국으로 떠났다.'라는 문장에서 '손흥민'과 '영국'은 세상에 존재하는 실체를 지시하고, '떠났다'도 세상에서 일어나는 실제 사건을 지시한다. 이렇게 의미를 지시체로 환원하는 이유는 우리가 세상을 기술하고 묘사하기 위하여 언어를 사용하고, 또 그것이 언어의 가장 중요한 기능이기 때문이다. 그러나 이 관점에도 문제는 있다. 예를 들어 '그런데', '비록', '아주'와 같은 단어들은 [㉠] 또 '나', '오늘', '여기'와 같은 단어들은 [㉡] 아울러 등각 삼각형과 등변 삼각형이란 단어의 경우 [㉢] 이렇게 보면 단어의 의미는 지시체 그 이상이다.

───────〈보기〉───────

ⓐ 지시체는 같지만 의미는 다르다.
ⓑ 맥락에 따라 지시체가 달라진다.
ⓒ 지시체가 존재한다고 보기 어렵다.

	㉠	㉡	㉢
①	ⓐ	ⓑ	ⓒ
②	ⓑ	ⓐ	ⓒ
③	ⓒ	ⓐ	ⓑ
④	ⓒ	ⓑ	ⓐ

05 다음 글을 이해한 내용으로 가장 적절한 것은?

일제 강점기인 1930년대는 고향을 제재로 한 작품이 많이 창작되었다. 가령, 백석의 「여승」은 일제 강점기에 비극적 삶을 살아가는 한 여인의 모습을 형상화하고 있는데, 가난 때문에 가족을 잃고 여승이 되기까지의 일생을 서사적으로 잘 그려 내고 있다.

화자는 한 여인의 비극적인 삶을 알고 있는 관찰자로, 화자는 회상적인 어조로 한 여인의 비극적인 삶을 노래하고 있다. 1연은 여승의 현재 모습이며, 2~4연은 여승이 되기까지의 여인의 비극적인 삶의 모습을 보여 주고 있다. 서사적 구조를 지닌 이 시는 작품 속에 드러난 사건을 시간의 흐름에 따라 추적해 보면서 감상하는 것이 효과적이다. 여인의 남편은 가난 때문에 일거리를 찾아 집을 떠난다. 몇 해를 기다려도 남편이 돌아오지 않자 아내는 어린 딸을 데리고 남편을 찾으러 집을 나서게 된다. 어느 날, 금광까지 찾아온 여인에게서 '나'는 옥수수를 사게 된다. 남편이 집을 나간 지 십 년이 되는 해에 어린 딸은 죽게 되고, 여인은 머리를 깎고 한 많은 속세를 떠나 여승이 된다. '나'는 쓸쓸한 모습의 여승을 다시 만나 서로 인사를 나눈다.

① 「여승」은 역순행적 구성 방법으로 시상을 전개하고 있다.
② 「여승」의 화자의 시점은 소설로 볼 때, 1인칭 주인공 시점이다.
③ 「여승」의 화자인 '나'와 대상인 '여인'을, 그녀가 여승이 되는 날 처음 만났다.
④ 「여승」에서 화자는 식민지 현실에 희생당한 우리 민족의 삶을 대변해 주는 인물이다.

06 (가) ~ (라)를 맥락에 맞추어 가장 적절하게 나열한 것은?

2018년 지방직 7급

> (가) 미술 작품에 등장하는 동물은 그 성격에 따라 나누어 보면 종교적·주술적인 동물, 신을 위한 동물, 인간을 위한 동물로 구분할 수 있다. 물론 이 구분은 엄격한 것이 아니므로 서로의 개념을 넘나들기도 하며, 여러 뜻을 동시에 갖기도 한다.
>
> (나) 인류가 남긴 수많은 미술 작품을 살펴보다 보면 다양한 동물들이 등장하고 있음을 알 수 있다. 미술 작품 속에 등장하는 동물에는 일상에서 흔히 접할 수 있는 개나 고양이, 꾀꼬리 등도 있지만 해태나 봉황 등 인간의 상상에서 나온 동물도 적지 않음을 알 수 있다.
>
> (다) 종교적·주술적인 성격의 동물은 가장 오랜 연원을 가진 것으로, 사냥 미술가들의 미술에 등장하거나 신앙을 목적으로 형성된 토템 등에서 확인할 수 있다. 여기에 등장하는 동물들은 대개 초자연적인 강대한 힘을 가지고 인간 세계를 지배하거나 수호하는 신적인 존재이다. 인간의 이지가 발달함에 따라 이들의 신적인 기능은 점차 감소되어, 결국 이들은 인간에게 봉사하는 존재로 전락하고 만다.
>
> (라) 동물은 절대적인 힘을 가진 신의 위엄을 뒷받침하고 신을 도와 치세(治世)의 일부를 분담하기 위해 이용되기도 한다. 이 동물들 역시 현실 이상의 힘을 가지며 신성시되는 것이 보통이지만, 이는 어디까지나 신의 권위를 강조하기 위한 것에 지나지 않는다. 이들은 신에게 봉사하기 위해서 많은 동물 중에서 특별히 선택된 것들이다. 그리하여 그 신분에 알맞은 모습으로 조형화되었다.

① (가) − (나) − (라) − (다)

② (가) − (다) − (나) − (라)

③ (나) − (가) − (다) − (라)

④ (나) − (다) − (라) − (가)

07 <지침>에 따라 <개요>를 작성할 때 ㉠ ~ ㉣에 들어갈 내용으로 적절하지 않은 것은?

> 〈지침〉
> ○ 상위 항목과 하위 항목이 대응되도록 작성할 것.
> ○ 문제점과 개선 방안의 하위 항목끼리 대응되도록 작성할 것.
> ○ 주제를 고려하여 마지막 장에서 '전망'의 내용을 구체화할 것.

> 〈개요〉
> 주제: 야간 자율학습 운영의 개선 방안
>
> Ⅰ. 현황
>   − 학생들의 이용 실태
> Ⅱ. 문제점
>   1. ㉠
>   2. 관리 감독의 소홀
>   3. 자율학습 공간 내의 시설 미흡
> Ⅲ. 개선 방안
>   1. 운영 시간의 연장
>   2. ㉡
>   3. ㉢
> Ⅳ. 전망
>   − ㉣

① ㉠: 밤 10시까지로 제한된 운영 시간

② ㉡: 전학생의 자율학습 참여 독려

③ ㉢: 자율학습 공간 내부의 시설 확충

④ ㉣: 야간 자율학습의 활성화 기대

08 다음 글의 빈칸에 들어갈 대안으로 가장 적절한 것은?

2010년 국가직 5급 변형

상품을 만들어 파는 사람이 그 수고의 대가를 받고 이익을 누리는 것은 당연하다. 하지만 그 이익이 다른 사람의 고통을 무시하고 얻어진 경우에는 정당하지 않을 수 있다. 제3세계에 사는 많은 환자들이, 신약 가격을 개발국인 선진국의 수준으로 유지하는 거대 제약회사의 정책 때문에 고통 속에서 죽어가고 있다. 그 약값을 감당할 수 있는 우리 영국인이 보기에도 이는 이익이란 명분 아래 발생하는 끔찍한 사례다. 비난의 목소리가 높아지자 제약회사의 대규모 투자자들 중 일부는 자신들의 행동이 윤리적인지 고민하기 시작했다. 사람들이 약값 때문에 약을 구할 수 없다는 것은 분명히 잘못된 일이다. 하지만 그렇다고 해서 국가가 제약회사들에게 손해를 감수하라는 요구를 할 수는 없다는 데 사태의 복잡성이 있다.

신약을 개발하는 일에는 막대한 비용과 시간이 들며, 그 안전성 검사가 법으로 정해져 있어서 추가 비용이 발생한다. 이를 상쇄하기 위해 제약회사들은 시장에서 최대한 이익을 뽑아내려 한다. 얼마나 많은 환자들이 신약을 통해 고통에서 벗어나는가에 대한 관심을 이들에게 기대하긴 어렵다. 그러나 만약 제약회사들이 존재하지 않는다면 신약 개발도 없을 것이다. 상업적 고려와 인간의 건강 사이에 존재하는 긴장을 어떻게 해소해야 할까? 제3세계의 환자를 치료하는 일은 응급 사항이며, 제약회사들이 자선을 하리라고 기대하는 것은 비현실적이다. 그렇다면 그 대안은 명백하다. [   ] 물론 여기에도 문제는 있다. 이 대안이 왜 실현되기 어려운 걸까? 그 이유가 무엇인지는 우리가 자신의 주머니에 손을 넣어 거기에 필요한 돈을 꺼내는 순간 분명해질 것이다.

① 제3세계에 제공되는 신약 가격을 선진국 국민들이 구매하는 것과 동일하게 해야 한다.

② 제3세계 국민에게 필요한 신약을 정부나 기업이 아닌 선진국 국민이 구입하여 전달해야 한다.

③ 선진국들은 정부가 자국의 제약회사가 제3세계에 신약을 저렴하게 공급하도록 강제해야 한다.

④ 정부가 제약회사의 신약 가격 결정에 자율권을 주어 개발 비용을 보상 받을 수 있게 해야 한다.

[09-10] 다음 글을 읽고 물음에 답하시오.

독서는 독자가 목표한 결과에 ㉠다다르기 위해 글을 읽고 의미를 구성하는 인지 행위이다. 성공적인 독서를 위해서는 초인지가 중요하다. 독서에서의 초인지는 독자가 자신의 독서 행위에 대해 인지하는 것으로서 자신의 독서 과정을 점검하고 조정하는 역할을 한다.

초인지는 글을 읽기 시작한 후 지속적으로 이루어지는 점검 과정에 동원된다. 독자는 가장 ㉡알맞다고 판단한 독서 전략을 사용하여 독서를 진행하는데, 그 전략이 효과적이고 문제가 없는지를 평가하며 점검한다. 효과적이지 않거나 문제가 있다고 판단하면 이를 해결해야 한다. 문제가 무엇인지 분명하지 않은 경우에는 독서 중에 떠오르는 생각들을 살펴보고 그중 독서의 진행을 방해하는 생각들을 분류해 보는 방법으로 문제점이 무엇인지 ㉢알 수 있다. 독서가 중단 없이 이어지는 상태이지만 문제가 발생한 것을 독자 자신이 인지하지 못하는 경우도 있다. 의도한 목표에 ㉣맞지 않는 방법으로 읽기를 진행하거나 자신이 이해한 정도를 판단하지 못하는 예가 그것이다. 문제 발생 여부의 점검을 위해서는 독서 진행 중간중간에 이해한 내용을 정리하는 방법을 사용할 수 있다.

09 윗글을 이해한 내용으로 가장 적절한 것은?

2024학년도 수능 변형

① 독서가 멈추지 않고 진행될 때에는 초인지의 역할이 필요 없다.

② 독서 중에 떠오르는 생각을 분류하는 것은 독서 문제의 발생을 막는다.

③ 독서 진행에 문제가 없어 보이더라도 목표에 부합하지 않는 독서가 이루어지는 경우가 있다.

④ 독서 진행 중 이해한 내용을 정리하는 것은 독자 스스로 독서 진행의 문제를 점검하는 데에 적합하지 않다.

10 ㉠ ~ ㉣과 바꿔 쓸 수 있는 유사한 표현으로 적절하지 않은 것은?

① ㉠: 이동하기   ② ㉡: 적절하다고

③ ㉢: 파악할   ④ ㉣: 부합하지

[11-12] 다음 글을 읽고 물음에 답하시오.

중국에서 비롯된 유서(類書)는 고금의 서적에서 자료를 수집하고 항목별로 분류, 정리하여 이용에 편리하도록 편찬한 서적이다. 일반적으로 유서는 기존 서적에서 필요한 부분을 뽑아 배열할 뿐 상호 비교하거나 편찬자의 해석을 가하지 않았다. 유서는 모든 주제를 망라한 일반 유서와 특정 주제를 다룬 전문 유서로 나눌 수 있으며, 편찬 방식은 책에 따라 다른 경우가 많았다. 중국에서는 대체로 왕조 초기에 많은 학자를 동원하여 국가 주도로 대규모 유서를 편찬하여 간행하였다. 이를 통해 이전까지의 지식을 집성하고 왕조의 위엄을 과시할 수 있었다.

고려 때 중국 유서를 수용한 이후, 조선에서는 중국 유서를 활용하는 한편, 중국 유서의 편찬 방식에 ㉠따라 필요에 맞게 유서를 편찬하였다. 조선의 유서는 대체로 국가보다 개인이 소규모로 편찬하는 경우가 많았고, 목적에 따른 특정 주제의 전문 유서가 집중적으로 편찬되었다. 전문 유서 가운데 편찬자가 미상인 유서가 많은데, 대체로 간행을 염두에 두지 않고 기존 서적에서 필요한 부분을 발췌, 기록하여 시문 창작, 과거 시험 등 개인적 목적으로 유서를 활용하고자 하였기 때문이었다.

11 윗글에서 추론한 내용으로 가장 적절하지 않은 것은?

2023학년도 수능 변형

① 중국에서는 주로 서적에서 발췌한 내용을 비교하고 거기에 해석을 덧붙여 유서를 편찬하였다.

② 조선에서는 중국의 편찬 방식을 따르면서도 대체로 국가보다는 개인에 의해 유서가 편찬되었다.

③ 조선에서는 시문 창작, 과거 시험 등에 필요한 내용을 담은 유서가 편찬되는 경우가 적지 않았다.

④ 조선에서 편찬자가 미상인 유서가 많았던 것은 편찬자의 개인적 목적으로 유서를 활용하려 했기 때문이다.

12 문맥상 ㉠의 의미와 가장 가까운 것은?

① 경찰이 범인의 뒤를 <u>따르다</u>.

② 증시가 회복됨에 <u>따라</u> 경제도 회복되어 갔다.

③ 우리는 선생님이 보여 주는 동작을 그대로 <u>따라서</u> 했다.

④ 가족들은 고인의 뜻에 따라 불교 의식에 <u>따른</u> 장례식을 거행했다.

13 다음 글의 밑줄 친 결론을 이끌어내기 위해 추가해야 할 것은?

비행기 티켓을 예매하면 연예인 포토카드를 경품으로 받을 것이다. 제주도로 여행을 가면 연예인을 만날 수 있을 것이다. <u>따라서 연예인을 만날 수 없다면 비행기 티켓을 예매하지 않을 것이다.</u>

① 비행기 티켓을 예매하지 않으면 연예인을 만날 것이다.

② 연예인을 만나면 포토카드를 경품으로 받지 않을 것이다.

③ 비행기 티켓을 예매하면 제주도로 여행을 가지 않을 것이다.

④ 제주도로 여행을 가지 않는다면 포토카드를 경품으로 받지 않을 것이다.

14 (가) ~ (다)를 전제로 할 때 빈칸에 들어갈 결론으로 가장 적절한 것은?

(가) 모든 사탕은 노랗거나 둥글다.
(나) 둥근 모양의 사탕은 레몬 맛이다.
(다) 유진이가 구매한 사탕은 레몬 맛이 아니다.
따라서 [   ]

① 모든 사탕은 레몬 맛이 아니다.

② 노란 사탕에서는 레몬 맛이 난다.

③ 유진이가 구매한 사탕은 노랗다.

④ 유진이가 구매한 사탕은 둥글다.

15 다음 글의 ㉠ ~ ㉣ 중 어색한 곳을 찾아 가장 적절하게 수정한 것은?

산업 혁명은 '생산 제도와 생산 기술이 근본적으로 변화되어 소규모 수공업 중심의 작업장을 대신해, ㉠ 다수의 노동자가 일하는 기계를 갖춘 공장이 경제의 중심으로 확립되고 사회 구조가 근본적으로 변하는 것'이라고 정의할 수 있다. 1760년 무렵 영국에서 시작된 산업 혁명은 1840년에 이르러 서유럽 국가들에 파급되어 자본주의 경제를 성립시켰다.

이미 언급했듯이 영국은 사상이나 사회 구조적으로 또한 과학적으로 가장 일찍 산업 혁명을 일으킬 준비가 갖추어진 나라였다. 방적, 기계, 화학 산업의 발명과 기술 개량의 촉진으로 산업혁명이 시작된 것이다.

공장을 건설하기 위해서는 철재를 사용해야 했는데, 철광석을 용해해 철재를 생산하는 제철업에는 에너지원이 필요했다. 그 때문에 1700년 약 300만 톤이었던 ㉡ 석탄의 채굴량은 1850년에는 6,000만 톤으로 급증했다. 그 결과 채굴 현장이 지하 수위보다 점점 깊어지면서 지하수를 퍼 올리지 않으면 수몰될 위험에 놓였다. 그래서 개발된 것이 물푸기 전용 증기 기관이었다.

보일의 조수였던 도니 파팽은 1690년 피스톤 기구를 고안하면서 석탄에 의한 수증기를 그 동력으로 생각했다. 토마스 세이버리가 이 구상을 실현시켰으며, 토마스 뉴커먼과 존 스미튼이 이를 개량했다. ㉢ 그러나 그것으로도 증기 기관의 에너지 효율이 좋아 불과 2퍼센트 정도였다. 이 문제를 개선하고자 했던 사람이 제임스 와트였다. 그는 기업가 매튜 볼턴과 지적 활동에 관심이 강했던 사교 단체 '루나 협회'의 지원을 받아 증기 기관 개량에 성공했다.

그 뒤 실린더 가공 기술이 진보하여 증기 기관의 동력 에너지 출력을 제어하는 장치가 개발되면서 ㉣ 증기 기관은 더욱 경제성 높은 장치가 되었고 1830년 이후에는 다양한 분야에 보급되기 시작했다.

① ㉠: 소수의 노동자가 일하는 기계를 갖춘 공장이 경제의 중심으로

② ㉡: 석탄의 채굴량은 1850년에는 6,000만 톤으로 급감했다.

③ ㉢: 그러나 그것으로도 증기 기관의 에너지 효율은 좋지 않아

④ ㉣: 증기 기관은 더욱 경제성 낮은 장치가 되었고

16 ㉠의 사례로 적절한 것만을 <보기>에서 모두 고르면?

㉠ 문화 자본주의는 인류가 수천 년 동안 발전시켜 온 문화적 다양성을 발굴하여 상품화하고 있는데, 역설적이게도 그 과정에서 문화적 다양성은 소멸되어 가고 있다. 인간 가치의 마지막 보루라 할 수 있는 문화 영역마저 상업 영역에 완전히 흡수당하게 되면 사회적 신뢰는 땅에 떨어지고 건강한 시민 사회의 기반은 완전히 허물어지게 된다. 결국 인간의 문명은 위기에 처하게 된다. 리프킨은 지리적 공간에 뿌리를 둔 문화적 다양성을 지켜나가는 것만이 인간의 문명을 유지할 수 있는 유일한 길이라고 말하였다. 수천 년을 이어온 인간 체험의 풍부한 문화적 다양성을 상실하는 것은, 생물 다양성을 잃는 것 못지않게 앞으로 우리가 생존하고 문명을 발전시켜 나가는 데 악영향을 미칠 것이다. 그러므로 문화와 산업의 적절한 균형을 복원시키고 문화를 우리의 삶의 일부로 받아들이는 자세는 다가오는 시대에 우리가 해결해야 할 가장 중요한 과업이다.

〈보기〉

ㄱ. 예전에는 식혜를 각 가정에서 담가 먹었는데, 공장에서 만들어 팔기 시작하면서 식혜를 담가 먹는 집이 눈에 띄게 줄었다.

ㄴ. 우리나라에서 올림픽과 월드컵을 개최한 이후부터 일본식 김치가 주를 이루었던 세계 김치 시장을 우리 김치가 석권하게 되었다.

ㄷ. 이탈리아에서는 미국계 대형 커피 체인점의 거센 공세에도 불구하고 고유의 맛을 그대로 유지하는 소규모 독립 커피점이 성업 중이다.

① ㄱ
② ㄱ, ㄴ
③ ㄴ, ㄷ
④ ㄱ, ㄴ, ㄷ

17 다음 건의문의 내용을 분석한 것으로 가장 적절하지 않은 것은?

> 도서관 사서 선생님께
>
> 안녕하세요? 저는 1학년에 재학 중인 김철수입니다. 먼저 도서관의 발전을 위해 항상 애쓰시는 선생님께 감사와 존경의 마음을 전합니다. 제가 선생님께 이렇게 글을 쓰게 된 것은 학교 도서관 운영에 대해 건의를 드리기 위해서입니다.
>
> 최근 독서 교육의 강화로 인해 학생들의 독서에 대한 관심이 점점 높아지고 있습니다. 게다가 얼마 전에는 도서관 책걸상의 보수 및 열람실 전등 교체 작업으로 본교 도서관이 더욱 산뜻해졌으며 장서도 크게 확충되었습니다. 이에 따라 최근 학생들의 도서관 이용률이 높아지고 있으며 학교 도서관에 대한 학생들의 만족도도 크게 높아졌습니다. 인근에 마땅히 이용할 만한 공공 도서관이 없었는데 쾌적한 학교 도서관에서 보고 싶은 책을 마음껏 읽을 수 있다는 것은 무척 기쁘고 감사한 일입니다. 그런데 도서 대출 기간이 3일로 제한되어 있어서 책을 빌려 보는 데 여전히 불편함이 있습니다. 학업에 쫓겨 책을 읽을 시간이 충분하지 않은 저희들로서는 3일 동안 한 권의 책을 읽는 것이 쉽지 않은 일입니다. 그렇다 보니 같은 책을 여러 차례에 걸쳐 반복해서 빌려야 하고 반납 기한을 제대로 지키지 못하는 경우도 많습니다. 또한 학생들이 조급하게 책을 읽는 경우도 많아지고 있습니다. 천천히 책을 읽으면서 많은 생각을 해야 책에서 얻을 것이 많은데, 늘 조급하게 책을 읽다 보니 책을 읽어도 머리에 남는 게 별로 없다고 하소연하는 친구들도 있습니다. 따라서 도서 대출 기간을 공공 도서관과 비슷한 수준인 7일로 연장해 주셨으면 합니다. 물론 도서 대출 기간을 연장하려면 더 많은 도서를 확충해야 하고 그러려면 더 많은 예산이 필요할 것입니다. 하지만 학부모들의 도서 기증을 유도하고 관계 기관의 예산 협조도 이끌어 낸다면 얼마든지 해결 가능한 문제라고 봅니다. 또한 도서 반납 기한을 지키지 않은 학생들에 대한 제재를 더욱 엄격하게 하는 것도 필요할 것입니다. 아무쪼록 문제 해결을 위해 선생님께서 많이 노력해 주실 것을 부탁드립니다. 항상 선생님의 건강과 행복을 빌겠습니다. 감사합니다.
>
> 2024년 ○○월 ○○일
> 1학년 1반 김철수

① 건의자는 정중한 인사로 예상 독자에 대한 예의를 갖췄다.

② 건의자는 자신의 소속과 이름을 밝혀 예상 독자에게 신뢰감을 준다.

③ 건의자는 문제 해결에 따른 기대 효과를 언급하여 문제 해결의 필요성을 강조한다.

④ 건의자는 현재 나타나고 있는 문제점을 구체적으로 제시하여 상황의 심각성을 드러낸다.

18 다음 진술이 모두 참일 때 반드시 참인 것은?

> ○ 감성적인 사람은 보라색을 좋아한다.
> ○ 진달래를 좋아하는 사람은 감성적이다.
> ○ 백합을 좋아하는 사람은 보라색을 좋아하지 않는다.

① 감성적인 사람은 백합을 좋아한다.

② 보라색을 좋아하는 사람은 감성적이다.

③ 보라색을 좋아하는 사람은 백합을 좋아한다.

④ 진달래를 좋아하는 사람은 보라색을 좋아한다.

[19-20] 다음 글을 읽고 물음에 답하시오.

실존주의자들은 인간의 본질이 무엇인가를 묻지 않고 인간이 어떻게 존재하는지를 묻는다. 그들은 인간이 가지고 있는 이성이나 정신이 인간의 개체적 존재를 결정하는 것이 아니라 상대적이고 유한적인 자신의 현존이 인간 존재를 결정한다고 주장한다. 그리하여 개체와 세계의 관계에서 단절되어 있는 주체를 자각함으로써 위기를 극복하려고 한다. 이처럼 자기의 존재를 자각함으로써 현존을 초월하여 진정한 자기를 추구하는 것이 실존주의이다. 그러기 위해서는 ㉠ 있는 그대로의 자기의 유한성을 직시하고 그 유한성에 대해서 겸허하고 성실해야 한다고 주장한다.

한편 야스퍼스는 실존이란 자기 내면과의 끊임없는 교섭을 통하여, 내면에 자리 잡고 있는 공리성(功利性)과 안일성(安逸性)으로 인해 타락의 위기에 처해 있는 ㉡ '세계 존재'인 자기를 발견하여, 이를 타파하고 자기를 초월하여 유일한 존재, 절대자에 도달하는 것이라고 하였다. 그러나 이것은 쉬운 일이 아니다. 인간은 누구나 역사적으로 과거로부터 한정되어 있는 현존재를 받아들이지 않을 수 없다는 필연적인 한계상황에 놓여 있고, 또한 죽음·고뇌·투쟁·죄책감 등 숙명적인 한계상황과도 직면해 있기 때문이다. 그러나 그는 이 한계상황을 감내하여 버티어 내는 각오가 실존의 본질이며, 이 한계상황에 좌절하는 가운데서 인간의 실존은 좀 더 분명하게 드러난다고 생각하였다.

하이데거에 따르면 실존이란 우리들의 현존재를 의미한다. 그런데 인간은 일상생활에 있어서는 일상인의 세계에 퇴락해 있다. 개성이 없는 ㉢ 자기 아닌 자기에 살고 있다는 것이다. 이러한 비본래적 자아에서 본래적 자아를 회복하려고 할 때 인간은 자신이 '죽음에 직면한 존재'임을 자각하고 불안에 빠진다. 불안한 존재인 인간은 이 세상에 내던져진 존재인 동시에 현재를 초월하여 미래에로 자기를 내던지는 실존의 존재 방식, 곧 '투기(投企)'를 하는 존재이다. 그는 이런 과거를 걸머지고 미래를 향함으로써 현재의 존재를 가능하게 하는 것이 인간의 실존이라고 하였다.

이런 하이데거의 입장을 이어받아 좀 더 현실적이고 구체적으로 실존 사상을 전개한 사람이 ⓐ 사르트르이다. 그에 의하면 원래 인간은 선험적으로 규정할 아무것도 없는 ㉣ '무의 존재'이다. 이것은 인간 스스로가 자신의 행동에 책임을 지고 행동해야 하는 주체적인 존재인 동시에 자유인이라는 것을 의미한다. 그러므로 기존 가치를 답습하지 않고 자기를 선택하는 것은 동시에 세계를 선택하는 일이며, 세계 전체에 대해 책임을 지는 일이다. 이런 생각을 바탕으로 사르트르는 사람들이 적극적으로 사회적 현실에 참여할 것을 역설한다.

19 ⓐ의 입장에서 평가할 때 가장 실존적인 삶'을 살고 있는 인물은?

① 갑: 자연에 묻혀서 자신의 정신적인 즐거움을 추구하면서 살아간다.

② 을: 기존의 윤리나 도덕을 현실에서 구현하기 위해 최선의 노력한다.

③ 병: 회사에서 조직의 일원으로 자신이 맡은 일을 항상 성실하게 행한다.

④ 정: 사회가 추구하는 가치와 충돌할지라도 가치 있는 일을 찾아 실천한다.

20 문맥상 ㉠ ~ ㉣ 중 의미가 비슷한 것만으로 묶인 것은?

① ㉠, ㉣ ② ㉡, ㉣

③ ㉠, ㉡, ㉢ ④ ㉠, ㉡, ㉣

정답·해설 188p

01 <보기 1>에 따라 <보기 2>의 ㉠ ~ ㉣을 수정한 것으로 적절하지 않은 것은?

──────〈보기 1〉──────

○ 준말의 표기를 바르게 할 것.
○ 단어를 어법에 맞게 표기할 것.
○ 이중 피동 표현을 사용하지 않을 것.
○ 필요한 문장 성분이 생략되지 않도록 할 것.

──────〈보기 2〉──────

　지식인으로서 한비자는 그가 속한 세계가 철저하게 ㉠ 분열돼어 영토 전쟁과 군비 확장으로 ㉡ 이루 말할 수 없는 고통을 겪던 시대에 태어났다. 그는 어떻게 하면 그런 혼란상을 종식할 수 있을지 고민했다. 그는 중국의 통일을 염원했고, 중국 통일을 위해 가장 효율적이고 강력한 권력을 꿈꿨다. 그가 군주의 권력 강화를 위한 제왕학을 정리한 건 이 때문이었다. 그는 현실주의자의 눈으로, 당시 사상계를 지배했던 유가와 묵가, 명가와 법가의 사상들을 ㉢ 낱낱히 검토했다. 그는 실사구시의 사유를 가지고 당시 그럴듯하게 ㉣ 포장되어 난무하던 수많은 정치적 주장들의 허구를 깨뜨렸고, 실천 가능하고 확고한 대안을 투명하게 제시하려 애썼다.

① ㉠: 분열돼

② ㉡: 백성들이 이루 말할 수 없는 고통을 겪던

③ ㉢: 낱낱이

④ ㉣: 포장되어져

02 다음은 「한글 맞춤법」 규정과 그에 대한 해설이다. 글에서 추론한 내용으로 적절하지 않은 것은?

제30항
사이시옷은 다음과 같은 경우에 받치어 적는다.
1. 순 우리말로 된 합성어로서 앞말이 모음으로 끝난 경우
　(1) 뒷말의 첫소리가 된소리로 나는 것
　　예 냇가, 바닷가, 뱃길, 맷돌, 모깃불, 아랫집, 햇볕 등
　(2) 뒷말의 첫소리 'ㄴ, ㅁ' 앞에서 'ㄴ' 소리가 덧나는 것
　　예 아랫니, 아랫마을, 뒷머리, 냇물, 빗물 등
　(3) 뒷말의 첫소리 모음 앞에서 'ㄴㄴ' 소리가 덧나는 것
　　예 두렛일, 뒷일, 나뭇잎, 댓잎 등

[해설]
고유어끼리 결합한 합성어 중, 앞 단어의 끝모음 뒤가 폐쇄되는 구조로서,
(1) 뒤 단어의 첫소리 'ㄱ, ㄷ, ㅂ, ㅅ, ㅈ' 등이 된소리로 나는 것
(2) 폐쇄시키는 음([ㄷ])이 뒤의 'ㄴ, ㅁ'에 동화되어 [ㄴ]으로 발음되는 것
(3) 뒤 단어의 첫소리로 [ㄴ]이 첨가되면서 폐쇄시키는 음([ㄷ])이 동화되어 [ㄴㄴ]으로 발음되는 것

① '내+가'를 '냇가'로 적은 것은 [내ː까]로 발음되기 때문이다.

② '보리+쌀'은 뒷말의 첫소리가 'ㅆ'이니 '보릿쌀'로 적는다.

③ '깨+잎'은 '[깬닙] → [깬닙]'으로 발음되니 사이시옷을 받치어 '깻잎'으로 적는다.

④ '머리+말'을 '머리말'로 적는 것은 [머린말]이 아닌 [머리말]로 발음되기 때문이다.

03 다음 글의 ㉠의 사례가 포함되어 있지 않은 것은?

> 수사학이란 말을 잘하는 재주, 곧 말로써 남을 설득시키는 기술을 뜻한다. 남을 설득시킬 때 비로소 화자는 자신이 의도하는 바를 얻을 수 있다. 최소한의 노력으로 최대한의 효과를 얻으려는 것이 수사법의 기능이요 임무라고 할 수 있다. 그러므로 수사법은 맹장처럼 있어도 그만 없어도 그만인 것이 아니라 심장처럼 꼭 있어야 하는 것이다. ㉠ 우리가 일상생활에서 무심코 사용하는 말도 찬찬히 뜯어보면 그 안에 하나같이 수사법이 쓰이고 있다고 주장하는 학자들이 적지 않다. 너무 많이 그리고 오랫동안 사용되어 너무나 익숙해진 일상적인 표현도 처음에는 적절한 비유와 아름다운 꾸밈으로 새봄에 돋아나는 새싹처럼 신선한 느낌을 주는 수사법으로 시작된 것이 많다.

① 눈 깜짝할 사이에 모든 것을 도둑맞았다.

② 이 논은 물이 많아 가뭄을 잘 타지 않는다.

③ 어머니는 오늘도 오빠 때문에 간을 졸이고 있었다.

④ 밤길을 오래 걷다 보니 온몸이 사시나무 떨듯 떨렸다.

---

04 다음 글의 ㉠ ~ ㉢에 들어갈 말을 적절하게 나열한 것은?

2009년 국가직 7급 변형

> 한국의 전통문화는 근대화의 과정에서 보존되어야 하는가, 아니면 급격한 사회 변동에 따라 해체되어야 하는가? 한국 사회 변동 과정에서 외래문화는 전통문화에 흡수되어 토착화되는가, 아니면 전통문화 자체를 전혀 다른 것으로 변질시키는가? 이러한 질문에 대해서 오늘 한국 사회는 진보주의와 보수주의로 나뉘어 뜨거운 논란을 빚고 있다. 그러나 전통의 유지와 변화에 대한 견해 차이는 단순하게 진보주의와 보수주의로 나눌 성질의 것이 아니다. 한국 사회는 한 세기 이상의 근대화 과정을 거쳐 왔으며 앞으로도 광범하고 심대한 사회 구조의 변동을 가져올 것이다. 이런 변동 때문에 ㉠ 성향을 가진 사람들도 전통문화의 변질을 어느 정도 수긍하지 않을 수 없고, ㉡ 성향을 가진 사람 또한 문화적 전통의 가치를 인정하지 않을 수 없다. 또, 이 논란은 단순히 외래문화나 전통문화 중 양자택일을 해야 하는 문제도 아니다. 근대화는 전통문화의 계승과 끊임없는 변화를 다 같이 필요로 하며 외래문화의 수용과 토착화를 동시에 요구하기 때문이다. 근대화에 따르는 사회 구조적 변동이 문화를 결정짓기 때문에 ㉢ 의 변화 문제는 보편성과 특수성이나 양자택일이라는 기준으로 다룰 것이 아니라 끊임없는 사회 구조의 변화라는 시각에서 바라보고 분석하는 것이 중요하다.

	㉠	㉡	㉢
①	보수주의적	진보주의	외래문화
②	보수주의적	진보주의	전통문화
③	진보주의	보수주의적	외래문화
④	진보주의	보수주의적	전통문화

05 다음 진술이 모두 참일 때 반드시 참인 것은?

> ○ 골프를 좋아하는 사람은 테니스를 좋아한다.
> ○ 테니스를 좋아하는 사람은 등산을 좋아한다.
> ○ 등산을 좋아하는 사람은 불고기를 좋아하지 않는다.
> ○ 불고기를 좋아하는 사람은 낚시를 좋아하지 않는다.
> ○ 낚시를 좋아하는 사람은 골프를 좋아하지 않는다.

① 테니스를 좋아하는 사람은 낚시를 좋아한다.

② 등산을 좋아하지 않는 사람은 골프를 좋아한다.

③ 낚시를 좋아하지 않는 사람은 등산을 좋아한다.

④ 불고기를 좋아하는 사람은 골프를 좋아하지 않는다.

06 다음 글을 이해한 내용으로 가장 적절한 것은?

> 1930년대 모더니즘 시는 회화적 특성과 문명 비판적 성격을 갖고 있었다. 가령, 김기림의 「바다와 나비」는 새로운 세계를 동경했던 시인의 좌절과 냉혹한 현실 인식을, '바다'와 '나비'의 색채 대비를 통해 제시하고 있다.
>
> 1연에서는 바다의 무서움을 모른 채 바다에 다가가는 나비의 순진한 모습을 그리고 있다. 이때 '바다'는 깊은 수심을 지닌 거대한 세계이고, 그 바다를 날고 있는 '나비'는 바다의 수심, 즉 세계의 위험성과 비정함을 모르는 연약한 존재이다.
>
> 2연에서는 바다의 냉혹함에 지쳐 돌아오는 나비의 모습을 보여 준다. 여기서 '청 무밭'은 나비에게 있어 낭만적 꿈의 공간이며 나비가 지향하는 세계이다. 어린 나비는 바다를 자신이 꿈꾸는 이상적 세계로 알고 다가가지만 바다는 나비에게 낭만적 꿈에 대한 허망한 좌절을 안겨 준다. '어린 날개', '공주처럼'과 같은 표현은 이와 같이 현실 세계의 어려움을 모르는 순진하고 연약한 나비의 모습을 드러낸다.
>
> 3연에서는 바다의 무서운 깊이를 알게 된 나비의 지친 모습을 감각적으로 그려 내고 있다. 바다가 나비가 꿈꾸는 '청 무우밭'이 아니어서 서글퍼진 흰나비의 허리에 '새파란 초생달'이 겹쳐지면서, 거대한 바다의 무서운 깊이를 경험하고 그 냉혹한 현실 앞에서 꿈이 좌절된 채 돌아온 나비의 슬픈 비행이 차갑고 시린 아픔을 느끼게 한다.

① 「바다와 나비」는 냉혹한 현실의 극복을 형상화하고 있다.

② 「바다와 나비」에서 '바다'와 '나비'는 유사한 이미지를 가진다.

③ 「바다와 나비」에서 '청 무밭'은 나비가 동경하는 세계를 나타내는 시어이다.

④ 「바다와 나비」에서 '나비'는 낭만적인 꿈을 지니고 있는 순수하고 강인한 존재이다.

07 (가) ~ (라)를 맥락에 맞추어 가장 적절하게 나열한 것은?

2016년 기상직 7급 변형

(가) 1939년 로버트 오펜하이머가 별의 일생을 연구한 결과 태양보다 질량이 훨씬 큰 별들은 완전히 연소된 후, 즉 핵융합 반응이 끝난 뒤 중력 붕괴를 일으켜 이런 천체가 됨을 보였지만 아인슈타인의 입장에는 변화가 없었다. 아인슈타인이 사망하고 12년이 지난 1967년에야 이론 물리학자 존 아치볼드 휠러가 이 천체에 '블랙홀'이라는 이름을 붙여줬다.

(나) 즉 질량이 아주 작은 부피로 압축될 경우 시공간도 수축되면서 빛조차 빠져 나가지 못하는 상태가 된다. 어떤 질량에서 이런 현상이 일어나는 임계 지점을 '슈바르츠실트 반지름'(구형이라고 했을 때)이라고 부른다. 태양의 경우 이 값은 약 1.5km이고 지구는 0.5cm 정도다.

(다) 독일 포츠담 천문대장 칼 슈바르츠실트는 1차 세계 대전이 터지자 러시아 전선에서 탄도 궤도를 계산하는 임무를 맡고 있었다. 1915년 말 슈바르츠실트는 일반 상대성 이론에 대한 아인슈타인의 논문을 입수해 읽고 여기 나오는 공식들을 천문학의 여러 상황에 적용해 봤다. 그 가운데 하나가 '천체 내부에서는 중력이 어떤 모습이 될까?'라는 질문이었고 계산을 하자 이상한 결과가 나왔다.

(라) 아인슈타인은 이 소식을 듣고 수학적으로는 흥미로운 생각이지만 물리적으로는, 즉 실제로는 그런 천체가 존재할 리가 없다고 생각했다.

① (가) – (나) – (다) – (라)
② (가) – (라) – (다) – (나)
③ (다) – (나) – (라) – (가)
④ (다) – (라) – (가) – (나)

08 〈지침〉에 따라 〈개요〉를 작성할 때 ㉠ ~ ㉣에 들어갈 내용으로 적절하지 않은 것은?

〈지침〉

○ 주제문을 고려하여 작성할 것.
 – 주제문: 국가 인지도를 높이기 위해 현지인을 대상으로 한 해외 한국어 교육을 강화하자.
○ 상위 항목과 하위 항목의 연결이 대응하도록 작성할 것.
○ 마지막 장에서 논지를 명료하게 드러낼 것.

〈개요〉

Ⅰ. 자기 나라의 언어를 해외에 전파하기 위해 노력하고 있는 현실
 – [㉠]
Ⅱ. 해외 한국어 교육을 강화해야 하는 이유
 1. 국가 인지도 상승으로 수출을 증대시키는 효과
 2. [㉡]
Ⅲ. 해외 한국어 교육을 강화하기 위한 구체적 실천 방안
 1. 해외 한국어 교육을 관리하는 전담 기관 설치
 2. 해외 현지에 한국어를 교육하는 기관 설립
 3. [㉢]
Ⅳ. [㉣]

① ㉠: 자국어 전파에 힘쓰고 있는 다른 나라의 사례
② ㉡: 외국인에게 한국어를 가르치는 전문 인력 양성
③ ㉢: 외국인이 편리하게 사용할 수 있는 한국어 교육 교재의 개발 및 보급
④ ㉣: 실천 방안의 조속한 마련 및 적극적인 실행 촉구

남을 괴롭히는 여자 깡패는 남자 깡패하고는 사뭇 다르다. 남을 못살게 구는 소년들은 품성이 좋지 않을 아이일 가능성이 높다. 그런 소년들은 친구도 거의 없고 사회성도 부족하며 학교생활도 제대로 하지 못하는 경우가 많다. 그런 소년은 자신의 지위를 향상시키기 위한 방편으로 피해자에게 집적거린다. '만약 철수가 나를 두려워하게 되면 친구들은 내가 이 학교에서 가장 한심한 애라고 생각하지 않을 거야.'라고 생각하는 것이다. 실제로 그 아이는 아마도 철수에 대해 잘 모를 것이다. 그 아이가 그런 행동을 하는 까닭은 철수가 무슨 짓을 했거나 무슨 말을 해서가 아니다. 그 아이는 단지 다른 사람을 비참하게 만들면 자기 '자신의 불안감'이 해소되고 기분이 조금이라도 좋아지지 않을까 하는 막연한 희망 때문에 남을 괴롭힌다. 그런 아이는 또한 희생자를 괴롭힘으로써 다른 아이들의 환심을 사려고 한다.

소녀들의 경우는 상황이 완전히 정반대이다. ☐☐☐☐☐☐☐☐ 피해를 당하는 소녀들은 대부분 은밀한 경쟁 상대이다. 그들은 서로에 대해 잘 알고 있다. 그리고 상대방의 어느 부분을 건드리면 가장 크게 상처를 받을지도 잘 알고 있다. 연구에 따르면 다른 아이들에게 배척당하는 소녀들은 대체로 외모, 남자 친구, 돈, 멋있는 옷 등 대부분의 소녀들이 갖고 싶어 하는 요소들을 갖춘 아이들이다. 딸아이가 학교에서 따돌림을 당한다면 부모는 생활지도 선생님과 일대일로 얼굴을 맞대고 면담해야 한다. 그리고 딸이 뭔가 '좋지 못한' 일을 해서라기보다 단지 다른 소녀들의 시기심을 유발했기 때문에 배척당할 수도 있다는 점을 항상 기억하고 있어야 한다.

① 소년들은 지속적으로 상대를 괴롭히는 반면, 소녀들은 특정한 계기가 있을 때 일회적으로 상대를 괴롭힌다.

② 소년들은 잘 알지 못하는 아이를 못살게 구는 반면, 소녀들은 거의 언제나 같은 그룹에 속한 아이를 괴롭힌다.

③ 소년들은 동성만을 괴롭힘의 대상으로 삼는 반면, 소녀들은 성별을 가리지 않고 자신의 목적에 따라 괴롭힘의 대상을 정한다.

④ 소년들은 남을 괴롭히기 위해서 수단과 방법을 가리지 않는 반면, 소녀들은 외부에서 보기에 정당해 보이는 수단을 통해 상대를 괴롭힌다.

(가) 모든 댐은 홍수 재해 예방 능력을 갖추고 있다.
(나) 어떤 댐은 가뭄 대비 능력을 갖추고 있다.
따라서 ☐☐☐☐☐☐☐☐

① 가뭄 대비 능력을 갖춘 모든 댐은 홍수 재해 예방 능력을 갖추고 있다.

② 가뭄 대비 능력을 갖춘 어떤 댐은 홍수 재해 예방 능력을 갖추지 않고 있다.

③ 홍수 재해 예방 능력을 갖춘 어떤 댐은 가뭄 대비 능력을 갖추지 않고 있다.

④ 홍수 재해 예방 능력을 갖추지 않은 댐은 가뭄 대비 능력을 갖추지 않고 있다.

주차하거나 좁은 길을 지날 때 운전자를 돕는 장치들이 있다. 이 중 차량 전후좌우에 장착된 카메라로 촬영한 영상을 이용하여 차량 주위 360°의 상황을 위에서 내려다본 것 같은 영상을 만들어 차 안의 모니터를 통해 운전자에게 제공하는 장치가 있다. 운전자에게 제공되는 영상이 어떻게 만들어지는지 알아보자.

먼저 차량 주위 바닥에 바둑판 모양의 격자판을 펴 놓고 카메라로 촬영한다. 이 장치에서 사용하는 광각 카메라는 큰 시야각을 갖고 있어 사각지대가 줄지만 빛이 렌즈를 ⊙ 지날 때 렌즈 고유의 곡률로 인해 영상이 중심부는 볼록하고 중심부에서 멀수록 더 휘어지는 현상, 즉 렌즈에 의한 상의 왜곡이 발생한다. 이 왜곡에 영향을 주는 카메라 자체의 특징을 내부 변수라고 하며 왜곡 계수로 나타낸다. 이를 알 수 있다면 왜곡 모델을 설정하여 왜곡을 보정할 수 있다. 한편 차량에 장착된 카메라의 기울어짐 등으로 인해 발생하는 왜곡의 원인을 외부 변수라고 한다. 촬영된 영상과 실세계 격자판을 비교하면 영상에서 격자판이 회전한 각도나 격자판의 위치 변화를 통해 카메라의 기울어진 각도 등을 알 수 있으므로 왜곡을 보정할 수 있다.

왜곡 보정이 끝나면 영상의 점들에 대응하는 3차원 실세계의 점들을 추정하여 이로부터 원근 효과가 제거된 영상을 얻는 시점 변환이 필요하다. 카메라가 3차원 실세계를 2차원 영상으로 투영하면 크기가 동일한 물체라도 카메라로부터 멀리 있을수록 더 작게 나타나는데, 위에서 내려다보는 시점의 영상에서는 거리에 따른 물체의 크기 변화가 없어야 하기 때문이다.

왜곡이 보정된 영상에서의 몇 개의 점과 그에 대응하는 실세계 격자판의 점들의 위치를 알고 있다면, 영상의 모든 점들과 격자판의 점들 간의 대응 관계를 가상의 좌표계를 이용하여 기술할 수 있다. 이 대응 관계를 이용해서 영상의 점들을 격자의 모양과 격자 간의 상대적인 크기가 실세계에서와 동일하게 유지되도록 한 평면에 놓으면 2차원 영상으로 나타난다. 이때 얻은 영상이 위에서 내려다보는 시점의 영상이 된다. 이와 같은 방법으로 구한 각 방향의 영상을 합성하면 차량 주위를 위에서 내려다본 것 같은 영상이 만들어진다.

11 윗글의 내용과 일치하는 것은?　　2022학년도 수능 변형

① 영상이 중심부로부터 멀수록 크게 휘는 것은 왜곡 모델을 설정하여 보정할 수 있다.

② 외부 변수로 발생한 왜곡은 카메라 자체의 특징을 알 수 있으면 쉽게 해결이 가능하다.

③ 차량의 전후좌우 카메라에서 촬영된 영상을 하나의 영상으로 합성한 후에 왜곡을 보정한다.

④ 차량 주위를 위에서 내려다본 것 같은 영상은 360°를 촬영하는 카메라 1개를 통해 만들어진다.

12 문맥상 ⊙의 의미와 가장 가까운 것은?

2022학년도 수능 변형

① 우유의 유통 기한이 <u>지났는지</u> 잘 보고 사 와라.

② 그때 동생이 탄 버스는 교차로를 <u>지나고</u> 있었다.

③ 아버지는 그녀의 말을 무심결에 그냥 <u>지나</u> 버렸다.

④ 자동차가 제한 속도를 <u>지나서</u> 과속으로 달리고 있다.

13 다음 글의 ㉠ ~ ㉢ 중 어색한 곳을 찾아 가장 적절하게 수정한 것은?

> ㉠ 남북한 간의 통일을 말할 때 우리는 흔히 정치적, 경제적 측면에만 초점을 맞춘다. 하지만 정치적, 경제적 통일 못지않게 중요한 것이 정서적 통합이다. 이를 위해 무엇보다 필요한 것은 서로 간의 문화적 차이를 인정하는 일이다. 우리가 단일민족으로서 오랫동안 동질적인 문화 속에서 생활해 온 것은 사실이다. ㉡ 하지만 문화는 고정된 것이 아니라 시간이 흐르면 변하는 것이다. 그런데 남과 북은 서로 ㉢ 동질적인 정치·경제 체제 속에서 반세기 넘게 생활해 오고 있다. 이 과정에서 남과 북의 이질적인 면이 심화되었다. 이 점은 남한에 정착한 탈북자들이 북한과는 다른 남한의 문화 때문에 적응하기 힘들었다고 고백하는 것을 보아도 분명히 알 수 있다. 만약 이러한 현실적인 차이점을 인정하지 않고 ㉣ 막연히 한 민족으로서의 '동질성'에 대한 환상만 갖고 통일을 한다면, 이 환상이 깨지는 날 상대방에 대한 미움과 비난이 커지고 통일을 후회하게 될 것이다.

① ㉠: 남북한 간의 통일을 말할 때 우리는 흔히 정치적, 경제적 측면에만 초점을 맞추지 않는다.

② ㉡: 하지만 문화는 고정된 것이고 시간이 흐르면 변하지 않는 것이다.

③ ㉢: 이질적인 정치·경제 체제 속에서 반세기 넘게 생활해 오고 있다.

④ ㉣: 막연히 한 민족으로서의 '동질성'에 대한 환상만 갖고 통일을 해서

14 ㉠을 평가한 내용으로 적절한 것만을 <보기>에서 모두 고르면?
2017년도 국가공무원 5급 및 7급 민간경력자 변형

> 1966년 석가탑 해체 보수 작업 때 발견된 다라니경은 한국뿐만 아니라 전 세계의 이목을 끌었다. 불국사가 751년에 완공된 것이 알려져 있으므로 석가탑의 축조는 같은 시기이거나 그 이전일 것임에 틀림없다. 이 경전의 연대 확정에 도움을 준 것은 그 문서가 측천무후가 최초로 사용한 12개의 특이한 한자를 포함하고 있다는 사실이었다. 측천무후는 690년에 제위에 올랐고 705년 11월에 죽었다. 측천무후가 만든 한자들이 그녀의 사후에 중국에서 사용된 사례는 발견되지 않았다. 그러므로 신라에서도 그녀가 죽은 뒤에는 이 한자들을 사용하지 않았을 것이라는 추정이 가능하다. 이러한 증거로 다라니경이 늦어도 705년경에 인쇄되었다고 판단할 수 있다.
>
> 그러나 이 특이한 한자들 때문에 몇몇 중국의 학자들은 ㉠ '다라니경이 신라에서 인쇄된 것이 아니라 중국 인쇄물이다.'라고 주장하였다. 그들은 신라가 그 당시 중국과 독립적이었기 때문에 신라인들이 측천무후 치세 동안 사용된 특이한 한자들을 사용하지는 않았을 것이라고 주장한다. 그러나 중국인들의 이 견해는 『삼국사기』에서 얻을 수 있는 명확한 반대 증거로 인해 반박된다. 『삼국사기』는 신라가 695년에 측천무후의 역법을 도입하는 등 당나라의 새로운 정책을 자발적으로 수용하고 있었음을 보여준다. 그러므로 신라인들이 당시에 중국의 역법 개정을 채택했다면 마찬가지로 측천무후에 의해 도입된 특이한 한자들도 채용했을 것이라고 추정하는 것이 합리적이다.

─── 〈보기〉 ───

ㄱ. 다라니경의 서체가 705년경부터 751년까지 중국에서 유행했던 것으로 밝혀졌다면, ㉠을 강화한다.

ㄴ. 서역에서 온 다라니경 원전을 처음으로 한역(漢譯)한 사람은 측천무후 시대의 중국 국사(國師)였던 법장임이 밝혀졌다면, ㉠을 강화한다.

ㄷ. 측천무후 즉위 이후 중국의 문서에 쓸 수 없었던 글자가 다라니경에서 쓰인 것이 발견되었다면, ㉠을 약화한다.

① ㄱ
② ㄱ, ㄴ
③ ㄴ, ㄷ
④ ㄱ, ㄴ, ㄷ

성의 가장 원시적인 형태로 간주되는 박테리아의 유전 물질 교환은 약 30억 년 전 태고 대에 나타난 것으로 추정되며 감수분열적인 성은 약 10억 년 전 원생대에 진화된 것으로 유추된다.

성의 기원에 대해서는 다양한 이론이 제시되었다. 성이 존재하는 이유를 진화론에 ㉠ 바탕을 두고 설명한 최초의 인물은 독일의 아우구스트 바이스만이다. 그는 유전적 혼합이 종의 다양성을 증진시켜 자연 선택이 작용할 여지를 넓혀 주기 때문에 진화에 유익하다는 주장을 했다. 성을 가진 생물은 무성 생식하는 생물보다 다양한 자손을 많이 생산할 수 있으므로 성은 종(種)이 환경 변화에 적응하는 능력을 증대시킨다는 뜻이다.

바이스만의 주장은 추종자들인 영국의 로널드 피셔와 미국의 헤르만 뮐러에 의해 더욱 굳어졌다. 현대 유전학의 개척자들인 두 사람은 1930년과 1932년에 각각 펴낸 저서에서 유전자의 개념을 바이스만의 주장과 연결하여, 성을 가진 생물이 진화 경쟁에서 유리한 점에 대해 설명했다. 이들의 견해는 훗날 '변절자 이론'이라고 ㉡ 불렸다. 자주 변절하는 사람처럼, 성을 가진 생물은 환경 변화에 재빠르게 적응할 수 있기 때문에 성은 종에게 유리한 것이다. 변절자 이론에 의해 성이 존재하는 이유가 모두 설명된 것으로 간주됨에 따라, 바이스만의 이론은 거의 한 세기 동안 정설로 ㉢ 여겨졌고 생물학 교과서에 표준 이론으로 소개되었다.

그러나 1970년대부터 성에 대한 전통적인 해석에 ㉣ 아주 큰 논리적 오류가 있다는 지적이 생물학자들 사이에서 공감대를 넓혀 갔다. 변절자 이론의 기초를 이루는 집단 선택 이론이 미국의 조지 윌리엄스에 의해 공격을 받았기 때문이다. 집단 선택 이론은 자연 선택이 개체가 아니라 집단에 작용하는 것으로 본다. 가령 어떤 집단에 속하는 구성원들이 집단의 이익을 위해 자신을 희생할 준비가 되어 있다면, 그 집단은 자신의 이익을 먼저 생각하는 구성원들의 집단보다 생명력이 강할 것이다. 생물이 자기 종을 위한 일을 하거나, 적어도 자기가 속하는 집단을 위해 일을 한다고 믿는 집단 선택 이론은 호소력이 있었다. 사람들은 단체정신이나 살신성인과 같은 이타적이고 도덕적인 행동을 소중하게 여기기 때문이다.

15 윗글을 이해한 내용으로 적절하지 않은 것은?

① 집단 선택 이론은 변절자 이론의 바탕이 되었다.

② 박테리아의 유전 물질 교환은 성의 가장 원시적인 형태로 간주된다.

③ 성에 대한 전통적 이론은 무성 생식이 유성 생식보다 우월하다고 보았다.

④ 뮐러는 성이 다양한 생물종을 탄생시켜서 환경에 대한 적응력을 높인다고 여겼다.

16 ㉠ ~ ㉣과 바꿔 쓸 수 있는 유사한 표현으로 적절하지 않은 것은?

① ㉠: 입각하여

② ㉡: 호명되었다

③ ㉢: 간주되었고

④ ㉣: 심각한

17 다음 토론을 분석한 내용으로 가장 적절하지 않은 것은?

> 사회자: 김 교수님께서는 언론의 보도 원칙인 정확성, 객관성, 공정성 등이 지켜져야 한다는 말씀이셨습니다. 그런데 언론은 과연 이 원칙들을 준수하고 있을까요? 이에 대해 박 교수님께서 말씀해 주시죠.
>
> 박 교수: 신문 윤리 실천 요강 제1조 1항을 보면 '보도는 논평과 엄격히 분리되어야 하며, 집필자의 이름을 밝힘이 없이 개인의 의견을 보도에 삽입할 수 없다.'라고 명시하고 있습니다만, 저는 완전히 객관적인 보도는 사실상 불가능하다고 생각합니다. 객관적인 보도만으로는 독자들이 사건을 충분히 이해할 수 없기 때문에 보도 기사에 논평 또는 해설을 곁들일 수밖에 없다고 봅니다.
>
> 김 교수: 물론 보도가 완전히 객관적일 수는 없습니다. 기사 작성 과정에서 어느 정도 주관이 개입될 수밖에 없기 때문입니다. 그렇다고 해서 언론의 편파적인 보도가 정당화되어서는 안 됩니다. 언론의 객관성은 충분히 담보될 수 있습니다. 의견과 사실을 분리하고 적절한 순서로 정보들을 구성하기만 해도 객관성을 갖출 수 있습니다.
>
> 사회자: 김 교수님께서는 언론의 객관적인 보도가 가능하다고 말씀하셨는데, 그렇다면 객관적인 보도를 위해 우선적으로 필요한 것은 무엇이라고 생각하시는지요?
>
> 김 교수: 언론인의 전문 능력을 기름과 동시에 윤리 의식을 제고해야 합니다. 언론인은 사실을 충실하고 공정하게 그리고 종합적으로 다룰 수 있어야 합니다.
>
> 박 교수: 저도 그 필요성에 동의합니다. 언론인의 윤리 의식을 제고하면 언론의 객관성이 높아질 수 있을 것입니다. 그런데 일반인들의 언론에 대한 인식도 바뀌어야 합니다. 언론사는 특정 성향을 띨 수밖에 없는데, 이를 무턱대고 사실 왜곡이라고 비판해서는 안 됩니다.
>
> 사회자: 박 교수님께서는 언론사의 성향과 사실 왜곡이 무관하다고 보시는군요. 그런데 언론사가 자신의 성향에 따라 특정 사건에 대해 축소해 보도하거나 지면 할애를 자의적으로 한다면 그 과정에서 사실 왜곡이 일어날 수 있지 않을까요?
>
> 박 교수: 언론사는 편집권을 갖고 있습니다. 편집권은 언론사가 어떤 뉴스가 더 가치가 있는지 판단하고, 그것을 보도하는 것을 말합니다. 뉴스를 취사선택하고 나름의 기준으로 지면을 배분하는 것은 편집권의 일부로 정당한 권리입니다. 정확한 사실에 근거해 편집권을 정당하게 발휘하면 사실 왜곡은 일어날 수 없습니다.
>
> 김 교수: 그러나 실상을 들여다보면, 재벌 등 광고주의 영향력이 막강해지면서 그들의 입맛에 맞는 기사가 나온 사례가 많습니다. 이는 언론의 특정 성향이 사실을 왜곡할 수 있음을 보여줍니다.

① 사회자는 토론자의 발언과 관련해 추가 질문을 하고 있다.

② 두 토론자는 상대방의 견해에 일부 동의하고 있다.

③ 김 교수는 사례를 바탕으로 자신의 견해를 제시하고 있다.

④ 박 교수는 전문가의 견해를 인용해 주장을 뒷받침하고 있다.

> 구자철, 한일전 당시 박주영에게 "야! xx야!"
>
> 독일 분데스리가 아우크스부르크에서 활약 중인 ㉠ 구자철(23세)이 2012 런던 올림픽 한일전 비하인드 스토리를 공개했다. 구자철은 전반 37분, 일본 수비수 4명을 제치고 선취골을 넣은 ㉡ 박주영이 특유의 기도 세리머니를 하자, "㉢ 형이 지금껏 골을 넣었던 것 중 가장 심하게 손을 흔들었다. 너무 좋아서 손을 흔드는 걸 보는데 그게 짜릿했다."고 말했다. 이어 "㉣ 나 역시 슬라이딩을 하면서 (세리머니하는 박주영과) 함께 있었는데, 그곳에서 모든 선수들이 똑같은 얘기만 했다."며 "욕을 했다. '야! 이씨! 야, 박주영! 열여덟! 야, 이 xx야! 열여덟' 막 이런 식이었다. 진짜 너무 기뻤다."며 당시 흥분했던 순간을 떠올렸다.

18 윗글에 대해 평가한 내용으로 가장 적절한 것은?

2013 국회직 5급 변형

① 문제가 되고 있는 논점을 벗어나 관련 없는 것을 주장하는 '논점 일탈의 오류'를 범했다.

② 문장의 한 부분을 불필요하게 강조함으로써 사실을 왜곡되게 판단하게 하는 '강조의 오류'를 범했다.

③ 한 상황에 대해 다른 가능성이 있음에도 불구하고 두 가지 극단적인 선택만 가능하다고 생각하는 '흑백논리의 오류'를 범했다.

④ 하나를 보고 그 전체를 판단하는 것으로, 일부 제한된 경우를 가지고 모두가 다 그런 속성을 가진 것으로 주장하는 '성급한 일반화의 오류'를 범했다.

19 문맥상 ㉠ ~ ㉣ 중 지시 대상이 같은 것만으로 묶인 것은?

① ㉠, ㉡   ② ㉡, ㉢

③ ㉠, ㉡, ㉢   ④ ㉡, ㉢, ㉣

20 다음 글의 밑줄 친 결론을 이끌어내기 위해 추가해야 할 것은?

> 쉽게 좌절하는 사람은 결코 성공할 수가 없다. 자신의 오랜 꿈이 있는 사람은 매사 긍정적이다. 따라서 성공하는 사람은 매사 긍정적이다.

① 꿈이 없는 사람은 쉽게 좌절한다.

② 쉽게 좌절하는 사람은 긍정적이다.

③ 쉽게 좌절하지 않는 사람은 성공한다.

④ 매사 긍정적인 사람은 쉽게 좌절하지 않는다.

정답·해설 192p

01 <보기 1>에 따라 <보기 2>의 ㉠ ~ ㉣을 수정한 것으로 적절하지 않은 것은?

――― 〈보기 1〉 ―――

○ 격 조사의 쓰임이 바를 것.
○ 문장 성분끼리 호응할 것.
○ 접속 조사의 쓰임이 문맥에 맞을 것.
○ 필요한 문장 성분이 생략되지 않도록 할 것.

――― 〈보기 2〉 ―――

㉠ 최근 복고풍의 춤과 노래를 부르는 것이 유행하고 있다. 작년에 국민들 사이에서 큰 인기를 끌었던 노래도 1980년대 리듬을 유지한 것이 특징이었다. ㉡ 우리 문화계가 본격적으로 관심을 가지게 된 것은 지금으로부터 20년 전인 1998년부터라고 해야 할 것이다. 학교 앞의 불량 식품을 재현한 과자들, 추억의 장난감 모으기 등 그 당시 복고에 대한 관심은 지금에 못지않았다. 그리고 그때부터 지금까지 20년 간 복고는 꾸준하게 사랑을 받아왔다. ㉢ 그러므로 복고에 대한 ㉣ 관심으로 10년이라는 긴 시간 동안 대세를 장악하고 있는 지금의 현상은 분명히 정상적이라고 보기 어렵다.

① ㉠: 최근 복고풍의 춤을 추고 노래를 부르는 것이 유행하고 있다.

② ㉡: 우리 문화계가 복고에 본격적으로 관심을 가지게 된 것은

③ ㉢: 그리고

④ ㉣: 관심이

02 다음 글에서 추론한 내용으로 적절한 것은?

2013년 국가직 7급

한자를 빌려 우리말을 표기한 유형과 방식은 대체로 다음의 네 가지로 분류된다.

첫째, 한자를 수용하여 그대로 사용하되 우리말의 순서대로 배열한 것을 흔히 서기체 표기라 한다. 서기체 표기는 우리말의 어순에 따라 한자가 배열되고 한자의 뜻이 모두 살아 있으므로, 우리말의 문법 형태소를 보충하면 전체적인 의미를 파악할 수 있다.

둘째, 이두체 표기로, 어휘 형태소와 문법 형태소가 구분되어 표기된다. 즉 어휘 형태소는 중국식 어휘가 그대로 사용되고 문법 형태소는 훈독, 훈차, 음독, 음차 등 다양한 방법으로 표기된다. 그리고 구나절은 한문이 그대로 나타나기도 한다.

셋째, 어휘 형태소와 문법 형태소를 가리지 않고, 훈독, 훈차, 음독, 음차 등의 다양한 방법으로 표기되어 있는 것을 향찰체 표기라 한다. 국어 문장의 모습을 그대로 보여 주는 대표적인 차자 표기 방식이라 하겠다.

넷째, 한문 문장을 그대로 두고 필요한 곳에 구결(입겿)을 달아 이해의 편의를 도모한 문장이 있다. 이를 흔히 구결문이라고 한다.

① '서기체 표기'는 문법 형태소를 반영하였다.

② '이두체 표기'는 문법 형태소가 표기되지 않는다.

③ '향찰체 표기'는 중국어 어순에 따라 어휘가 배열된다.

④ '구결문'은 구결(입겿)이 없어도 문장의 의미를 파악할 수 있다.

03 다음 글의 ⑦의 사례가 아닌 것은? 2010년 국회직 8급 변형

언어도 생명체처럼 시간이 흐름에 따라 생멸(生滅)의 과정을 겪는다. 특히 의미는 음운이나 문법 구조보다 변화가 많은데 그 결과는 두 가지 측면에서 주로 논의된다. 의미 영역의 변화와 의미에 대한 평가의 변화가 그것이다. 의미 영역 변화에는 변화 전에 비해 의미가 축소되는 경우와 의미가 확대되는 경우가 있다. 전자의 경우를 의미의 특수화, 후자의 경우를 ⑦ 의미의 일반화라고 부르기도 한다. 의미 평가 변화는 타락적 변화와 개선적 변화로 구분할 수 있다. 전자의 경우는 의미 변화의 결과로, 그 단어에 대한 부정적 측면이 발생한 경우이고, 후자의 경우는 원래 가지고 있던 부정적 의미가 없어지거나 새롭게 긍정적 의미를 가지게 되는 경우를 말한다.

① 놈 　　　　② 영감
③ 장인 　　　④ 겨레

04 다음 글의 ⑦과 ⓒ에 들어갈 말을 적절하게 나열한 것은? 2018년 서울시 9급(3월)

현실 상황에서 개인들이 문제를 어떻게 해결해 나가는지 이해하기 위해서는 이론의 세계와 경험의 세계를 넘나드는 전략이 필요하다. ⑦ 없이는 서로 다른 상황에서 다양한 형태로 작동하는 일반적인 근본 메커니즘을 이해할 수 없다. 경험적 세계의 퍼즐을 푸는 일에 매달리지 않는 한, 이론적 저작은 경험적 세계를 반영하지 못한 채 스스로의 타성에 의해 ⓒ (으)로부터 빛나가게 된다.

	⑦	ⓒ
①	현실	이론
②	이론	현실
③	경험	현실
④	이론	경험

05 다음 진술이 모두 참일 때 반드시 참인 것은?

○ 물리학을 공부해 보지 않은 사람은 화학도 공부해 보지 않았다.
○ 생물학을 공부해 본 사람은 화학을 공부해 보았다.
○ 물리학을 공부해 본 사람은 전기공학을 공부해 보지 않았다.

① 물리학을 공부해 본 사람은 화학을 공부해 보았다.
② 화학을 공부해 본 사람은 물리학을 공부해 보지 않았다.
③ 생물학을 공부해 본 사람은 전기공학을 공부해 보지 않았다.
④ 화학을 공부해 보지 않은 사람은 물리학도 공부해 보지 않았다.

06 <보기>가 들어갈 위치로 가장 적절한 것은? 2013년 서울시 9급 변형

── 〈보기〉 ──
일어난 일에 대한 묘사는 본 사람이 무엇을 중요하게 판단하고, 무엇에 흥미를 가졌느냐에 따라 크게 다르다.

기억이 착오를 일으키는 프로세스는 인상적인 사물을 받아들이는 단계부터 이미 시작된다. (가) 감각적인 지각의 대부분은 무의식중에 기록되고 오래 유지되지 않는다. 대개는 수 시간 안에 사라져 버리며, 약간의 본질만이 남아 장기 기억이 된다. 무엇이 남을지는 선택에 의해서이기도 하고, 그 사람의 견해에 따라서도 달라진다. (나) 분주하고 정신이 없는 장면을 주고, 나중에 그 모습에 대해서 이야기하게 해 보자. (다) 어느 부분에 주목하고, 또 어떻게 그것을 해석했는지에 따라 즐겁기도 하고 무섭기도 하다. (라) 단순히 정신 사나운 장면으로만 보이는 경우도 있다. 기억이란 원래 일어난 일을 단순하게 기록하는 것이 아니다.

① (가) 　　　② (나)
③ (다) 　　　④ (라)

07 다음 글을 이해한 내용으로 가장 적절한 것은?

> 김소월의 「가는 길」은 사랑하는 임을 두고 떠나야 하는 화자의 안타까운 심정을 전통적 율격과 간결한 구성을 통해 애상적으로 표현한 작품이다. 1연과 2연에서는 이별을 망설이는 화자의 안타까운 내면적 갈등이 드러난다. 그리울 것이라는 말을 꺼낼까 말까 망설이는 화자의 모습에서 애절하고 안타까운 심정을 엿볼 수 있으며, 그냥 갈까 하다가도 임을 떠나는 것이 아쉬워 임을 한 번 더 만나서 사랑한다는 말을 할까 말까 하는 화자의 모습에서 임을 떠나는 아쉬움과 미련을 엿볼 수 있다. 3연과 4연에서는 떠나야 하는 화자의 시간적 제약을 '서산에 지는 해'로, 가야 할 거리가 멀다는 것을 '흘러도 연달아 흐르는 강물'로 보여 주고 있다. 또한 '까마귀'와 '강물'을 통해 화자에게 떠날 것을 재촉함으로써 화자의 이별의 정한을 더욱 심화시키고 있다.
> 이러한 시적 상황과 애상적 분위기는 1, 2연의 이별에 대한 화자의 심정과 3, 4연의 이별을 재촉하는 상황의 대립적 배치, 선정 후경(先情後景)의 구성법, 3음보의 율격을 바탕으로 한 전통적 민요조 운율감과 어우러져 주제를 효과적으로 형상화하고 있다.

① 「가는 길」의 화자는 이별의 상황에서 갈등하고 있다.

② 「가는 길」의 화자는 이별에 대해 적극적이고 체념적인 태도를 보인다.

③ 「가는 길」의 화자는 단정적 어조로 재회에 대한 화자의 확고한 믿음과 의지를 표현하고 있다.

④ 「가는 길」의 '까마귀'와 '강물'은 화자의 감정이 이입된 대상으로, 이별의 안타까움을 간접적으로 드러낸다.

08 <지침>에 따라 <개요>를 작성할 때, ㉠과 ㉡에 들어갈 말을 적절하게 나열한 것은?　　1997학년도 수능 변형

> 〈지침〉
> ○ 개요의 내용을 고려하여 '제목'을 작성할 것.
> ○ 서론과 본론의 내용을 고려하여 '결론'을 작성할 것.

> 〈개요〉
>
> 제목: ㉠
>
> Ⅰ. 서론: 텔레비전 프로그램이 시청률이 높은 오락 프로그램 위주로 편성되어 있다.
> Ⅱ. 본론
> 　1. 시청률은 광고료의 액수를 좌우한다.
> 　2. 방송사의 경영진은 광고료 수입을 올리기 위해 교양 프로그램보다 오락 프로그램을 선호한다.
> 　3. 방송사의 경영진은 텔레비전 프로그램 편성에 강력한 영향력을 행사하려 한다.
> 　4. 방송은 상업성뿐 아니라 공익성도 지니고 있다.
> Ⅲ. 결론: ㉡

① ㉠: 프로그램 편성과 방송사의 역할
　㉡: 방송사는 좋은 프로그램 보기 운동을 선도해야 한다.

② ㉠: 시청자의 권리와 의무
　㉡: 시청자가 프로그램 편성에 적극적으로 참여해야 한다.

③ ㉠: 광고와 방송사의 사회적 책임
　㉡: 방송사는 좋은 프로그램을 편성하여 국민 의식을 선도해야 한다.

④ ㉠: 텔레비전 편성과 방송사 경영
　㉡: 텔레비전 프로그램 편성이 방송사 경영진의 방침에 종속되어서는 안 된다.

09 다음 글의 빈칸에 들어갈 말로 가장 적절한 것은?

　　퍼펙트 스톰은 위력이 세지 않은 태풍이 다른 자연 현상과 만나 파괴력이 강해지는 현상을 말한다. 그러나 퍼펙트 스톰이 꼭 기상 현상만을 일컫는 것은 아니며, 본래 의미가 경제 분야로까지 확대되면서 더욱 활발하게 쓰이고 있다. 경제 용어로서의 퍼펙트 스톰은 [　　　　　] 일컫는다. 퍼펙트 스톰은 미국의 대표적인 비관론자이자 경제학자인 누리엘 루비니 교수가 미국 경기의 이중 침체, 중국의 경제 성장률 둔화, 유럽의 재정위기 등이 맞물려 늦어도 2013년에 세계적인 경제 위기가 다가올 것이라 예언하면서부터 경제 용어로 통용되기 시작했다. 다행히 그의 예측은 빗나갔으나, 최근 세계 강국 간에 벌이고 있는 무역전쟁과 불안정한 금융 시장 등의 사회 경제적 요소가 세계 경기에 영향을 미칠 것으로 전망되면서 이른 시일 내로 퍼펙트 스톰이 일어날 것이라는 우려의 목소리가 제기되고 있다. 특히 현재 우리나라의 경우 수출 및 투자 등 전반적인 경제 상황이 부진하면서 경제 적신호가 켜진 상황이다. 이에 따라 전문가들은 과거 IMF 외환위기와 글로벌 금융위기 등 경제 위기를 겪었던 사례로 말미암아 혹시 모를 퍼펙트 스톰에 대한 대비책을 모색해야 한다고 지적하고 있다.

① 더 이상 경제 성장률이 오르지 않아 침체되는 시장을

② 오랜 시간 동안 이어진 불황으로 인한 소비 습관의 변화 양상을

③ 작은 악재가 동시다발적으로 발생해 거대한 경제 위기로 이어지는 현상을

④ 규모가 큰 경제 위기가 다른 요인과 맞물려 위력이 약해지거나 사라지는 상태를

10　다음 글의 ㉠ ~ ㉣ 중 수정이 적절하지 않은 것은?

2010년 국회직 8급 변형

　　백남준이 한국에 본격적으로 소개된 것은 1980년대 중반이다. 1960년대 독일에서 '동양에서 온 문화 테러리스트'라는 별명을 얻었고, 이후 미국을 중심으로 '비디오 아트의 창시자'로 활동해 온 것을 고려하면 한참 늦은 편이다. 국내의 미술 평론가들은 1980년대 말까지도 "백남준의 작품은 어린애 장난이지 예술 작품이 아니다."라는 식의 ㉠ 호평을 공공연히 퍼부었다.

　　그러나 백남준은 세계 예술사에 한국인의 이름을 등재시킨 최초의 인물이다. 그는 한 명의 예술가가 아니라 비디오 아트라는 한 장르의 창시자다. 세계 유수의 미술관들이 빠짐없이 그를 초청했으며, 베니스 비엔날레는 그에게 대상을 수여했다.

　　백남준의 유작 'US 맵'과 '메가트론 매트릭스'는 미국을 대표하는 스미소니언 박물관에 영구 전시된다. ㉡ 당분간 백남준을 능가하는 한국 예술가가 계속 나올 것이라는 말이 나오는 것도 그 때문이다.

　　파리와 뉴욕을 연결한 인공위성 프로젝트 '굿모닝 미스터 오웰'은 백남준의 출세작으로 꼽힌다. 인류가 매스 미디어에 종속되어 1984년에 멸망할 것이라는 소설가 조지 오웰의 예언에 대해 바로 1984년 첫 아침에, 아직도 우리는 건재하며 매스 미디어는 우리에게 엄청난 연대 의식을 선사하고 있다는, ㉢ 경외가 섞인 문안 인사를 올린 것이다.

　　독일에서 그는 1960년대를 뒤흔든 플럭서스 운동에 동참, 피아노와 바이올린을 부수는 행위, 관객의 넥타이를 자르는 행위, 객석에 소변을 보는 행위, 소머리를 전시장에 걸어 놓은 행위 등 충격적이고 자극적인 퍼포먼스를 잇달아 선보였다. 그는 서구 문화에 도취하거나 모방하기에 급급한 대다수 동양 유학생들과 전혀 다른 길을 선택했다. ㉣ 충격적인 퍼포먼스를 통해 기성 예술에 존경을 표했으며, 예술가들이 대중문화의 첨병이라며 외면하는 TV를 주목했다.

① ㉠: 혹평을 공공연히 퍼부었다.

② ㉡: 당분간 백남준을 능가하는 한국 예술가가 나오기 어렵다는 말이 나오는 것도

③ ㉢: 감탄 섞인 문안 인사를 올린 것이다.

④ ㉣: 충격적인 퍼포먼스를 통해 기성 예술을 공격했으며

[11-12] 다음 글을 읽고 물음에 답하시오.

> 『한비자』는 중국 전국 시대의 한비자가 제시한 사상이 ㉠ 담긴 저작이다. 여러 나라가 패권을 다투던 혼란기를 맞아 엄격한 법치를 통해 부국강병을 꾀한 『한비자』는 『노자』에 대한 해석을 통해 자신의 법치 사상을 뒷받침했고, 이러한 면모는 『한비자』의 「해로」, 「유로」 등에서 확인할 수 있다.
>
> 『노자』에서 '도(道)'는 만물 생성의 근원으로 묘사된다. 도를 천지 만물의 존재와 본질의 근거라고 본 한비자의 이해도 이와 다르지 않다. 그는 자연과 인간 사회의 모든 현상은 도의 영향을 받지 않을 수 없다고 보고, 인간 사회의 일은 도에 따라 제대로 행했는가의 여부에 따라 그 성패가 드러나는 것이라고 이해했다.
>
> 한비자는 『노자』에 제시된 영구불변하는 도의 항상성에 대해 도가 천지와 더불어 영원히 존재한다는 것을 의미하는 것이지, 도가 모습과 이치를 일정하게 유지하는 것은 아니라고 이해했다. 그리고 도는 형체가 없을 뿐 아니라 일정하게 고정되어 있지 않기 때문에 때와 상황에 따라 유연하게 변화하는 것이라고 파악했다. 도가 가변성을 가지고 있어야 도가 일정한 곳에만 있지 않게 되고, 그래야만 도가 모든 사물의 존재와 본질의 근거가 될 수 있다고 파악한 것이다. 그는 도가 가변적이기 때문에 통치술도 고정되어서는 안 된다고 주장했다.
>
> 한편, 한비자는 도를 구체적인 사물과 사건에 내재한 개별 법칙의 통합으로 보고, 『노자』의 도에 시비 판단의 근거라는 새로운 의미를 부여했다. 항상 존재하는 도는 개별 법칙을 포괄하기 때문에 다양한 개별 사건의 시비를 판단하는 기준이 될 수 있고, 이러한 도에 근거해서 입법해야 다양한 사건을 판단할 수 있다고 본 것이다. 이러한 이해를 바탕으로 그는 만족을 모르는 인간의 욕망을 사회 혼란의 원인으로 지목한 『노자』의 견해에 동의하면서도, 『노자』에서처럼 욕망을 없애야 한다고 주장하지 않고 인간은 욕망을 필연적으로 가질 수밖에 없음을 지적하며 욕망을 제어하기 위해 법이 필요하다고 강조했다.

11 다음 글에 나타난 '한비자'의 견해로 적절하지 않은 것은?

2024학년도 수능 변형

① 인간은 무엇을 가지거나 누리고자 하는 마음에서 벗어날 수 없다.

② 사건의 시비에 따라 달라지는 도에 근거하여 법이 제정되어야 한다.

③ 도는 고정된 모습 없이 때와 형편에 따라 변화하며 영원히 존재한다.

④ 인간 사회의 흥망성쇠는 사람이 도에 따라 옳게 행했는가에 좌우된다.

12 문맥상 ㉠의 의미와 가장 가까운 것은?

2024학년도 수능

① 과일이 접시에 예쁘게 담겨 있다.

② 시원한 계곡물에 수박이 담겨 있다.

③ 화폭에 봄 경치가 그대로 담겨 있다.

④ 매실이 설탕물에 한 달째 담겨 있다.

[13-14] 다음 글을 읽고 물음에 답하시오.

갈릴레오와 교회 사이에 있었던 ⑦ 하나로 이어지는 사건들에서 우리는 단순히 과학과 종교의 대항이 아닌 여러 측면을 찾아볼 수 있다. 우선 당시의 가톨릭교회가 처했던 정치적 상황이다. 16세기의 종교 개혁 이후 계속된 개신교 측의 공격에 대처해서 교회 자체의 정화 등을 내세워 반격을 꾀해야 했던 가톨릭교회로서는 교회의 신학적 배경이 약화되는 일은 그것이 철학적인 사실이든 과학적인 사실이든 ⑥ 두고 볼 수는 없었다. 교황 자신의 개인적 환경도 이에 작용했다. 훌륭한 학문을 지녔고 과학에도 조예가 깊다는 평판을 받았고 그것을 자랑으로 여겼던 교황이 그와 같이 우롱을 당한 것을 알았을 때 크게 격분했을 것은 쉽게 짐작할 수 있는 것이다.

갈릴레오 자신의 낙관적인 생각과 순진한 면도 이에 ⑥ 이바지했다. 실제로 재판받기 위해 교황청에 ㉣ 나갈 때까지 그는 자신의 합리적인 주장으로 교황청 당국자들을 설득시킬 수 있을 것이라고 믿고 있었다. 여기에는 자신의 철저한 가톨릭 신앙에 대한 갈릴레오의 자신감도 작용해서, 신이 창조한 우주에 대한 참된 지식을 밝혀내는 것이 신에 대한 거역이 될 수 없다고 굳게 믿었고 교회 당국이 끝내 이에 눈을 감지 않을 것이라고 생각했던 것이다. 끝으로 교회 당국의 착각도 작용했다. 아직 과학 이론의 발전에 대한 올바른 인식이 없었던 그들은 마치 신학 이론의 경우처럼 단순히 과학적 주장 자체만을 억누름으로써 과학 이론의 발전과 전파를 막을 수 있을 것으로 알았던 것이다.

13 윗글을 이해한 내용으로 적절하지 않은 것은?

① 과학과 종교는 반목과 마찰의 관계를 보이기도 한다.

② 갈릴레오는 자신의 주장이 합리적이라는 확신을 가졌다.

③ 갈릴레오는 가톨릭 신앙에 대해 회의적 입장을 견지하였다.

④ 과학은 신학 이론과 달리 탄압한다고 수그러드는 것이 아니다.

14 ⑦ ~ ㉣과 바꿔 쓸 수 있는 유사한 표현으로 적절하지 않은 것은?

① ⑦: 일련의

② ⑥: 방치할

③ ⑥: 기여했다

④ ㉣: 궐석할

15 (가)와 (나)를 전제로 할 때 빈칸에 들어갈 결론으로 가장 적절한 것은?

(가) A는 국어 시험에서 B보다 20점을 더 받았다.
(나) C의 국어 점수는 A보다 10점이 더 적다.
따라서 _____

① B의 점수가 가장 높다.

② B와 C의 점수 차는 10점이다.

③ B의 점수보다 C의 점수가 더 낮다.

④ 학교에서 C보다 더 높은 점수를 받은 사람은 1명뿐이다.

16 다음 대화를 분석한 내용으로 가장 적절한 것은?

> 진행자: 뉴스는 우리의 일상생활에 필요한 정보를 제공하는 주요 정보원인데, 뉴스 보도가 객관적인 정보를 제공하고 있다고 말할 수 있습니까?
>
> 평론가: 뉴스는 현장감이 있는 화면을 신속하고 또 정확하게 시청자에게 전달하는 것을 생명으로 여기고 있습니다. 그러나 뉴스의 정보가 왜곡되는 경우도 종종 발생합니다. 뉴스가 잘못 보도되는 이유는 여러 가지가 있겠지만 우선 방송국의 소유주가 누구인지가 중요하다고 말할 수 있습니다.
>
> 진행자: 음, 소유주에 따라 뉴스 내용이 달라질 수 있다는 말씀인데요, 우리나라는 공영 방송과 민영 방송으로 나뉘어 있지 않습니까?
>
> 평론가: 그렇지요. 공영 방송은 정부의 소유이기 때문에 뉴스 보도가 정부의 정책을 대변하거나 옹호하는 태도를 취하는 경우가 많고, 민영 방송은 개인의 소유가 강하기 때문에 상업적 성격을 갖게 되고, 이는 또 광고주를 고려하는 경우가 생기지요.
>
> 진행자: 동일한 사건이라 하더라도 방송국과 관련된 이해 집단에 따라 전혀 다른 보도가 시청자에게 전달될 수 있겠군요. 그렇다면 이와 같은 잘못된 보도에 의해 피해를 입은 사람이나 단체는 회복할 방법이 없습니까?
>
> 평론가: 우리나라에는 언론중재위원회가 있습니다. 잘못된 보도로 피해를 입은 경우 이 위원회에서 도움을 받을 수 있어요. 개인이 방송국을 상대로 입은 피해를 보상받는 것은 쉬운 일이 아니기 때문이죠.

① 개인적인 경험을 소개하고 있는 사람이 있다.

② 주제에서 벗어난 발언을 제지하는 사람이 있다.

③ 다른 관점에서 의문을 제기하고 있는 사람이 있다.

④ 답변을 정리하면서 대담을 이어나가는 사람이 있다.

17 다음 주장을 반박하는 것만을 <보기>에서 모두 고르면?

> 죽으면 끝이라는 오해에는 죽음으로써 삶과 단절하겠다는 기대도 깔려 있다. 우리의 삶의 과정, 죽어가는 과정, 그리고 죽음 이후의 과정, 이 세 가지 과정은 서로 밀접하게 관련이 있다. 어제는 이미 지났으므로 죽음에 해당된다면, 오늘 우리는 살고 있으므로 삶에 해당된다. 어제 우리의 삶은 사라졌지만, 어제의 삶은 오늘의 삶으로 연결되고 있는 것이다. 어제의 자기 존재와 오늘의 자기 자신이 단절이라고 말할 수 있을까. 어제의 삶과 오늘의 삶의 연결을 전제로 해서 우리 존재는 성립되는 것이다.
>
> '죽음'이라는 말이 오해를 많이 받듯이 '죽음의 준비'라는 말 역시 오해받기 십상이다. 죽음의 준비라는 말을 사람들은 마치 죽으라는 뜻으로 받아들이는 듯싶다. 그러나 죽음의 준비는 삶에 관련해 말할 수 있다. 삶과 관련해 생각해 보면, 죽음의 준비는 삶의 시간이 제한되어 있으므로, 주어진 시간을 보다 의미 있게 살라는 말이 된다. 즉 죽음의 준비는 주어진 삶의 시간을 보다 의미 있게 영위하자는 의미인 것이다.
>
> 불행하게도 사람들은 늦게, 실제로 자신이 죽어가고 있을 때에야 비로소 죽음을 생각하기 때문에, 지나간 삶을 후회하면서 죽는 사례가 아주 많다. 죽음에 대해 사람들이 잘못 알고 있는 사례가 많고 자살 사망률이 최근 들어 급증하는 상황 속에서, 인간으로서 존엄하게 밝은 미소 속에서 행복하게 죽는 사람이 거의 없는 우리 사회의 현실을 감안해 볼 때 죽음에 대한 인식의 전환이 시급한 상황이라 할 수 있다. 죽음을 준비하는 교육을 통해 죽음에 대한 오해를 불식시켜 삶을 바르게 영위하도록 함으로써 삶과 죽음의 질을 향상시키는 일보다 중요한 것은 없다.

─────── 〈보기〉 ───────

ㄱ. 매 순간을 의미 있게 보내지 않으면 삶의 질은 결코 향상되지 않을 것이다.

ㄴ. 죽음을 준비하는 교육은 주어진 삶을 최선을 다해 노력하며 충실히 살아야 한다는 강력한 전언이다.

ㄷ. 고통스러운 삶을 종료하고 안식을 얻고 싶다고 생각하는 사람들에게 삶을 의미 있게 보내자는 교육은 죽음에 대한 기대를 바꾸는 해결책이 되지 않는다.

① ㄱ   ② ㄷ   ③ ㄱ, ㄴ   ④ ㄴ, ㄷ

우리말은 필요한 말만 나타내고 웬만한 말은 생략해 버리는 특성이 있다. 상황에 따라 아주 짧은 표현을 해도 무방하다. 문장의 형식을 갖추게 되면 오히려 어색한 경우도 있다. 가령, "다녀왔습니다."라고 하면 충분하고도 자연스러운 말이 되는데, "아버지, 어머니, 복남이가 학교에 다녀왔습니다."와 같이 주어 등을 다 갖추고 말한다면 얼마나 어색하게 들리겠는가? 이런 ⓐ 생략 현상은 인구어의 경우와 비교하면 상당한 차이가 있다. 그들 언어에서는 상황이야 어떻든 대부분 주어와 목적어 그리고 서술어를 갖추어 주기 때문이다.

우리말의 이런 생략 현상은 '점의 논리'라는 사고 유형을 이끌어 낸다. 점의 논리란 문장이나 글의 표현에서 되도록 많은 부분을 생략해 버리고 ㉠ 징검다리 식으로 말을 하는 것을 가리킨다.

이러한 점의 논리는 서양말에서 볼 수 있는 '선의 논리'와 대조를 이룬다. 서양말에서는 '주어-목적어-서술어'가 다 갖추어지는 선적 연결을 보인다. 그중 일부라도 잘라 버리는 것은 특별한 경우를 빼놓고는 허용되지 않으므로 보통 ㉡ 점과 점이 이어져서 논리적인 연결이 되는 것이어야 한다.

점의 논리가 가진 장점은 첫째, 말의 ㉢ 함축미나 은근한 맛을 자아내는 근본이 된다는 것이다. 말과 말 사이가 이어지지 않고 적절히 끊어지기 때문에 여운이 남고 농축이 서려서 오히려 무엇이라 표현하기 어려운 깊은 맛을 느낄 수 있다. 죽도록 사랑하면서 "나는 당신을 사랑한다."라는 말을 또한 죽도록 피하는 것이 우리이다. 우리의 민족성으로 알려진 은근과 끈기라는 것도 바로 이런 점의 논리와 뿌리를 같이하는 것이라 해도 과언이 아니다. 둘째, 점의 논리는 둥글고 부드러운 것을 좋아하는 우리의 감성적 성향으로 이어지게 된다. 점이란 본시 선을 이룬다기보다는 여기저기 흩어져서 ㉣ 여러모로 연결될 수 있는 가능성을 지닌 것이다. 셋째, 우리 겨레가 아름다운 정서와 다른 시적 감흥을 지닌 것도 이런 점의 논리와 무관하지 않다. 산문이 선적인 것이라면 시는 언어의 절약으로 풍기는 운율과 함께 함축미를 그 본질로 하기 때문이다.

18 윗글의 기본 전제로 가장 적절한 것은?

2004학년도 11월 고1 전국연합학력평가 변형

① 언어는 다른 언어에 영향을 준다.

② 언어는 시대적 상황을 반영하고 있다.

③ 언어는 갖추어야 할 구성 요소가 정해져 있다.

④ 언어는 사용하는 사람의 사고방식에 영향을 미친다.

19 문맥상 ⓐ와 관련이 있는 것만으로 묶인 것은?

2004학년도 11월 고1 전국연합학력평가 변형

① ㉠, ㉢

② ㉡, ㉣

③ ㉠, ㉡, ㉢

④ ㉠, ㉢, ㉣

20 다음 글의 밑줄 친 결론을 이끌어내기 위해 추가해야 할 것은?

초밥을 좋아하는 사람은 외식을 자주 한다. 자신의 직업에 만족하는 사람은 돈을 많이 번다. 따라서 초밥을 좋아하는 사람은 자신의 직업에 만족하지 않는다.

① 초밥을 좋아하는 사람은 돈을 많이 번다.

② 돈을 많이 버는 사람은 자신의 직업에 만족한다.

③ 돈을 많이 버는 사람은 외식을 자주 하지 않는다.

④ 외식을 자주 하는 사람은 자신의 직업에 만족한다.

정답·해설 196p

실전모의고사 정답 · 해설

p.160

01	02	03	04	05
①	②	②	④	①
06	07	08	09	10
③	②	②	③	①
11	12	13	14	15
①	④	④	③	③
16	17	18	19	20
①	③	④	④	③

01
정답 ①

정답 체크

<보기 1>에서 '전체 내용을 고려할 것.'이라고 하였다. ⊙은 전체 내용을 보고 용어를 결정해야 한다. 바로 다음 문장에서 '국가 간의 갈등 요인'이라고 했고, 또 마지막 문장에 '이민족이기 때문에'라고 명시되어 있으므로 '단위 민족 간의 갈등'이 좀 더 명확한 용어가 된다. 따라서 '인종 간의 갈등'으로 수정한 것은 적절하지 않다.

오답 분석

② <보기 1>에서 '중복 표현을 삼갈 것.'이라고 하였다. '과거(過去: 지날 과, 갈 거)'라는 말 속에 '지나가다'라는 의미가 포함되어 있다. 따라서 '지나간 과거'는 의미 중복 표현이므로, '과거'로 수정한 것은 옳다.

③ <보기 1>에서 '필요한 문장 성분이 생략되지 않도록 할 것.'이라고 하였다. 뒤에 나오는 '되므로'와 호응하는 '그것은'을 넣어준 것은 적절하다.

④ 문장 연결을 고려할 때, 역접 관계이므로 '그러나'로 바꾼 것은 적절하다.

02
정답 ②

정답 체크

'뜨겁다-차갑다'는 '뜨겁지도 않고 차갑지도 않다.'와 같이 중간 단계가 존재한다. 그리고 '매우 뜨겁다.'와 같이 정도 부사의 수식이 가능하고 '이것보다 더 뜨겁다.'와 같이 비교 표현이 가능하므로 단계적 반의어에 해당한다.

03
정답 ②

정답 체크

'놀이터'는 어근인 '놀-'과 명사 파생 접사인 '-이'가 결합한 파생어 '놀이'에, 어근인 '터'가 결합한 복합어이다.

오답 분석

① '부슬비'는 '부슬거리다'의 어근인 '부슬'과 어근 '비'가 결합한 복합어이다.

③ '여닫이'는 어근 '열-'과 어근 '닫-'이 결합한 합성어 '여닫다'에서 '여닫-'에 명사 파생 접사인 '-이'가 결합한 복합어이다.

④ '싸움질'은 어근인 '싸우-'와 명사 파생 접사인 '-ㅁ'이 결합한 파생어 '싸움'에, 접사 '-질'이 결합한 복합어이다.

04
정답 ④

정답 체크

⊙	'그런데, 비록, 아주'와 같은 단어들은 구체적인 지시체가 현실 세계에 존재한다고 볼 수 없다. 그러므로 ⊙에는 ⓒ '지시체가 존재한다고 보기 어렵다'가 들어가야 한다.
ⓒ	'나, 오늘, 여기'와 같은 단어는 기준이 무엇이냐에 따라 의미가 달라지므로 ⓒ에는 ⓑ '맥락에 따라 지시체가 달라진다'가 들어가야 한다.
ⓒ	등변삼각형(세 변의 길이가 같은 삼각형)과 등각삼각형(세 각의 크기가 같은 삼각형)은 의미는 다르지만 동일한 지시체를 가리키므로 ⓒ에는 ⓐ '지시체는 같지만 의미는 다르다'가 들어가야 한다.

05
정답 ①

정답 체크

2문단에서 "1연은 여승의 현재 모습이며, 2~4연은 여승이 되기까지의 여인의 비극적인 삶의 모습을 보여 주고 있다."라고 하였다. '현재 → 과거'로 시상이 전개되고 있다는 점에서 역순행적 구성이라는 이해는 적절하다.

오답 분석

② '나'가 '나'의 이야기를 할 때, 1인칭 주인공 시점이다. 그러나 '나'가 대상인 '여인'의 이야기를 관찰하여 전달하고 있다는 점에서, '1인칭 관찰자 시점'으로 봐야 한다.

③ 그녀가 여승이 되는 날 '재회'를 한 것이다. 따라서 처음 만났다는 이해는 적절하지 않다.

④ 제시된 글에 화자인 '나'에 대한 정보는 크게 나와 있지 않다. 식민지 현실에 희생당한 우리 민족의 삶을 대변해 주는 인물은 '여승'이다.

작품 정리

주제	한 여인의 비극적인 삶
특징	역순행적 구성 방식이 나타난다.

작품 원문

여승은 합장하고 절을 했다
가지취의 내음새가 났다
쓸쓸한 낯이 옛날같이 늙었다
나는 불경(佛經)처럼 서러워졌다

평안도의 어늬 산 깊은 금점판
나는 파리한 여인에게서 옥수수를 샀다
여인은 나어린 딸아이를 때리며 가을밤같이 차게 울었다

섶벌같이 나아간 지아비 기다려 십년이 갔다
지아비는 돌아오지 않고
어린 딸은 도라지꽃이 좋아 돌무덤으로 갔다

산꿩도 설게 울은 슬픈 날이 있었다
산절의 마당귀에 여인의 머리오리가 눈물방울과 같이 떨어진
날이 있었다

– 백석, <여승>

06
정답 ③

정답 체크

(나)의 '미술 작품 속에 등장하는 동물에는'과 (가)의 '미술 작품에 등장하는 동물'이 서로 연결 고리가 됨을 알 수 있다. (가)는 '미술 작품 속에 등장하는 동물'을 세 가지로 구분하였고, (나)는 미술 작품에는 여러 동물이 등장함을 소개하고 있다. 따라서 (나) 다음에 (가)가 오는 것이 자연스럽다. (다)와 (라)는 (가)에서 구분한 세 가지 중에 '종교적·주술적 성격의 동물'에 대한 세부적인 내용이므로 (나)와 (가)이 이어진 ③의 '(나) – (가) – (다) – (라)'의 연결이 가장 자연스럽다.

07
정답 ②

정답 체크

<지침>에서 '문제점과 개선 방안의 하위 항목끼리 대응되도록 작성할 것.'이라고 하였다. 따라서 ⓒ에는 'Ⅱ. 문제점 – 2. 관리 감독의 소홀'에 대응되는 '개선 방안'이 들어가야 한다. 그런데 '전학생의 자율학습 참여 독려'는 이와는 전혀 대응하지 않기 때문에, ⓒ에 들어갈 말로 적절하지 않다. 야간 자율학습 운영에 있어 관리 감독이 소홀하다는 것은 학생들의 출결 지도나 정숙 지도를 교사들이 소홀히 한다는 뜻이다. 따라서 이에 대한 개선 방안으로는 '교사들의 임장 지도를 통한 철저한 관리 감독'이 어울린다.

08
정답 ②

정답 체크

빈칸 바로 뒤의 문장에서 '자신의 주머니'와 이에 따른 대안의 한계를 지적하고 있다. 따라서 빈칸에는 정부나 기업 차원이 아닌 개인 차원의 대안이 들어가야 하므로, ②가 가장 적절하다.

09
정답 ③

정답 체크

독서가 중단 없이 이어지는 상태이지만 문제가 발생한 것을 독자 자신이 인지하지 못하는 경우도 있다고 하였다. 그리고 이러한 경우의 예로, 의도한 목표에 부합하지 않는 방법으로 읽기를 진행하는 것을 들고 있다. 따라서 독서 진행에 문제가 없어 보이더라도 목표에 부합하지 않는 독서가 이루어지는 경우가 있음을 알 수 있다.

오답 분석

① 독서가 중단 없이 이어지는 상태이지만 문제가 발생한 것을 독자 자신이 인지하지 못하는 경우도 있다고 하였다. 그리고 문제 발생 여부의 점검을 위해 독서 진행 중간중간에 이해한 내용을 정리하는 방법을 사용할 수 있다고 제시하고 있다. 따라서 독서가 멈추지 않고 진행될 때에도 초인지의 역할이 필요함을 알 수 있다.

② 독서 중에 떠오르는 생각들을 살펴보고 그중 독서의 진행을 방해하는 생각들을 분류하는 방법을 통해 문제점이 무엇인지 파악할 수 있다고 하였다. 따라서 독서 중에 떠오르는 생각을 분류하는 것은 독서 문제의 발생을 막는 방법은 아니다.

④ 독서 진행 중간중간에 이해한 내용을 정리하는 방법을 사용하여 문제 발생 여부를 점검할 수 있다고 하였다.

10
정답 ①

정답 체크

'이동하다'는 '움직여 옮기다. 또는 움직여 자리를 바꾸다.'라는 의미이다. 그런데 ㉠은 문맥상 "목표한 '결과'에 다다르기 위해서"라는 의미이다. 따라서 '도달(到達: 이를 도, 통달할 달)하다'와 바꿔 써야 자연스럽다.

오답 분석

② 적절(適切: 갈 적, 끊을 절)하다: 꼭 알맞다.

③ 파악(把握: 잡을 파, 쥘 악)하다: 손으로 잡아 쥐다. / 어떤 대상의 내용이나 본질을 확실하게 이해하여 알다.

④ 부합(符合: 부신 부, 합할 합)하다: 부신(符信)이 꼭 들어맞듯 사물이나 현상이 서로 꼭 들어맞다.

11

정답 체크

1문단에서 유서는 중국에서 비롯된 것으로, 일반적으로 기존 서적에서 필요한 부분을 뽑아 배열할 뿐 상호 비교하거나 편찬자의 해석을 가하지 않았다고 하였다. 따라서 '중국에서는 주로 서적에서 발췌한 내용을 비교하고 해석을 덧붙여 유서를 편찬하였다'는 내용은 적절하지 않다.

오답 분석

② 2문단에서 조선에서는 중국 유서의 편찬 방식에 따라 필요에 맞게 유서를 편찬하였는데, 대체로 국가보다 개인이 소규모로 편찬하는 경우가 많았다고 하였다.

③ 2문단에서 조선에서는 개인이 시문 창작, 과거 시험 등의 목적을 위해 기존 서적에서 필요한 부분을 발췌, 기록한 유서를 편찬하여 활용하고자 하였다고 하였다.

④ 2문단에서 조선에서는 전문 유서가 집중적으로 편찬되었고 전문 유서 가운데 편찬자가 미상인 유서가 많다고 하였다. 이는 간행을 염두에 두지 않고 개인적 목적으로 유서를 활용하고자 하였기 때문이라고 하였다.

12

정답 체크

㉠은 '어떤 경우, 사실이나 기준 따위에 의거하다.'라는 의미이다. 이와 의미가 유사한 것은 ④이다.

오답 분석

① '다른 사람이나 동물의 뒤에서, 그가 가는 대로 같이 가다.'라는 의미로 쓰였다.

② '어떤 일이 다른 일과 더불어 일어나다.'라는 의미로 쓰였다.

③ '남이 하는 대로 같이 하다.'라는 의미로 쓰였다.

13

정답 체크

'비행기 티켓을 예매하다.'를 A로, '연예인 포토카드를 경품으로 받는다.'를 B로, '제주도로 여행을 가다.'를 C로, '연예인을 만나다.'를 D로 두고, 제시된 진술을 기호화하면 다음과 같다.

전제 1	A → B
전제 2	C → D
전제 3	
결론	~D → ~A

'~D → ~A'의 대우는 'A → D'이다. 즉 'A → D'라는 결론을 도출하기 위해서는 'A → C'나 'B → C', 또는 'B → D'라는 전제가 필요하다. 따라서 밑줄 친 결론을 이끌어내기 위해서는 'B → C(포토카드를 경품으로 받는다면 제주도로 여행을 갈 것이다.)'의 대우에 해당하는 '제주도로 여행을 가지 않는다면 포토카드를 경품으로 받지 않을 것이다.'라는 진술을 추가해야 한다.

14

정답 체크

제시된 명제를 순서대로 기호화하면 다음과 같다.

(가)	사탕 → 노란색 ∨ 둥근 모양
(나)	둥근 모양 → 레몬 맛 = ~레몬 맛 → ~둥근 모양
(다)	유진 사탕 → ~레몬 맛

'명제 (다)'와 '명제 (나)의 대우'에 의해 '유진이가 구매한 사탕은 둥근 모양이 아니다.'가 성립한다. (가)에서 '모든 사탕은 노랗거나 둥글다.'라고 하였다. 그런데, 유진이가 구매한 사탕은 둥근 모양이 아니므로, 그 색은 노랄 것이다. 따라서 결론에는 '유진이가 구매한 사탕은 노랗다.'가 들어가는 것이 적절하다.

15

정답 체크

에너지 효율이 좋았다면, "불과 2퍼센트 정도였다."라는 말이 이어지지도, "이 문제를 개선하고자"라는 말이 이어지지도 않았을 것이다. 따라서 '효율은 좋지 않아'로 수정한 것은 적절하다.

16

정답 체크

㉠의 중심 내용은 문화가 상품화됨에 따라 문화의 다양성이 무시되고, 문화가 획일화되었다는 것이다. 이에 대한 사례로 적절한 것은 ㄱ 뿐이다. 식혜를 공장에서 만들어서 파는 것은 문화의 상품화 및 획일화에 해당한다.

오답 분석

ㄴ. 고유문화의 세계화 및 상품화의 사례이다.

ㄷ. 문화의 고유성 유지의 사례이다.

17

정답 체크

제시된 건의문에는 문제 해결에 따른 기대 효과는 언급되고 있지 않다.

오답 분석

①, ② 건의문을 시작하면서 자신이 누구인지 분명하게 밝혀 예상 독자인 사서 선생님에게 신뢰를 주고 있으며, 정중한 인사를 통해 예의를 갖추고 있다.

④ 건의문 본론에서 현재 나타나고 있는 문제점을 구체적으로 제시하여 상황의 심각성을 드러내고 있다.

18
정답 ④

정답 체크

제시된 명제를 순서대로 기호화하면 다음과 같다.

명제	대우
감성적 → 보라색	~보라색 → ~감성적
진달래 → 감성적	~감성적 → ~진달래
백합 → ~보라색	보라색 → ~백합

두 번째 명제(진달래 → 감성적), 첫 번째 명제(감성적 → 보라색)를 연결하면, '진달래 →감성적 → 보라색'이 된다. 따라서 진달래를 좋아하는 사람은 보라색을 좋아한다는 진술은 반드시 참이다.

19
정답 ④

정답 체크

'사르트르'는 스스로 현실에 참여하여 세계를 선택하는 일을 하는 것을 실존으로 보았다. 세계를 선택한다는 것은 기존의 가치를 그대로 답습하는 것이 아니라 그것을 뛰어넘는다는 뜻이다. 이와 가장 유사한 일을 하는 인물은 '정'이다.

20
정답 ③

정답 체크

㉠의 '있는 그대로의 자기', ㉡의 '세계존재' 그리고 ㉢의 '자기 아닌 자기'는 모두 실존적 존재와 대립되는 존재로 부정적인 의미를 지니고 있다. 그들에게 실존은 이런 존재를 벗어나는 것을 의미한다.

오답 분석

㉣ 사르트르가 말한 '무의 존재'란 절대자에 의해 어떤 목적이나 본질이 형성되지 않은 존재라는 의미로 '주체적인 존재'인 동시에 '자유인'으로, 그 자체가 실존이다.

p.168

01	02	03	04	05
④	②	②	②	④
06	07	08	09	10
③	③	②	②	①
11	12	13	14	15
①	②	③	④	③
16	17	18	19	20
②	④	②	②	①

01   정답 ④

정답 체크

<보기 1>에서 '이중 피동 표현을 사용하지 않을 것.'이라고 하였다. '포장되다'의 '-되다'는 피동 접미사로, 이미 피동의 의미가 포함되어 있다. 따라서 '포장되다'에 다시 피동의 의미가 있는 '-어지다'를 붙인다면, 이는 이중 피동 표현이 된다. 따라서 '포장되어져'로 수정한 것은 적절하지 않다.

오답 분석

① '분열되어'의 '되어'가 줄어 '돼'가 된 것이다. <보기 1>에서 '준말의 표기를 바르게 할 것.'이라고 하였기 때문에, 수정 방안은 적절하다.

② <보기 1>에서 '필요한 문장 성분이 생략되지 않도록 할 것.'이라고 하였는데, ⓒ에는 고통을 겪는 서술의 주체가 생략되어 있다. 따라서 적절한 주어 '백성들이'를 추가한 것은 적절하다.

③ '-이'와 '-히'는 부사 파생 접미사이다. 겹쳐 쓰인 명사 뒤에는 '-이'가 붙는다. <보기 1>에서 '단어를 어법에 맞게 표기할 것.'이라고 하였기 때문에, '낱낱히'를 '낱낱이'로 수정한 것은 바르다.

02   정답 ②

정답 체크

맞춤법 규정 제30항의 1-(1)에서 '뒷말의 첫소리가 된소리로 나는 것'이란, 'ㄱ, ㄷ, ㅂ, ㅅ, ㅈ' 등 원래 된소리가 아닌 음(예사소리)이 된소리(ㄲ, ㄸ, ㅃ, ㅆ, ㅉ)로 발음되는 경우를 가리킨다. 이것은 맞춤법 규정 해설을 통해 확인할 수 있다. 그런데 ②의 '보리+쌀'은 뒷말의 첫소리가 된소리인 'ㅆ'으로 되어 있으므로, 사이시옷을 받치어 적는 경우에 해당하지 않는다.

03   정답 ②

정답 체크

적절한 비유와 수사법이 쓰인 표현이지만 오래, 그리고 일상적으로 사용하다 보니 특별한 수사법이 사용되지 않은 것처럼 인식하게 되는 표현, 관습적 비유의 표현이 아닌 것을 찾아야 한다. ②에는 별다른 수사법이나 비유가 쓰이지 않았다.

오답 분석

① '눈 깜짝할 사이'는 아주 짧은 시간을 표현한 말이다.

③ 정말로 간을 졸이는 것이 아니라 그만큼 많이 걱정한다는 비유적 표현이다.

④ '사시나무 떨듯'은 추위나 두려움으로 인해 몸을 심하게 떠는 모습을 표현한 것이다.

04   정답 ②

정답 체크

⊙	이어지는 "전통문화의 변질을 어느 정도 수긍하지 않을 수 없고"라는 내용은 전통문화의 변질을 수용할 수밖에 없다는 의미이다. 따라서 ⊙에는 '보수주의적'이 어울린다.
ⓛ	이어지는 "문화적 전통의 가치를 인정하지 않을 수 없다."라는 내용은 문화적 전통적 가치를 인정할 수밖에 없다는 의미이다. 따라서 ⓛ에는 '진보주의'가 어울린다.
ⓒ	맨 첫 번째 문장을 볼 때, 제시된 글은 '한국의 전통문화'를 어떻게 다룰 것인가에 대해 말하고 있다. 따라서 ⓒ에는 '전통문화'가 어울린다.

05   정답 ④

정답 체크

제시된 명제를 순서대로 기호화하면 다음과 같다.

명제	대우
골프 → 테니스	~테니스 → ~골프
테니스 → 등산	~등산 → ~테니스
등산 → ~불고기	불고기 → ~등산
불고기 → ~낚시	낚시 → ~불고기
낚시 → ~골프	골프 → ~낚시

세 번째 명제의 대우(불고기 → ~등산), 두 번째 명제의 대우(~등산 → ~테니스), 첫 번째 명제의 대우(~테니스 → ~골프)를 연결하면 '불고기 → ~등산 → ~테니스 → ~골프'가 된다. 따라서 불고기를 좋아하는 사람은 골프를 좋아하지 않는다는 진술은 반드시 참이다.

06 정답 ③

정답 체크
3문단의 "여기서 '청 무밭'은 나비에게 있어 낭만적 꿈의 공간이며 나비가 지향하는 세계이다." 부분을 볼 때, 적절한 이해이다.

오답 분석
① 4문단의 "거대한 바다의 무서운 깊이를 경험하고 그 냉혹한 현실 앞에서 꿈이 좌절된 채 돌아온 나비의 슬픈 비행이 차갑고 시린 아픔을 느끼게 한다." 부분을 볼 때, 적절하지 않은 이해이다.

② 2문단의 "이때 '바다'는 깊은 수심을 지닌 거대한 세계이고, 그 바다를 날고 있는 '나비'는 바다의 수심, 즉 세계의 위험성과 비정함을 모르는 연약한 존재이다." 부분을 볼 때, 둘은 대비되는 이미지이다.

④ 3문단의 "'어린 날개', '공주처럼'과 같은 표현은 이와 같이 현실 세계의 어려움을 모르는 순진하고 연약한 나비의 모습을 드러낸다." 부분을 볼 때, 낭만적인 꿈을 지닌 순수한 존재는 맞지만 강인한 존재는 아니다.

작품 정리

주제	낭만적 꿈의 좌절과 냉혹한 현실 인식
특징	① 감정을 절제한 객관적 태도가 드러난다. ② 색채 대비를 비롯한 시각적 심상이 주로 나타난다.

작품 원문

아무도 그에게 수심(水深)을 일러 준 일이 없기에
흰나비는 도무지 바다가 무섭지 않다.

청(靑) 무우밭인가 해서 내려갔다가는
어린 날개가 물결에 절어서
공주(公主)처럼 지쳐서 돌아온다.

삼월(三月)달 바다가 꽃이 피지 않아서 서글픈
나비 허리에 새파란 초생달이 시리다.
 － 김기림, <바다와 나비>

07 정답 ③

정답 체크

1단계	선지를 통해 맨 앞에 오는 단락이 (가) 또는 (다)임을 알 수 있다.
2단계	(다)에서 말한 '이상한 결과'에 대한 상세한 설명이 (나)에 제시되어 있기 때문에 '(다) – (나)'의 연결이 바르다.
3단계	(라)의 '이 소식'은 '(다) – (나)'에 나온 '이상한 결과'에 대한 것이다. 따라서 (나) 뒤에 (라)가 오는 것이 자연스럽다.
4단계	(가)에 "아인슈타인의 입장에는 변화가 없었다."란 내용을 볼 때, 앞에 '아인슈타인의 입장'이 나와야 하므로 입장을 언급한 (라) 뒤에 (가)가 오는 것이 자연스럽다.

맥락에 맞추어 배열하면, '(다) – (나) – (라) – (가)'가 된다.

08 정답 ②

정답 체크
<지침>에서 '상위 항목과 하위 항목의 연결이 대응하도록 작성할 것.'이라고 하였다. ⓒ의 상위 항목은 '해외 한국어 교육을 강화해야 하는 이유'이다. 그런데 '외국인에게 한국어를 가르치는 전문 인력 양성'은 'Ⅲ. 해외 한국어 교육을 강화하기 위한 구체적 실천 방안'의 하위 항목에 더 적합하다. 따라서 ⓒ에 들어갈 내용으로 적절하지 않다.

09 정답 ②

정답 체크
1문단에서 소년들은 상대를 잘 모르더라도 집단에서 자신의 위상을 높이기 위해 괴롭힘 대상으로 삼는 경향이 있다고 하였다. 한편, 2문단에서는 '소녀'들의 경향을 설명하고 있는데, "소녀들의 경우는 상황이 완전히 정반대이다."로 시작하고 있기 때문에, 빈칸에는 1문단과는 정반대되는 내용이 나와야 할 것이다. 따라서 빈칸에는 '소년들은 잘 알지 못하는 아이를 못살게 구는 반면, 소녀들은 거의 언제나 같은 그룹에 속한 아이를 괴롭힌다.'가 들어가는 것이 가장 적절하다.

10 정답 ①

정답 체크
(가)는 '모든 댐'이기 때문에, '댐 → 홍수 재해 예방 능력 有'로 봐도 된다. 즉 벤다이어그램을 그리면, '홍수 재해 예방 능력 有' 안에 '댐'이 퐁당 들어간 형태가 될 것이다.

(나)는 '어떤 댐'이기 때문에, '댐' 중의 일부가 가뭄 대비 능력을 갖추고 있는 것이다. 즉 벤다이어그램을 그리면, '댐'과 '가뭄 대비 능력'이 교집합을 이루고 있는 형태가 될 것이다.

따라서 (가)와 (나)를 근거로 할 때, 가장 적절한 결론은 ①의 '가뭄 대비 능력을 갖춘 모든 댐은 홍수 재해 예방 능력을 갖추고 있다.'이다. (가)에서 모든 댐이 홍수 재해 예방 능력을 갖추고 있다고 하였기 때문에, '가뭄 대비 능력'을 갖춘 댐 역시 홍수 재해 예방 능력을 갖추고 있을 것이기 때문이다.

11　정답 ①

정답 체크
2문단에서 렌즈 고유의 곡률로 인해 영상이 중심부는 볼록하고 중심부에서 멀수록 더 휘어지는 현상, 즉 렌즈에 의한 상의 왜곡이 발생하는데 이러한 왜곡은 왜곡 모델을 설정하여 보정할 수 있다고 하였다.

오답 분석
② 카메라 자체의 특징을 알 수 있으면 쉽게 해결이 가능한 것은 '외부 변수'가 아닌 '내부 변수'로 인한 왜곡이다.

③ 4문단의 내용을 볼 때, 합성 후에 왜곡을 보정하는 것이 아니라 왜곡을 보정한 후에 합성하는 것임을 알 수 있다.

④ 1문단의 "이 중 차량 전후좌우에 장착된 카메라로 촬영한 영상을 이용하여 차량 주위 360°의 상황을 위에서 내려다본 것 같은 영상을 만들어" 부분을 볼 때, '1개'의 카메라라는 설명은 옳지 않다.

12　정답 ②

정답 체크
㉠의 '지나다'는 '어디를 거치어 가거나 오거나 하다.'의 뜻으로 사용되었다. '교차로를 지나고'의 '지나다'가 문맥상 이와 가장 유사한 의미로 사용된 경우에 해당한다.

오답 분석
① '어떤 한도나 정도가 벗어나거나 넘다.'라는 의미로 쓰였다.

③ '어떤 일을 그냥 넘겨 버리다.'라는 의미로 쓰였다.

④ '어떤 시기나 한도를 넘다.'라는 의미로 쓰였다.

13　정답 ③

정답 체크
'동질적'이라는 말은, '같다'는 의미이다. 그런데, 바로 다음 문장에서 "이 과정에서 남과 북의 이질적인 면이 심화되었다."라고 하였다. '이질적인 면'이 심화되었다고 하였기 때문에 '동질적인'을 '이질적인'으로 수정한 것은 적절하다.

오답 분석
① 바로 다음 문장에서 "하지만 정치적, 경제적 통일 못지않게 중요한 것이 정서적 통합이다."라고 하였다. 문맥상 앞의 내용에만 초점을 맞추지만, 그에 못지않게 중요한 것이 '정서적 통합'이라는 의미이다. 따라서 '흔히 정치적, 경제적 측면에만 초점을 맞추지 않는다.'로 수정한 것은 적절하지 않다.

② 제시된 글에서 원래는 동질적이었지만, 시간이 지나면서 이질적인 면이 심화되었다고 하였다. 따라서 문화가 고정되고 시간이 흘러도 변하지 않는 것이라고 수정한 것은 적절하지 않다.

④ 앞뒤 문장은 '인과'의 의미가 아니라, '가정'의 의미이다. 따라서 '해서'로 수정한 것은 적절하지 않다.

14　정답 ④

정답 체크
ㄱ. 당시 중국에서 유행하던 서체였다면 ㉠을 강화하는 증거로 사용될 수 있을 것이다.

ㄴ. 중국의 국사였던 법장이 한역을 하였다면, 다라니경이 중국 인쇄물임을 뒷받침하는 증거로 사용될 수 있다. 따라서 이는 ㉠을 강화하는 증거로 사용될 수 있을 것이다.

ㄷ. 측천무후 즉위 이후 중국의 문서에 쓸 수 없었던 글자가 다라니경에 쓰였다는 것은 다라니경이 중국의 인쇄물이 아니라 신라에서 인쇄된 것이라는 주장을 뒷받침하는 증거로 쓰일 수 있다. 따라서 ㉠을 약화하는 증거가 될 것이다.

15　정답 ③

정답 체크
2문단에서 "성을 가진 생물은 무성 생식하는 생물보다 다양한 자손을 많이 생산할 수 있으므로 성은 종(種)이 환경 변화에 적응하는 능력을 증대시킨다는 뜻이다."라고 하였다. 이를 볼 때, 전통적 이론에서 더 우월하다고 본 것은 '무성 생식'이 아니라 '유성 생식'이다.

오답 분석
① 4문단의 "변절자 이론의 기초를 이루는 집단 선택 이론" 부분을 통해 알 수 있다.

② 1문단의 "성의 가장 원시적인 형태로 간주되는 박테리아의 유전 물질 교환" 부분을 통해 알 수 있다.

④ 3문단의 "성을 가진 생물은 환경 변화에 재빠르게 적응할 수 있기 때문에 성은 종에게 유리한 것이다." 부분을 통해 알 수 있다.

16 정답 ②

정답 체크
'호명(乎名: 부를 호, 이름 명)'은 사람의 이름을 부른다는 뜻이므로 적절하지 않다. 대상에 이름을 지어 붙이는 것이므로 '명명(命名: 목숨 명, 이름 명)되었다'가 적절하다.

오답 분석
① 입각(立脚: 설 입(립), 다리 각): 어떤 사실이나 주장에 근거를 두어 그 입장에 섬.
③ 간주(看做: 볼 간, 지을 주): 상태·성질·모양 따위가 그렇다고 여김.
④ 심각(深刻: 깊을 심, 새길 각): 상태나 상황이 매우 깊고 중대함.

17 정답 ④

정답 체크
박 교수는 신문 윤리 실천 요강 제1조 1항을 인용하고 있다. 그런데 이것은 박 교수의 견해를 뒷받침하는 것이 아니다. 신문 윤리 실천 요강은 객관적 보도를 강조하고 있으나, 박 교수는 그것이 현실적으로 가능하지 않다는 입장이다. 따라서 박 교수가 전문가의 견해를 인용해 주장을 뒷받침하고 있다고 보는 것은 적절하지 않다.

오답 분석
① 사회자의 두 번째 발언 "김 교수님께서는 언론의 객관적인 보도가 가능하다고 말씀하셨는데, 그렇다면 객관적인 보도를 위해 우선적으로 필요한 것은 무엇이라고 생각하시는지요?"에서 확인할 수 있다.
② 박 교수는 "보도 기사에 논평 또는 해설을 곁들일 수밖에 없다고 봅니다."라고 하였는데, 김 교수는 이에 대해 "물론 보도가 완전히 객관적일 수는 없습니다. 기사 작성 과정에서 어느 정도 주관이 개입될 수밖에 없기 때문입니다."라고 하며, 일부 동의하고 있다. 또 언론인의 윤리 의식 제고가 필요하다는 김 교수의 의견에 박 교수가 동의하고 있다. 따라서 두 토론자는 상대방의 견해에 일부 동의하고 있다는 이해는 옳다.
③ 김 교수의 마지막 발언을 통해 확인할 수 있다.

18 정답 ②

정답 체크
기사는 동료 선수가 골을 넣은 것이 기뻐, 흥분한 나머지 기쁨의 표현을 욕으로 했다는 내용이다. 그런데 기사의 제목은 '구자철, 한일전 당시 박주영에게 "야! xx야!"'이다. 제목에서 비속어가 강조되어 있어, 다른 선수에게 욕설을 했다는 식으로 사실이 왜곡될 수 있다. 따라서 제시된 기사문은 문장의 한 부분을 불필요하게 강조함으로써 사실을 왜곡되게 판단하게 하는 '강조의 오류'를 범한 것이다.

19 정답 ②

정답 체크
㉠과 ㉣은 '구자철'을, ㉡과 ㉢은 '박주영'을 가리킨다. 따라서 지시 대상이 같은 것만으로 묶인 것은 ②이다.

20 정답 ①

정답 체크
'쉽게 좌절하다.'를 A로, '성공하다.'를 B로, '꿈이 있다.'를 C로, '매사에 긍정적이다.'를 D로 두고, 제시된 진술을 기호화하면 다음과 같다.

전제 1	A → ~B = B → ~A
전제 2	C → D
전제 3	
결론	B → D

'A → ~B'의 대우는 'B → ~A'이다. 'B → D', 즉 '성공하는 사람은 매사에 긍정적이다.'가 성립하기 위해서는 '~A → C', 즉 '쉽게 좌절하지 않는 사람은 꿈이 있다.'가 필요하다. 따라서 '~A → C'의 대우에 해당하는 '꿈이 없는 사람은 쉽게 좌절한다.'라는 진술을 추가해야 한다.

실전모의고사 3회 정답·해설

p.178

01	02	03	04	05
③	④	①	②	③
06	07	08	09	10
③	①	④	③	③
11	12	13	14	15
②	③	③	④	②
16	17	18	19	20
④	②	④	④	③

01　　　　　　　　　　　　　　　　　정답 ③

정답 체크

<보기 1>에서 '접속 조사의 쓰임이 문맥에 맞을 것.'이라고 하였다. '그러므로'는 앞뒤 문장이 '인과 관계'일 때 사용하고, '그리고'는 '나열 관계'일 때 사용한다. 그런데 마지막 문장의 "지금의 현상은 분명히 정상적이라고 보기 어렵다." 부분을 볼 때, 앞뒤 내용은 인과도 나열 관계도 아니다. 문맥상 '복고가 사랑받고 있다. 이 현상은 문제이다.'의 흐름이기 때문에 역접의 접속 부사 '그러나'가 들어가도록 수정해야 한다.

오답 분석

① '노래를'은 '부르다'와 호응한다. 그러나 '춤'은 '부르다'와 호응하지 않는다. <보기 1>에서 '문장 성분끼리 호응할 것.'이라고 하였기 때문에, '춤'에 어울리는 서술어 '추다'를 추가한 것은 적절한 수정이다.

② <보기 1>에서 '필요한 문장 성분이 생략되지 않도록 할 것.'이라고 하였다. 그런데 관심을 가진 대상, 즉 '무엇에'에 해당하는 문장 성분이 빠져 있다. 따라서 '복고에'를 추가한 것은 적절하다.

④ '(으)로'는 부사격 조사이고, '이/가'는 주격 조사이다. 문맥상 부사어가 아닌 주어가 들어가야 할 자리이다. <보기 1>에서 '격 조사의 쓰임이 바를 것.'이라고 하였다. 따라서 격조사 '이'를 쓴 '관심이'로 수정한 것은 적절하다.

02　　　　　　　　　　　　　　　　　정답 ④

정답 체크

구결(입곁)은 '필요한 곳에 달아 이해의 편의를 도모'하는 표기이므로 없어도 문장의 의미를 이해하는 것은 가능하다는 의미가 된다. 따라서 ④의 이해는 적절하다.

오답 분석

① "서기체 표기는 문법 형태소를 보충하면 전체적인 의미를 파악할 수 있다."고 하였으므로 문법 형태소가 반영되지 않은 표기이다.

② "이두체 표기는 문법 형태소가 다양한 방법으로 표기된다."고 하였다. 따라서 문법 형태소가 표기되지 않았다는 설명은 틀렸다.

③ "향찰체 표기는 국어 문장의 모습을 그대로 보여 주는 표기"이므로 중국어가 아닌 '우리말 어순'에 따른 표기이다.

03　　　　　　　　　　　　　　　　　정답 ①

정답 체크

'놈'은 본래 '일반적인 사람'을 이르는 말에서 '남자'를 속되게 이르는 말로 의미가 축소되었다. 따라서 '의미의 일반화'가 아닌, '의미의 특수화'의 사례이다.

오답 분석

② '영감'은 본래 '정3품 벼슬'을 이르는 말이었으나 오늘날에는 '나이 많은 남자 혹은 급수 높은 공무원'을 이르는 말이므로 ㉠의 사례로 적절하다.

③ '장인'은 '낮은 신분의 사람'을 의미했는데, 오늘날에는 '예술가'의 의미이므로 ㉠의 사례로 적절하다.

④ '겨레'는 본래 '종친'만 이르는 말에서 '민족'을 이르는 말로 의미가 확대된 것으로, ㉠의 사례로 적절하다.

04　　　　　　　　　　　　　　　　　정답 ②

정답 체크

㉠	㉠ 없이는 '일반적인 근본 메커니즘'을 이해할 수 없다고 하였으므로, ㉠은 '일반적인 근본 메커니즘'을 이해할 수 있는 것이다. 메커니즘은 '사물의 작용 원리나 구조'를 의미하므로, ㉠에는 나와 있는 '이론', '현실', '경험' 중에 '이론'이 가장 적절하다.
㉡	경험적 세계를 설명하려 노력하지 않으면 이론은 '경험적 세계', 즉 인간이 경험을 통해 겪은 현실을 반영하지 못한다는 의미이다. 따라서 ㉡에는 '현실'이 들어가는 것이 가장 적절하다.

05

정답 체크

제시된 명제를 순서대로 기호화하면 다음과 같다.

명제	대우
~물리학 → ~화학	화학 → 물리학
생물학 → 화학	~화학 → ~생물학
물리학 → ~전기공학	전기공학 → ~물리학

두 번째 명제(생물학 → 화학), 첫 번째 명제의 대우(화학 → 물리학), 세 번째 명제(물리학 → ~전기공학)를 연결하면, '생물학 → 화학 → 물리학 → ~전기공학'이 된다. 따라서 생물학을 공부해 본 사람은 전기공학을 공부해 보지 않았다는 진술은 반드시 참이다.

06

정답 ③

정답 체크

〈보기〉는 "일어난 일에 대한 묘사는 ~ 따라 다르다."로 구성되어 있다. 〈보기〉의 '일어난 일'은 (다) 앞의 '분주하고 정신없는 장면'을 지칭하므로 〈보기〉는 (다)에 들어가는 것이 자연스럽다.

07

정답 ①

정답 체크

1문단의 "1연과 2연에서는 이별을 망설이는 화자의 안타까운 내면적 갈등이 드러난다. 그리울 것이라는 말을 꺼낼까 말까 망설이는 화자의 모습에서 애절하고 안타까운 심정을 엿볼 수 있으며, 그냥 갈까 하다가도 임을 떠나는 것이 아쉬워 임을 한 번 더 만나서 사랑한다는 말을 할까 말까 하는 화자의 모습에서 임을 떠나는 아쉬움과 미련을 엿볼 수 있다." 부분을 볼 때, 화자가 이별의 상황에서 갈등하고 있음을 알 수 있다.

오답 분석

② 화자가 결국 이별을 한다는 점에서 체념적인 태도를 보인다는 이해는 옳다. 그러나 끝까지 망설이고 있다는 점에서 이별에 대해 적극적인 태도를 보인다는 이해는 적절하지 않다.

③ 제시된 글에서 '이별'의 내용은 확인이 가능하지만, '재회'에 대한 내용은 확인이 불가능하다.

④ '까마귀'와 '강물'은 화자에게 떠남을 재촉하는 구체적 자연물로서 화자가 이별의 상황에서 느끼는 아쉬움과 안타까움을 간접적으로 드러내고, 작품의 애상적 분위기를 강화하는 기능을 하고 있으므로 객관적 상관물로 볼 수 있다.

작품 정리

주제	이별의 아쉬움과 임에 대한 그리움
특징	3음보의 민요조 율격이 나타난다.

작품 원문

그립다
말을 할까
하니 그리워.

그냥 갈까
그래도
다시 더 한 번…….

저 산(山)에도 까마귀, 들에 까마귀,
서산(西山)에는 해 진다고
지저귑니다.

앞 강(江)물, 뒤 강(江)물,
흐르는 물은
어서 따라오라고 따라가자고
흘러도 연달아 흐릅디다려.

— 김소월, 〈가는 길〉

08

정답 ④

정답 체크

서론에서 프로그램이 오락 프로그램 위주로 편성되었음을 지적하고, 본론에서는 이러한 편성의 배후에 방송사 경영진들의 영향이 있었음을 지적하며 방송은 공익성도 지니고 있음을 확인하고 있다. 이를 고려할 때, 제목으로는 '텔레비전 편성과 방송사 경영'이, 결론으로는 '텔레비전 프로그램 편성이 방송사 경영진의 방침에 종속되어서는 안 된다.'가 적절하다.

09

정답 ③

정답 체크

첫 번째 문장에서 "퍼펙트 스톰은 위력이 세지 않은 태풍이 다른 자연 현상과 만나 파괴력이 강해지는 현상을 말한다."라고 하였고, 빈칸 다음 문장에서 "늦어도 2013년에 세계적인 경제 위기가 다가올 것이라 예언하면서부터 경제 용어로 통용되기 시작했다."라고 하였다. 이를 종합해 볼 때, 빈칸에는 작은 악재가 동시다발적으로 일어나 거대한 경제 위기로 이어지는 현상이라는 내용이 들어가는 것이 가장 적절하다.

10　정답 ③

정답 체크

백남준은 인류가 매스 미디어에 종속되어 1984년에 멸망할 것이라는 소설가 조지 오웰의 예언에 대해 부정적인 의도를 표현하고 있다. 따라서 '경외'나 '감탄' 모두 어울리지 않는다. 문맥상 '조롱'으로 수정하는 것이 적절하다.

오답 분석

① '호평(好評: 좋을 호, 평할 평)'은 '좋은 평'을 의미한다. "백남준의 작품은 어린애 장난이지 예술 작품이 아니다."라고 하였기에, '호평'을 '혹평(酷評: 심할 혹, 평할 평)'으로 고친 것은 옳다.

② 2문단과 3문단에서 '백남준'의 위대한 업적을 다루고 있다. 따라서 당분간은 그를 능가하는 한국 예술가가 나오기 어렵다는 내용이 이어지는 게 자연스럽다.

④ 백남준의 퍼포먼스는 기성 예술을 '공격'하는 것들이었다. 따라서 존경에 표했다는 내용을 공격했다고 수정한 것은 옳다.

11　정답 ②

정답 체크

4문단에 따르면 한비자는 도가 구체적인 사물과 사건에 내재한 개별 법칙의 통합으로서, 다양한 개별 사건의 시비를 판단하는 기준이 될 수 있다고 보았다. 도가 사건의 시비에 따라 달라지는 것이 아니다.

오답 분석

① 4문단에 따르면 한비자는 인간의 욕망을 필연적인 것으로 보았다. 인간이 욕망에서 벗어날 수 없다고 본 것이다.

③ 3문단에 따르면 한비자는 도는 영원히 존재하는 것이지만 그 모습과 이치를 일정하게 유지하는 것은 아니라고 보았다.

④ 2문단에 따르면 한비자는 인간 사회의 일은 도에 따라 제대로 행했는가의 여부에 따라 그 성패가 드러나는 것이라고 이해하였다. 즉 인간 사회의 흥망성쇠가 도에 따라 제대로 행했는가의 여부에 따라 좌우된다고 본 것이다.

12　정답 ③

정답 체크

㉠은 '어떤 내용이나 사상이 그림, 글, 말, 표정 따위 속에 포함되거나 반영되다.'의 의미로, '화폭에 경치가 담겨 있다'의 '담기다'가 ㉠과 문맥상 의미가 가장 가깝다.

오답 분석

① '어떤 물건이 그릇 따위에 넣어지다.'의 의미이다.

② '액체 속에 넣어지다.'의 의미이다.

④ '김치·술·장·젓갈 따위를 만드는 재료가 버무려지거나 물이 부어져서, 익거나 삭도록 그릇에 보관되다.'의 의미이다.

13　정답 ③

정답 체크

2문단의 "여기에는 자신의 철저한 가톨릭 신앙에 대한 갈릴레오의 자신감도 작용해서" 부분을 볼 때, 갈릴레오가 돈독한 신앙심을 갖고 있었음을 알 수 있다.

오답 분석

① 1문단의 "갈릴레오와 교회 사이에 있었던 일련의 사건들에서 우리는 단순히 과학과 종교의 대항이 아닌 여러 측면을 찾아볼 수 있다." 부분을 통해 알 수 있다.

② 2문단의 "실제로 재판받기 위해 교황청에 출두할 때까지 그는 자신의 합리적인 주장으로 교황청 당국자들을 설득시킬 수 있을 것이라고 믿고 있었다." 부분을 통해 알 수 있다.

④ 2문단의 "아직 과학 이론의 발전에 대한 올바른 인식이 없었던 그들은 마치 신학 이론의 경우처럼 단순히 과학적 주장 자체만을 억누름으로써 과학 이론의 발전과 전파를 막을 수 있을 것으로 알았던 것이다." 부분을 통해 알 수 있다.

14　정답 ④

정답 체크

'궐석(闕席: 대궐 궐, 자리 석)하다'는 '나가야 할 자리에 나가지 않다.'라는 의미로, '결석하다'라는 의미이다. 따라서 '나가다'와 유사한 표현이 아니다. 문맥상 '출두(出頭: 날 출, 머리 두)하다'와 바꿔 쓰는 것이 가장 적절하다.

오답 분석

① 일련(一連: 한 일, 잇닿을 련): (주로 '일련의' 꼴로 쓰여) 하나로 이어지는 것.

② 방치(放置: 놓을 방, 둘 치)하다: 돌보거나 간섭하지 않고 그대로 두다.

③ 기여(寄與: 부칠 기, 줄 여)하다: 도움이 되도록 이바지하다.

15　정답 ②

정답 체크

(가)를 통해 점수는 'A>B'이고, 그 점수 차가 20점임을 알 수 있다. 또 (나)를 통해 점수는 'A>C'이고, 그 점수 차가 10점임을 알 수 있다. 따라서 (가)와 (나)를 통해, 점수는 'A>C>B'임을 알 수 있다. 또 A와 B의 점수 차는 20점이고, A와 C의 점수 차가 10점이기 때문에 B와 C의 점수 차가 10점이라는 결론을 내릴 수 있다.

① 셋 중 점수가 가장 높은 사람은 A이다.

③ B와는 20점 차, C와는 10점 차이다. 따라서 점수가 더 낮은 쪽은 B이다.

④ C보다 더 높은 점수를 받은 사람은 A이다. 따라서 셋을 기준으로 한다면, C보다 더 높은 점수를 받은 사람이 1명이다. 그러나 학교 전체의 학생 수를 알 수 없기 때문에, 1명뿐이라는 결론은 적절하지 않다.

16 정답 ④

정답 체크

진행자는 평론가의 말을 요약하여 정리한 후에 이를 바탕으로 심도 있는 질문을 던져 대담을 진행하고 있다.

17 정답 ②

정답 체크

ㄷ. 제시된 글에서 죽으면 끝이라는 것은 오해이며 이에는 죽음으로써 삶과 단절하겠다는 기대가 깔려 있고, 자살 사망률이 최근 들어 급증하고 있는 상황에서 죽음에 대한 오해를 불식시켜야 한다고 주장하고 있다. 따라서 ㄷ은 이러한 제시된 글의 주장에 대한 반박으로 가장 적절하다.

오답 분석

ㄱ. 제시된 글에서 죽음의 준비는 주어진 삶의 시간을 보다 의미 있게 영위하자는 의미라고 하였다. 따라서 제시된 글의 반박으로 보기 어렵다.

ㄴ. 제시된 글은 죽음의 준비는 주어진 삶의 시간을 보다 의미 있게 영위하자는 의미로 받아들일 수 있으므로, 죽음을 준비하는 교육을 통해 죽음에 대한 오해를 불식시켜 삶을 바르게 영위하도록 함으로써 삶과 죽음의 질을 향상시키는 일보다 중요한 것은 없다고 주장하고 있다. 따라서 제시된 글의 반박으로 보기 어렵다.

18 정답 ④

정답 체크

제시된 글에서 우리말의 생략 현상이 함축미를 자아내어 우리의 감성적 성향으로 이어진다고 하였다. 따라서 제시된 글의 기본 전제는 '언어는 사용하는 사람의 사고방식에 영향을 미친다.'로 보는 것이 가장 적절하다.

19 정답 ④

정답 체크

㉠ '징검다리 식으로 말을 하는 것'은 말의 생략을 뜻하며, ㉢ '함축미나 은근한 맛을 자아내는 근본'도 생략을 통하여 일어난 결과이고, ㉣ '여러모로 연결될 수 있는 가능성을 지닌 것'도 점의 논리와 관련이 있으므로 모두 생략 현상과 관계가 깊은 것이다.

오답 분석

'생략 현상'은 우리말에서 꼭 필요한 말만 남기고 웬만한 말을 생략하여 버리는 특성으로 인구어의 특징인 ㉡ '점과 점이 이어져서 논리적 연결이 되는 것'과는 관계가 없다.

20 정답 ③

정답 체크

'초밥을 좋아하다.'를 A로, '외식을 자주 하다.'를 B로, '자신의 직업에 만족하다.'를 C로, '돈을 많이 번다.'를 D로 두고, 제시된 진술을 기호화하면 다음과 같다.

전제 1	A → B
전제 2	C → D = ~D → ~C
전제 3	
결론	A → ~C

'C → D'의 대우는 '~D → ~C'이다. 'A → ~C', 즉 '초밥을 좋아하는 사람은 자신의 직업에 만족하지 않는다.'가 성립하기 위해서는 'B → ~D', 즉 '외식을 자주하면 돈을 많이 벌지 않는다.'라는 전제가 필요하다. 따라서 'B → ~D'의 대우에 해당하는 '돈을 많이 버는 사람은 외식을 자주 하지 않는다.'라는 진술을 추가해야 한다.

해커스공무원

혜원국어
신유형 독해 마스터

초판 2쇄 발행 2025년 1월 6일
초판 1쇄 발행 2024년 3월 4일

지은이	고혜원
펴낸곳	해커스패스
펴낸이	해커스공무원 출판팀

주소	서울특별시 강남구 강남대로 428 해커스공무원
고객센터	1588-4055
교재 관련 문의	gosi@hackerspass.com
	해커스공무원 사이트(gosi.Hackers.com) 교재 Q&A 게시판
	카카오톡 플러스 친구 [해커스공무원 노량진캠퍼스]
학원 강의 및 동영상강의	gosi.Hackers.com

ISBN	979-11-6999-868-0 (13710)
Serial Number	01-02-01

공무원 교육 1위,
해커스공무원 **gosi.Hackers.com**

ㅎ 해커스공무원

· **해커스공무원 학원 및 인강**(교재 내 인강 할인쿠폰 수록)
· 정확한 성적 분석으로 약점 극복이 가능한 **합격예측 모의고사**(교재 내 응시권 및 해설강의 수강권 수록)
· 해커스 스타강사의 **공무원 국어 무료 특강**
· '회독'의 방법과 공부 습관을 제시하는 **해커스 회독증강 콘텐츠**(교재 내 할인쿠폰 수록)
· 필수어휘와 사자성어를 편리하게 학습할 수 있는 **해커스 매일국어 어플**

한경비즈니스 선정 2020 한국소비자만족지수 교육(공무원) 부문 1위